BIBLIOTHÈQUE SOCIOLOGIQUE INTERNATIONALE

Publiée sous la direction de M. RENÉ WORMS

Secrétaire-Général de l'Institut International de Sociologie.

XIV

LE

RÉGIME ÉCONOMIQUE

DE LA

RUSSIE

PAR

MAXIME KOVALEWSKY

Ancien Professeur à l'Université de Moscou

Membre de l'Institut International de Sociologie

PARIS

V. GIARD & E. BRIÈRE

LIBRAIRES-ÉDITEURS

16, Rue Soufflot, 16

1898

LE

RÉGIME ÉCONOMIQUE

DE LA RUSSIE

BIBLIOTHÈQUE SOCIOLOGIQUE INTERNATIONALE
Publiée sous la direction de M. RENÉ WORMS
Secrétaire-Général de l'Institut International de Sociologie.

XIV

LE
RÉGIME ÉCONOMIQUE
DE LA
RUSSIE

PAR

MAXIME KOVALEWSKY

Ancien Professeur à l'Université de Moscou
Membre de l'Institut International de Sociologie

PARIS

V. GIARD & E. BRIÈRE
LIBRAIRES-ÉDITEURS
16, Rue Soufflot, 16

1898

CHAPITRE PREMIER

§ 1. L'évolution économique qui s'accomplit, de nos jours dans le vaste Empire des Tzars mérite d'attirer les regards de tous ceux qui prennent intérêt à la science sociale.

Car elle nous met en présence des origines mêmes du régime capitaliste qui, depuis plus de 200 ans, existe en Europe. Des phénomènes analogues à ceux qui se sont déroulés au xviiie siècle et dans la première moitié du xixe reparaissent devant nous, mais sur une étendue beaucoup plus grande et avec une force supérieure. La Russie profite, en effet, de tous les progrès techniques accomplis par l'industrie occidentale ; elle ignore les tâtonnements, suivis de mécomptes, qui ont rempli l'enfance de cette dernière. Aussi les avantages matériels et les maux qu'engendre le régime économique moderne se révèlent en Russie sans transition aucune. Ils suscitent d'un côté les espérances les plus chimériques et de l'autre des appréhensions très fortes. Ces dernières paraissent même l'emporter en nombre. Mais en dehors de l'intérêt scientifique que présente la genèse du régime capitaliste dont la Russie nous donne le spectacle, un intérêt purement français s'attache également à l'étude de ses institutions économiques. Seule elle est à même de nous faire connaître le fort et le faible de cette autocratie mi-asiatique, amenée par la nécessité des circonstances, autant que par le choix de ses gouvernants, à devenir l'alliée de la République.

Aux détenteurs de fonds russes, elle ouvre les yeux sur les avantages et les périls auxquels leur fortune est appelée à participer grâce aux milliards prêtés à la nation amie. Aux capitalistes intelligents et courageux, elle fait entrevoir la possibilité de gagner de gros bénéfices en prenant part à des entreprises industrielles et commerciales où depuis des années, ils ont été précédés par les Allemands et les Belges. Enfin, à ces « cadets de France » qui n'ont pour tout héritage que l'énergie, la bonne volonté et une éducation scientifique sérieuse, elle ouvre de nouveaux horizons, en leur faisant connaître l'emploi qu'ils pourraient faire de leurs aptitudes naturelles et acquises, en travaillant au sein d'une nation-sœur, dans les rangs de ses ingénieurs et de ses techniciens.

Pour toutes ces raisons, je crois utile de soumettre à un examen serré autant que substantiel l'état économique des campagnes russes, le sort fait à la grande industrie ainsi qu'à l'industrie villageoise par le système protecteur, les conditions d'existence de l'ouvrier des fabriques et les mesures prises par le gouvernement afin de régler le nombre des heures de travail et éliminer, en partie du moins, la main-d'œuvre de la femme et de l'enfant.

Je ferai suivre l'exposé des faits, tirés, la plupart du temps, de données officielles, de l'appréciation souvent

contradictoire qu'en donnent les écrivains russes. Ce
procédé permettra au lecteur d'entrer dans le vif de
notre existence nationale et de se rendre compte des
questions qui agitent le plus mes compatriotes. Dans un
pays où les débats politiques sont inconnus, les discus-
sions des grands problèmes de la science sociale, surtout
de ceux qui concernent d'une façon directe ou indirecte
la situation actuelle, occupent une place, à laquelle elles
ne sauraient prétendre dans des milieux plus agités. La
mode s'en mêlant, tout le monde est devenu de nos jours
économiste ou sociologue en herbe, ni plus ni moins
qu'au temps où, en France, le célèbre docteur Quesnay,
quelques années après le « Krach » monstre, occasionné
par John Law, passionnait par ses doctrines de liberté commerciale et de lois économiques naturelles les gens revenus de leur engoûment pour le régime protecteur.

Ce n'est point là d'ailleurs le seul trait de ressemblance
que présente la Russie moderne avec la France d'il y a
cent et quelques années. Ainsi que vos grands-pères, les
hommes de la Constituante, les jeunes générations russes
sont pénétrées de la conviction qu'une nouvelle ère sociale va s'ouvrir prochainement. Ils se croient appelés à
faciliter son enfantement par l'emploi judicieux des données scientifiques et de l'expérience sociale, acquises par
l'Occident européen.

Ce sont là des idées généreuses et qui certes ne méri-
tent pas le dénigrement et l'animosité avec lesquelles
elles ont été accueillies par ceux qui se déclarent partisans à outrance des assises séculaires de notre régime
économique.

J'essayerai de rattacher ce choc d'idées à l'évolution
économique que nous traversons.

Il ne me sera pas impossible non plus de lui trouver
des analogies dans le passé des peuples de l'Occident.
Pour ne citer qu'un exemple entre tant d'autres, je vou-

drais évoquer dès maintenant le souvenir de ces moralistes anglais du xvie siècle qui, comme Thomas Morus,
l'auteur de l'Utopie, ou Stafford et Stubbs se lamentaient
sur le sort fait au peuple des campagnes par la dissolution
de la commune agricole, les arrondissements des seigneurs fonciers, le développement des fermages aux dépens des tenures héréditaires villageoises. Leurs doléances rappellent bien souvent celles des fervents défen-
seurs du mir russe et du système des partages périodiques. Ils ne veulent pas admettre qu'en dehors de causes purement artificielles, il puisse se former au sein
même de la commune agricole un tiers état rural, partisan de la propriété individuelle. Un siècle après que
l'avènement du régime nouveau fût dénoncé par les
moralistes anglais comme une déchéance, les mêmes
faits ont été acceptés avec enthousiasme par la phalange
des économistes allant de Thomas Child à John Locke.
De même il s'est formé peu à peu dans notre milieu un
parti qui réclame l'abandon du communisme agraire et
le partage définitif du sol villageois.

Les analogies nombreuses, que présente l'évolution
moderne russe avec le passé des peuples de l'Occident
européen, éclatent non seulement quand on compare la
littérature économique russe à celle d'il y a deux siècles
en Angleterre, mais encore quand on se souvient de
l'agitation créée par les physiocrates du xviiie siècle en
France et en Italie.

Quiconque a étudié de près leurs écrits constate bien
des ressemblances entre leur façon de juger les assises
du nouveau régime économique, celui de la libre concurrence et de la grande industrie, et l'attitude prise vis-à-
vis des mêmes faits par la presse russe. A la distance d'un
siècle, on agite en Russie les mêmes questions. L'un vante
les avantages de la propriété individuelle, l'autre ceux du
communisme agraire ; l'un aspire au triomphe de la

grande industrie, l'autre au maintien de la petite. Or vous n'ignorez pas qu'au sein même de la physiocratie, on peut reconnaître deux courants : l'un représenté par Quesnay et Dupont de Nemours, l'autre par Mirabeau le père et Cliquot-Blervache. Les uns proclamaient hautement les bienfaits de la grande propriété, les autres désiraient le maintien du sol à son cultivateur : les uns malmenaient et les autres comblaient d'éloges les anciennes corporations d'arts et métiers, protectrices de la petite industrie. Et en Italie ne voyons-nous pas reparaître, au milieu du siècle dernier, la même lutte entre ceux qui veulent faire table rase de toutes les survivances du moyen âge et ceux qui, comme Jean Maria Ortès, ne voient dans l'établissement des grandes fortunes agricoles ou industrielles que la cause et la manifestation de la misère du peuple?

J'ai étudié de près tous ces débats dans mes « Origines de la démocratie moderne » et l'impression qui m'en est restée me permet d'attacher une importance purement éphémère à ceux qui nous divisent en ce moment.

L'éclosion d'un régime économique nouveau met nécessairement aux prises les partisans du passé auquel on reconnaît volontiers le caractère d'assises nationales immuables, et ceux qui identifient au progrès toute orientation nouvelle, quels qu'en soient le caractère et les suites probables. Les uns et les autres ont également tort et raison, car tout changement systématique et embrassant divers côtés de la vie sociale traîne nécessairement à sa suite des vainqueurs et des vaincus ; d'un côté, ceux dont la fortune a été faite par le phénomène en question, et de l'autre ceux dont les intérêts ont été sacrifiés.

Mais la marche victorieuse du régime nouveau déplace bientôt le champ des débats. Au lieu de préconiser le retour en arrière, les adversaires du régime qui vient de triompher se déclarent partisans d'un évolution nouvelle qui permettrait d'éliminer les défauts de l'organisation économique existante. C'est ainsi que du sein des classes dirigeantes de l'ancien régime, du milieu de ses partisans philosophiques, sont sortis les premiers socialistes et communistes, les abbés Mably, Morelly, Fauché, l'avocat-journaliste Linguet, et l'ancien grand seigneur, le prétendu descendant de Charlemagne, Saint-Simon. Il en sera de même en Russie, et je vois déjà quelques indices de cette évolution future dans le fait qu'au sein du parti qui préconise l'avènement du régime nouveau, nous pouvons distinguer à l'heure actuelle ceux qui, comme le célèbre chimiste Mendeleieff, ne rêvent que du triomphe prochain de l'industrie russe grâce à des droits de plus en plus élevés sur les marchandises étrangères, et ceux qui, comme les directeurs de la « Nouvelle Parole » récemment supprimée, sans forme de procès, ne voient dans l'avènement du capitalisme que l'avant-dernière étape d'une longue évolution qui doit aboutir au collectivisme préconisé par Karl Marx.

Si l'étude de notre économie nationale rentre entièrement dans l'ordre d'idées dont se préoccupent à bon droit les économistes et les sociologues, le moment me paraît bien choisi pour l'entreprendre. En voici les raisons principales : la population russe a été soumise cette année même à un nouveau recensement et nous sommes sur le point d'aborder plusieurs réformes de la plus haute importance.

§ 2. Arrêtons-nous d'abord à l'examen des faits nouveaux, acquis grâce au recensement ; plus de 150.000 personnes ont prêté gratuitement leur concours à cette œuvre colossale, et qui a été déjà l'objet d'éloges mérités de la part des membres du congrès de statistique dernièrement tenu à Pétersbourg. Il résulte de la communication préalable des principaux chiffres établis par le recensement que la population de l'empire, évaluée en 1886 par le comité central de statistique à 113.000.000 atteint à l'heure actuelle 129.211.000 (1). La Russie possède, par conséquent, deux fois plus d'habitants que les Etats-Unis de l'Amérique, son principal concurrent dans le commerce international des blés. En effet, les Etats-Unis n'avaient en 1890 que 63.000.000 d'habitants. La population russe dépasse de 80.000.000 celle de l'Allemagne (qui en 1890 ne comptait que 50.000.000 d'habitants), de 90.000.000 celle de la France (qui en 1891, n'avait que 38.343.192), et à peu près du même chiffre celle de l'Angleterre. Seul l'Empire Britannique pris dans son ensemble, c'est-à-dire avec une superficie de terrain quatre fois plus grande, possède un nombre d'habitants triple de celui de la Russie (2).

Mais si dans l'Europe entière aucun État ne l'emporte sur elle quant au nombre total de ses habitants, il n'en est pas de même au point de vue de la densité de la population. L'empire russe occupe une superficie de 20.860.000 kilomètres carrés, ou 18.986.034 verstes carrées, la verste contenant un peu plus d'un kilomètre (1,066 de kil.). Si l'on divise par ce chiffre celui de la population de l'Empire, on arrive à cette constatation que nous comptons à peine 7 habitants par verste ou kilomètre carré (3). La densité de la population est, d'ailleurs, bien plus grande dans les 50 provinces (on les appelle gouvernements) qui composent la Russie d'Europe. Cette dernière, avec une superficie de 5.240.068 kilomètres (4) carrés possède une population de 94 millions, ce qui, en

(1) Consulter le *Courrier des finances, de l'industrie et du commerce*, organe officiel du ministère des finances, a. 1897 n° 2.

(2) Leçons de statistique, faites à l'Université de Moscou, par le professeur Tchouprov, en l'année 1897.

(3) En 1886 elle n'était pas même de 6 habitants par verste carrée.

(4) Voyez Karatchounsky. *Tableau statistique des forces productives de la Russie*, Berlin. 1878.

chiffres ronds, nous donne à peu près 18 habitants par kilomètre carré. Mais dans la Russie d'Europe elle-même les
provinces septentrionales, avec une étendue très grande,
ont une population bien faible et qui l'emporte à peine en
densité sur celle de la Sibérie ou de la province Transcaspienne. En procédant par la même voie d'élimination, il nous est facile de constituer un ensemble de
provinces, tantôt manufacturières, tantôt agricoles
qui couvrent les 2/5 de la surface générale de la
Russie d'Europe et contiennent les 2/3 de sa population.
Cette zone s'étend au sud jusqu'à la mer Noire, à l'occident jusqu'à la frontière, à l'est jusqu'aux monts de l'Oural et au nord jusqu'aux confins de la Russie Blanche et
des gouvernements d'Olonetzk, Archangelsk, Viatca et
Perm.

Dans ces limites, la moyenne des habitants par kilomètre carré est de 30 personnes. Quant aux diverses régions qui composent cette zone, elles sont inégalement
peuplées. Celle qui l'est le plus, c'est la région agricolè,
celle de la terre noire, du « tchernozem ». Dans les provinces de Koursk, Voronej, Orel, Tambov, Pensa, Riazan,
qui en font partie et appartiennent toutes à la Grande
Russie, on compte 55 à 60 habitants par kilomètre carré.
Ce nombre est dépassé dans les provinces situées sur la
rive droite du Dnieper, celle de Kiev et de la Podolie.
Ici la densité de la population se traduit par le chiffre de
70 et même de 89 habitants par kilomètre carré. Dans la
région agricole du Volga nous trouvons à peu près la
moitié de ce nombre, et les deux tiers (50 ou à peu près),
dans la région manufacturière, abstraction faite de la
province de Moscou (1). Toutefois le royaume de Polo-

(1) Dans cette dernière on compte 75 personnes par verste carrée,
bien entendu à cause de la grande accumulation d'habitants dans la
vieille capitale des tzars (consulter Tchouprouv, Leçons de statistique,
p. 179).

gne, avec ses 85 habitants par kilomètre carré, l'emporte sur les provinces russes, même les plus peuplées.

Le nouveau recensement nous permet d'établir non seulement le degré de densité atteint par la population, mais de constater encore la façon inégale dont elle s'accroît dans diverses régions. Ainsi nous apprenons qu'elle augmente en moins de temps sur les bords du Volga et du Dnieper que dans le reste de la zone agricole. Dans les 46 dernières années, à compter de la moitié de ce siècle, son nombre s'est accru de 67, de 69 et même de 82 0/0 dans les gouvernements ou provinces de Poltava, de Chernigov et de Kharkov, tandis que, dans les douze dernières années, la population est restée stationnaire dans les gouvernements agricoles de la Grande Russie.

La raison de ce phénomène pourrait bien être la suivante : les grands centres industriels, tels que Moscou, attirent les habitants des provinces voisines et dépeuplent les campagnes. Il en est de même de quelques autres villes industrielles, telles que Toula qui de nos jours possède déjà 111 mille habitants.

Nulle part la population ne s'est accrue plus vite dans cette seconde moitié du siècle qu'en Podolie, Volynie, ainsi que dans la province de Kiev. Elle a augmenté de 82 0/0 dans la première, de 104 0/0 dans la seconde et de 118 0/0 dans la troisième.

C'est surtout dans ces douze dernières années que les progrès ont été rapides ; le nombre des habitants en Podolie et dans la province de Kiev s'est accru de 29 0/0, et en Volynie de 37 0/0.

De pair avec l'immigration de sujets autrichiens, du moins dans cette dernière province, il faut signaler, comme une des causes de ce phénomène, le développement rapide de l'industrie du sucre, dont Kiev forme le centre.

Encore plus extraordinaires sont les progrès faits par
la Nouvelle Russie, où l'agriculture commence à s'étendre de plus en plus au détriment de l'élevage des moutons, où Odessa est devenu un des grands centres commerciaux du monde entier, et la région houillière, avec
Ekaterinoslav pour centre, attire de plus en plus ceux
qui veulent établir de nouvelles fabriques.

Ces progrès se traduisent par l'accroissement rapide
du nombre des habitants. En Bessarabie, il est de 120 0/0,
dans le gouvernement d'Ekaterinoslav de 170 0/0 et
dans celui de Kherson de 207 0/0.

D'ailleurs, dans tout l'empire le nombre d'habitants a
augmenté de 93 0/0 à partir de l'année 1851, ce qui nous
permet de dire que la population est doublée en Russie
tous les cinquante ans.

La population des villes manufacturières s'est accrue
encore plus vite que celle des campagnes. Il faut voir
en cela les effets du développement rapide de notre industrie manufacturière grâce au régime protecteur,
Pétersbourg possède à l'heure actuelle 1.267.023 habitants, Moscou 988.000, Varsovie 614.000, Lodz qui en
1820 (1) avait à peine 800 habitants, compte aujourd'hui
313.700. Sa population dépasse de 31 mille celle de Riga
(283.000 h.) et de 65 mille celle de Kiev (250.000). De
toutes les villes de province, seule Odessa possède un
nombre d'habitants encore plus grand (404.650).

Notons encore ce fait curieux que Taschkent, centre administratif d'une province asiatique, conquise sous
le règne d'Alexandre II, il y a à peine 30 ans, compte déjà
156.000 habitants. Deux autres centres régionaux, Tiflis
et Vilna, en possèdent chacun de 159 à 160 mille. Bakou
grâce à la production du naphte dans son voisinage le

(1) Consulter Synchoul. *Esquisse historique du développement
de l'industrie manufacturière dans le Royaume de Pologne,*
p. 55.

plus proche, a atteint cette année le chiffre de 112.000 habitants, Kharkov, avec ses quatre foires, dont l'importance a d'ailleurs sensiblement diminué depuis la construction des chemins de fer, en compte 170.000, Astrakhan 113.000, Rostov, à peine séparé de Nachitchevan par le Don, 119.000 (et 150 en y ajoutant Nachitchevan), Ekaterinoslav 121.000. Même en Sibérie, ainsi que dans la province Transcaspienne, on rencontre des centres administratifs avec une population de 50.000 âmes et au delà. C'est le cas de Tomsk et de Samarkand.

Quoique bien rapide, l'accroissement de la population en Russie ne peut être considéré comme égal à celui des Etats-Unis, surtout si on considère les villes seules. Il suffit de dire que New-York vient de dépasser Paris par le nombre de ses habitants.

La densité de la population, même dans la région agricole, est moins grande en Russie qu'en France et en Allemagne, où on comptait 72 et 91 habitants par kilomètre carré en 1886 et 1890. Il va sans dire que l'Angleterre, avec ses 195 habitants par kilomètre carré et la Belgique, avec ses 207 habitants, dépassent plusieurs fois le degré de densité atteint par nos provinces, même les plus fertiles et les plus manufacturières. Néanmoins la population rurale commence à se sentir à l'étroit, du moins dans la région de la terre noire, ce qui s'explique on ne peut mieux par le caractère extensif de notre agriculture, où l'assolement triennal prédomine encore aujourd'hui.

Je me suis longuement arrêté sur l'exposé des principaux résultats du nouveau recensement parce que parmi les forces productives de la Russie, l'accroissement rapide de sa population me paraît la plus importante de toutes. Les richesses naturelles du pays resteraient en partie stériles sans l'augmentation du chiffre des producteurs, et l'industrie ne saurait écouler tous ses produits si le nombre des consommateurs n'augmentait pas d'année en année. Aussi pour juger en connaissance de cause la politique économique de nos gouvernants, il faut partir constamment de ce fait que, sur une superficie de 5 millions et quelques centaines de mille kilomètres carrés, nous possédons une population de 63 millions d'habitants, dont la densité s'accroît surtout dans la zone agricole, celle de la terre noire, du tchernozem. Rien ne prouve mieux que la Russie est appelée par la nature même de son sol et la masse de ses habitants à être, avant tout et surtout, le grand producteur de matières premières.

On aura beau déclarer, comme l'a fait l'an passé M. le ministre des finances (1), que la Russie n'est plus un pays agricole, parce que le produit annuel de ses fabriques et de ses usines dépasse de plus d'un demi-milliard celui de l'agriculture, ce fait en lui-même ne témoigne que d'une anomalie, qui ne s'explique, que par l'excès d'encouragement, dont jouit l'industrie manufacturière. On ne peut, à mon avis, traiter la grosse question de savoir si les intérêts de l'agriculture doivent au besoin être sacrifiés à ceux de notre industrie naissante, qu'en se demandant si nos fabriques seront jamais à même de fournir du travail aux 130 millions d'habitants que possède l'empire ? Cette question a déjà été soulevée par un économiste russe, M. Danielson. Dans un ouvrage très remarqué et qui soumet à une critique sévère l'ensemble de notre régime économique, ce sociologue doublé d'un homme d'affaires fait voir que notre industrie occupe à peine 1.112.000 hommes et femmes (2). Ce chiffre s'est probablement élevé depuis 1893, année de la publication du livre de M. Danielson, mais en

____

(1) Rapport fait à l'Empereur à l'occasion de la présentation du budget pour l'année 1897.

(2) Esquisse de notre économie sociale depuis la réforme de 1861. Pétersbourg, 1893, p. 124.

comptant même deux millions d'ouvriers par an, nous sommes encore bien loin de cet autre chiffre de 128 millions de personnes trouvant leur gagne-pain dans le travail des champs. On a beau nous dire que le nombre des ouvriers augmente avec les progrès de l'industrie. Cela peut être vrai, mais la proportion est rarement gardée entre les deux faits qu'on nous signale. M. Danielson établit on ne peut mieux, à l'aide des statistiques officielles, que, dans les 23 dernières années, le nombre de produits livrés au marché par l'industrie textile, qui est chez nous la plus florissante, s'est accru trois fois plus vite que le nombre d'ouvriers qu'elle emploie. On a d'ailleurs reconnu depuis longtemps que, grâce aux machines, l'industrie se passe de plus en plus de la force humaine, de sorte qu'aujourd'hui, pour suffire aux exigences des deux tiers des consommateurs du monde entier en cotonnades, il suffirait annuellement de 600.000 ouvriers et qu'un demi-million à peine est occupé à extraire en Angleterre toute la quantité de charbon minéral nécessaire à ses fabriques et à ses usines, ainsi qu'à son commerce extérieur (1).

Dans ces conditions il serait complètement illusoire de parler du développement de l'industrie comme d'un moyen de trouver un emploi lucratif aux 130.000.000 d'habitants que possède l'empire des tzars.

Mais, d'autre part, il serait non moins chimérique de dire que l'industrie est incapable de tout développement naturel, par la seule raison qu'il serait impossible d'écouler ses produits, en présence de l'accaparement des marchés du monde par les Anglais, les Allemands et les Français. Quel meilleur marché peut on désirer pour notre industrie que celui que présente une population qui est doublée tous les demi-siècles, qui en 1950 promet

(1) Esquisse de notre économie sociale depuis la réforme de 1861. Pétersbourg, 1893, p. 124.

d'atteindre le chiffre de 260 millions et en 2.000 celui de 520. Seulement, dans l'intérêt même de l'écoulement des objets manufacturés, il faudrait que la masse des consommateurs, composée qu'elle est de paysans agricoles, possédât le bien-être matériel qui lui manque et qu'une saine politique économique et financière est seule à même de lui donner. La conclusion de tout ce que je viens de dire est facile à tirer : elle consiste dans l'énoncé de cette vieille vérité que les progrès de l'industrie ne peuvent aller de pair qu'avec ceux de l'agriculture, car le producteur agricole est en même temps le principal consommateur des produits manufacturés.

§ 3. J'ai dit que le moment me paraissait bien choisi pour soumettre à une nouvelle enquête toute notre organisation économique et sociale. Il l'est non seulement en présence des faits nouveaux révélés par le recensement ; il l'est aussi à cause des changements profonds que le gouvernement se propose de faire dans notre système financier et monétaire, en étendant le monopole de l'alcool à toutes les provinces de l'empire et en remplaçant le papier-monnaie par la monnaie d'or.

Les deux réformes portent le caractère de vrais événements mondiaux. La réussite de la première pourrait bien avoir pour conséquences des changements analogues dans plus d'un pays de l'Occident, où, comme par exemple en France, l'opinion publique y est depuis longtemps préparée non seulement par l'existence d'un monopole d'État analogue — celui des tabacs — mais encore par la propagande active de personnes très remuantes et bien informées.

L'impôt sur l'alcool, ou accise, occupe la première place parmi les revenus ordinaires de l'État. Il a atteint en l'année 1897 la somme de 284.900.000 roubles, alors que le produit des douanes ne se chiffrait qu'à 159.687.000 roubles, et celui des impôts directs ne fournissait que

97.823.000 roubles. Ce fait seul permet de comprendre
l'importance que peut avoir pour l'État le passage projeté
au régime du monopole. Ce régime, appliqué n Russie
d'une façon sporadique d'abord par Pierre le Grand,
jusqu'en 1705, et ensuite en 1819, fit place au système
des grandes fermes, abolies, elles aussi, en 1863 et remplacées par le prélèvement de l'accise, ou impôt sur la
fabrication et le trafic des alcools. Cet impôt, fixé d'abord
à 3 roubles le vedro, ou huitième partie d'un hectolitre,
fut porté peu à peu à 10 roubles, mais, au lieu de s'élever
corrélativement, le revenu de l'État, surtout lors des dernières augmentations des droits, ne s'accrut que fort peu.
Alors qu'en 1863 l'alcool payant 4 roubles par vedro était
pour l'État la source d'un revenu de 121 millions de roubles, en 1890 l'élévation des droits au chiffre de 9 roubles 25 ne fit monter le rendement de l'accise qu'à la
somme de 240 millions de roubles, au lieu des 317 auxquels on devait s'attendre. Il fallut se rendre à l'évidence et reconnaître que la limite de l'imposition venait
d'être atteinte et peut-être même dépassée. L'ivrognerie
restant stationnaire, c'est par une diminution générale du
bien-être de la masse des consommateurs sobres, prenant un verre par jour, que s'explique le déficit dans le
rendement de l'impôt. Voyant qu'il ne pouvait plus
compter sur l'augmentation périodique de l'accise, le
gouvernement s'arrêta à l'idée de reprendre entre ses
mains sinon la production, du moins la vente de l'alcool.
On avait devant les yeux l'exemple de la Suède, la fameuse expérience faite d'abord à Götteborg et étendue
plus tard à tout le pays. Ne voulant pas courir de gros
risques, on se contenta d'abord d'introduire la réforme
dans quatre gouvernements ou provinces orientales : celles de Perm, Oufa, Orembourg et Samara. L'établissement du monopole d'État dans cette région fut décrété
à titre d'essai le 1er janvier 1895. Le monopole concerne,

comme je l'ai dit, uniquement la vente des produits.
La distillerie reste libre, à condition de se conformer
aux règlements déjà établis ou à établir. La production des distilleries locales ne devra point dépasser la
moyenne des trois dernières années. Le gouvernement
s'engage à leur acheter les deux tiers de la consommation
prévue, au prorata de leur production-limite et à des
prix fixés chaque année par le ministre. Le troisième
tiers est demandé aux enchères, ou à défaut, à des commandes libres. La régie opère ou fait opérer la rectification de l'alcool afin de livrer aux consommateurs des produits inoffensifs pour la santé. A cette fin le gouvernement
procède à l'établissement d'usines de rectification. La
vente en détail désormais aura lieu de deux façons différentes : ou bien par des débitants nommés par le ministre, ou bien par des restaurants populaires (traktirs),
sans parler des hôtels et restaurants établis dans les villes. Les débitants ne pourront vendre que des bouteilles
cachetées, au prix fixé par le ministre et sans qu'aucune
différence soit faite entre celui du gros et celui du détail.
Les restaurants des villes sont seuls autorisés à vendre
au verre. Le « kabak » ou cabaret du village, destiné à
faire place à la boutique d'alcools, dirigée par des agents
de l'État, avait servi jusqu'ici de lieu de réunion, de cercle ou de club aux gens du pays. Il s'agit de le remplacer comme tel par une « maison à thé », c'est-à-dire par
une espèce de crémerie ou rendez-vous de teatotlers, où
le paysan pourra passer ses heures de délassement atta-
blé avec sa famille et ses amis devant un samovare,
mais à condition de ne point verser de liqueurs fortes
dans son verre. Le gouvernement croit pouvoir atteindre
par le monopole de l'alcool deux fins distinctes et quelque peu contradictoires : l'augmentation de ses revenus
et la diminution de l'ivrognerie ; il part de ce raisonne-
ment que le consommateur régulier, ne buvant qu'un

verre d'eau-de-vie par jour, suffit pour lui assurer tous les
ans un revenu égal, sinon supérieur à celui que produisait
l'accise. La bonne qualité de l'eau-de-vie vendue par
l'État, la disparition complète de toute sophistication des
boissons permettent d'espérer que l'effet enivrant de l'alcool diminuera d'une façon considérable. L'ouverture
des maisons à thé, encouragée par le gouvernement, les
conseils généraux et les sociétés d'abstinence, offrira en
même temps au paysan russe le moyen de couper l'ennui
de ses longues veillées d'hiver par plusieurs verres de
cette boisson familière et presque nationale et qui, es-
père-t-on, finira par remplacer en partie la vodka.

Sont-ce des illusions que l'expérience viendra prochainement démentir de la façon la plus manifeste? Telle n'est
point l'impression que produit le simple énoncé de faits
se rattachant à l'introduction du monopole d'État dans
les quatre provinces de l'Est, suivie en 1896 par des
mesures anologues dans 9 gouvernements méridionaux.
Le ministre des finances se déclare enchanté des résultats obtenus et propose d'introduire peu à peu le même
système dans toutes les autres provinces de l'empire. Au
point de vue fiscal, le gouvernement a gagné rien que
dans les 4 provinces de l'Est un excédent de 321.000
roubles sur la moyenne des rendements de l'accise dans
les trois dernières années. Il a été, il est vrai, amené à
débourser pas mal d'argent pour mettre le nouveau système en train, mais il est rentré la même année dans
ses frais. Il en fut de même dans les 9 provinces méridionales, quoique le gouvernement n'ait pu retirer de la
vente de l'alcool dans le courant de la première année
que les 4/5 de la somme sur laquelle il comptait.

En se plaçant à un autre point de vue, celui de l'hygiène
morale du peuple, les résultats obtenus sont encore plus
brillants. Autorités civiles et ecclésiastiques, archevêques
et évêques, gouverneurs de provinces, conseils généraux,

maréchaux de noblesse, congrès régionaux de propriétaires de houillères et d'ingénieurs surveillant l'extraction
du charbon de terre, sont unanimes à déclarer que l'ivrognerie des rues et les rixes sanglantes occasionnées par
elle ont plus ou moins cessé, car le paysan n'absorbe
plus l'alcool qu'une fois rentré dans son foyer. Il n'est
plus également question pour lui d'engager les récoltes
futures à un cabaretier exerçant l'usure sous la forme
de vente à crédit, car on ne peut acheter l'alcool dans
les boutiques de l'État qu'argent comptant. La qualité du
liquide est excellente, tous les ingrédients malsains en
sont éliminés, grâce à la rectification, et le paysan ne
trouve pas assez de louanges pour la marchandise qu'on
lui offre. Le ministère des finances a publié, en 1897, les
rapports qui lui furent envoyés par les chefs civils et ecclésiastiques des provinces soumises au monopole; tous, d'une
commune voix, déclarent que l'ivrognerie a sensiblement
diminué. Il est vrai que dans les premiers mois qui ont
suivi la réforme, l'impossibilité de consommer le liquide
dans la boutique où il se vend avait augmenté le nombre des ivrognes sur les places et dans les rues avoisinant
les débits. On signale également, du moins dans quelques gouvernements, tels que Kiew et Ekaterinoslaw, l'ouverture de pas· mal de « pensions de famille » où sous
prétexte d'une large hospitalité offerte aux voisins, on
leur vendait au verre la liqueur prohibée. La police étant
intervenue dans ces affaires quelque peu louches et le climat s'opposant à des siestes prolongées en plein air, tout
finit par rentrer dans l'ordre. Le paysan ne consomme
plus l'alcool qu'il a acheté au débit argent comptant et à la
bouteille que sous l'œil vigilant de sa femme. La portion
lui est mesurée et on surveille le nombre de ses libations.
Les rixes de famille occasionnées par l'ivrognerie, et les tentatives souvent fructueuses de soustraire quelque vétille, ou
même une partie du blé emmagasiné dans l'entrepôt du

foyer afin de le vendre au cabaretier, ne se produisent plus que rarement. Entraînés par leur zèle pour la propagande de l'orthodoxie, les évêques signalent un autre résultat heureux : la diminution du nombre des israélites prenant part à la vente de l'alcool. On compte que dans la seule province de la Podolie, le cinquième des cabaretiers étaient juifs, 730 (1) ont été forcés d'un seul coup à chercher d'autres moyens d'existence. A en croire les chefs ecclésiastiques de nos provinces et les rapports qui leur sont faits par les curés des paroisses, le nombre de gens se rendant à la messe du matin et aux lectures religieuses du soir a augmenté en proportion inverse de celui des habitués du cabaret. Le clergé russe trouve le moment bien choisi pour occuper les loisirs de nos villageois par des exercices religieux, des lectures pieuses et le chant des cantiques. Aussi lutte-t-il de toutes ses forces contre les comités d'abstinence fondés par le gouvernement et dont le personnel se recrute en partie dans les classes éclairées. Ces comités voudraient ouvrir non seulement des maisons à thé, mais encore des cabinets de lecture attachés à ces sortes d'établissements. Ils tiennent à organiser des sociétés chorales, des leçons publiques et des théâtres populaires. Ce sont ces derniers surtout qui attirent l'animosité de nos évêques. On est tout étonné, de trouver dans le nombre des mémoires envoyés au ministre des finances, une philippique ardente contre les spectacles, rappelant de bien près la célèbre lettre adressée jadis à d'Alembert par l'auteur de l'*Emile* et du *Contrat Social*. L'évêque de Perm et de Solikamsk, qui en est l'auteur, cite en faveur de sa thèse des autorités aussi peu orthodoxes que le poète allemand Schiller lequel, à l'en croire, tout en destinant sa trilogie

(1) Rapport envoyé au ministère des finances sur les résultats obtenus par l'introduction du monopole de l'alcool. Pétersbourg, 1897, page 78. Rapport du préfet ou gouverneur de la province de Podolie.

de Wallenstein au grand public populaire, doutait de l'influence éducatrice du théâtre, et il arrive à cette conclusion énorme que le gouvernement qui autoriserait les spectacles populaires, se rendrait coupable de la destruction de la foi au sein du peuple (1). Le bon pasteur se trompe en croyant à un réel danger. Les sociétés d'abstinence sont tellement dépourvues de moyens qu'à peine signale-t-on l'ouverture de quelques dizaines de maisons à thé fournies de minces cabinets de lecture. Quant aux théâtres populaires, on ne peut encore y penser à moins que quelques gens riches ne veuillent tenter l'entreprise dans le seul but de « moraliser leurs capitaux ».

Les rapports adressés au ministre des finances quant aux résultats déjà obtenus par le monopole qu'on vient d'établir, ne signalent qu'un point noir dans l'ensemble des conséquences heureuses produites par la nouvelle réforme. Sous le régime antérieur, le village retirait certains profits, souvent fort considérables, du droit d'affermer son cabaret. Des millions de roubles rentraient de la sorte dans la caisse villageoise et lui permettaient de couvrir une bonne partie des contributions (2).

Cette source de revenus lui est désormais fermée et ceux qui au village ou dans la province ont pour mission de présider au recouvrement des impôts élèvent hautement des plaintes à ce sujet. Quoi qu'il en soit, la question de faire du monopole de l'alcool une mesure générale vient d'être résolue dans un sens affirmatif. On procédera petit à petit, en appliquant la réforme, à dater du

(1) Rapport envoyé au ministère des finances sur les résultats obtenus par l'introduction du monopole de l'alcool. Pétersbourg. 1897, page 51. Rapport du préfet ou gouverneur de la province de Podolie.

(2) C'est ainsi que dans le gouvernement de Perm, au dire du président du conseil général de cette province, on peut évaluer à un million de roubles le produit annuel des permis accordés par les communes villageoises et urbaines à ceux qui voulaient ouvrir un cabaret (*Ibid* p. 60).

1er janvier 1897, dans six gouvernements du Nord-Ouest ainsi que dans celui de Smolensk, et à dater du 1er janvier 1898, dans ceux de Novgorod, Olonetzk, Pskov, Pétersbourg, Kharkov, ainsi qu'en Pologne (1).

§ 4. Une autre réforme qui également engage l'avenir est celle du système monétaire. La Russie est, avec l'Autriche et l'Italie, le pays classique du papier-monnaie, du billet de banque à cours forcé. Les inconvénients de cet ordre de choses se font moins sentir dans les transactions intérieures que dans le commerce international. Comme l'explique fort bien M. Paul Leroy-Beaulieu, la hausse des prix, résultat nécessaire de la baisse de la monnaie à la suite de l'avilissement du moyen d'échange, ne se produit dans les pays à cours forcé, qu'à la longue, raison pour laquelle les effets funestes du papier-monnaie n'ont été longtemps ressentis que dans nos relations avec l'étranger. Une école soi-disant nationale et dont on trouve encore quelques représentants isolés même au sein de la Société des Economistes de Pétersbourg nie l'existence même de pareils effets. Non seulement elle renchérit sur ce qui avait été dit à ce propos en Occident, en prétendant, ce qui serait vrai à la rigueur, que les prix intérieurs ne haussent pas dans une proportion égale à la baisse du change, résultat fâcheux de toute nouvelle émission du papier-monnaie (2), mais elle déclare encore que les billets de banque à cours forcé sont une espèce de monnaie nationale, correspondant on ne peut mieux à l'esprit de nos institutions autocratiques et à la confiance pleine et entière qu'inspire au peuple russe la seule parole du Tzar assurant que telle ou telle coupure représente en effet la somme qui y est indiquée. Un publiciste réactionnaire,

(1) Consulter le N° 22 du *Courrier des finances*, etc., année 1897.
(2) *Traité théorique et pratique d'économie politique*, 1896, t. IV, p. 171.

nommé M. Talitzky, n'a-t-il pas poussé son ignorance de toute saine doctrine économique jusqu'à déclarer que la « valeur intrinsèque, la puissance d'achat du rouble papier repose sur le principe moral de la foi absolue et générale dans le pouvoir autocratique, un, libre et fort, qui seul règle la circulation monétaire » ? Ce même écrivain n'a-t-il pas recommandé au gouvernement de couvrir les frais de toutes ses entreprises industrielles, telle que le transsibérien par exemple, par une nouvelle émission de billets de banque à cours forcé (1) ? Un autre réactionnaire, un peu moins naïf, mais aussi dépourvu de tout scrupule scientifique, M. Scharapov, a encore récemment déclaré, au grand étonnement des ses collègues de la Société des Economistes de Pétersbourg, que les prix n'avaient pas augmenté en Russie à la suite des nouvelles émissions du papier-monnaie, alors qu'il est notoire, ainsi que l'a fort bien relevé M. Strouve, que le prix de la terre, par exemple, dans la période de 1872 à 1881 s'est élevé d'un tiers et qu'un accroissement considérable, quoique moindre, s'est également produit dans les fermages et les salaires, ces derniers ne s'étant d'ailleurs élevés que de 10 0/0 (2). Il serait certainement fort imprudent de rattacher ces faits d'une façon exclusive aux nouvelles émissions de papier-monnaie ; la marche ascendante de la population et les progrès de l'industrie ont puissamment contribué à produire ce résultat, mais il a été également amené par la circulation d'un grand nombre de nouveaux billets de crédit à cours forcé, suite funeste, mais nécessaire de la guerre d'Orient. Cette facilité de couvrir les dépenses exceptionnelles par de nouvelles émissions qui est inhérente au système du papier-

(1) Voyez « Rousskoïe Dielo », 1888, ch. VI, p. 286, ch. X, p. 273.
(2) Ces chiffres ont été établis par M. Voropanov. V. les Débats sur la réforme monétaire au sein de la IIIe section de la Soc. des Economistes, 1896, p. 82.

monnaie, constitue son côté attrayant aux yeux des gouvernants et son plus grand danger pour le public. L'éminent économiste français si versé dans les questions de finances, dont j'ai déjà eu l'occasion de citer le nom, déclare fort bien que théoriquement il ne semble pas impossible qu'un pays puisse se passer de monnaie métallique et ne pas se trouver mal d'une monnaie de papier. Mais il faudrait pour cela que la monnaie de papier fût très limitée et qu'elle ne s'accrût que dans des proportions étroitement fixées pour chaque augmentation de la population ; en second lieu, il serait indispensable que l'opinion publique fût toujours imbue de la conviction que le statut relatif à cette monnaie de papier ne serait jamais, à aucune époque, altéré (1). M. Paul Leroy-Beaulieu observe judicieusement que la réunion pratique et surtout la constance de ces conditions nécessaires sont tellement malaisées qu'on les peut regarder comme impossibles. L'histoire de notre papier-monnaie est la confirmation la plus manifeste de cette vérité. De 1843 à 1873 le nombre de « billets de crédit » en circulation s'est élevé de 30 à 750 millions de roubles. Le cours forcé a été établi en 1856, ce qui fit baisser le change de 94 0/0 à 87 1/2 0/0. De 1873 à 1877 le marché monétaire s'accroît d'une nouvelle émission de 50 millions de roubles de papier-monnaie et le change tombe au niveau de 80 1/2 0/0. De 1878 à 1895 nouvelle émission, cette fois d'un demi-milliard de roubles papier, et baisse correspondante du change à 65, 6 0/0 (2). Le ministre des finances, M Abaza, afin d'arrêter cette baisse ininterrompue, voulut en 1881 retirer de la circulation 400 millions de roubles-papier, et cela dans l'espace de huit ans ; mais cette mesure ne fut réalisée par son successeur M. Bunnge qu'en partie.

(1) *Traité d'écon. pol.* v. IV, p. 160.
(2) Voyez le discours de M. Miklashevsky au sein de la Soc. des écon. russes, p. 192.

A peine 87 millions de roubles furent brûlés par ordre du gouvernement (1). Au lieu de rester dans la voie tracée par son prédécesseur, le ministre des finances Wishnegradsky procéda en 1888 à l'émission de nouveaux billets de crédit pour la somme de 63 millions, dont seuls 40 millions furent garantis par le versement à la banque d'État d'une somme correspondante en or. Plus tard, en 1891, le nombre de billets de crédit fut encore augmenté de 75 millions sous le prétexte que le papier-monnaie en circulation était insuffisant pour couvrir la demande qui en était faite par le commerce. Ces deux nouvelles émissions ne furent faites d'ailleurs que pour un temps. On avait eu l'intention de les retirer de la circulation la même année ; seulement, au lieu de cela, on fit une nouvelle émission en 1892, de sorte qu'au 1er janvier 1893, le montant des roubles-papier en circulation s'était élevé de 1.046.000.000 à 1.196.000.000. En janvier 1893 on en retira d'abord, à deux reprises, 50 millions, puis on fit une nouvelle émission, s'élevant à la même somme. Ce n'est qu'en 1894 qu'on commença à retirer ces billets supplémentaires. Au début de la présente année, M. Witte, le ministre actuel des finances, annonça dans son rapport à l'empereur que le nombre de ceux qui circulent ne s'élève plus qu'à 930 millions de roubles (2). Si ce résultat n'a pas été atteint plus tôt c'est que le prédécesseur direct de M. Witte, au lieu de combattre la baisse des roubles par la diminution du nombre des billets de crédit, crut arriver au même résultat en jouant à la hausse du rouble à la bourse de Berlin.

(1) Consulter la brochure d'un anonyme qui s'intitule « vieux professeur » : *Époque mémorable dans l'histoire des finances russes.* Pétersbourg, 1895, pp. 6 et 15.

(2) Voyez *Gazette russe,* année 1898, N° 1. Rapport du ministre des finances à l'Empereur, à l'occasion de la présentation du budget.

Le fait est établi dans un rapport fait à l'Empereur Alexandre III par M. de Cyon (1) lequel pendant quelque temps fut une espèce d'agent financier du ministre à Paris et dut, par conséquent, être bien informé. Cette pratique, indigne d'un ministre des finances, amena d'une part des pertes fort considérables pour le Trésor, et de l'autre part une singulière instabilité dans le cours du rouble-papier, qui changeait presque tous les mois, sinon toutes les semaines, tombant jusqu'à 162 marks pour 100 roubles en mars 1888 et s'élevant à 267 marks en septembre 1890, pour retomber de nouveau à 200 et quelques marks (2). L'insuccès de cette politique financière aventureuse nous laisse en possession à l'heure qu'il est de presque 1 milliard de roubles-papier, qui ne valent plus que les deux tiers de cette somme en or. La baisse du rouble s'est arrêtée, mais ce résultat n'a été atteint, ainsi que le déclarent d'une commune voix M. de Cyon et M. Bortkevitch, que grâce à une nouvelle intervention du ministre des finances, lequel, ayant en vue le rétablissement de la circulation métallique, trouva avantageux d'arrêter la hausse du rouble-papier par des moyens artificiels, afin de rendre plus facile à la banque d'État son rachat en or. Dans les dernières années de sa gestion financière M. Wishnegradsky se décida à entrer résolument dans cette voie. En constatant que le taux du rouble s'était élevé de la moitié, le ministre trouvait qu'une hausse si importante et si rapide de notre étalon devait réagir d'une façon funeste sur notre commerce

(1) Consulter de Cyon « Le Bilan de la gestion financière de Wishnegradski », 1892, édition russe, p. 17. M. Bortkevitch. « De la réforme monétaire projetée par le ministre des finances ». L'auteur maintient le même fait que M de Cyon en déclarant que, grâce à l'agiotage encouragé par M. Wishnegradsky, le rouble-papier en 1888 ne valait plus que la moitié ou 50 kopecks et 2 ans plus tard (1890) 83 kopecks (p. 8.)

(2) Chiffre officiel donné par le *Courrier des Finances* de cette même année et arrêté le 8 mars 1897.

d'exportation et causer un préjudice considérable aux producteurs (1). Il ne cachait point (déjà en 1890) son intention de réduire le prix du rouble-crédit à 62 1/2 kopecks or. Le contrôleur général Abaza se rendit à ses raisonnements et prit personnellement une part très active au jeu de bourse qui devait amener la baisse du rouble. M. de Cyon parle de la noble indignation qu'Alexandre III ressentit en apprenant du rapport ou mémoire de M. de Cyon lui-même la façon d'agir de son ministre et de son contrôleur général. La disgrâce des deux hommes d'État suivit de près la révélation de ces faits (2). Afin de maintenir le taux de change à 66 kopecks le successeur de M. Wishnegradsky s'opposa à l'exportation des billets de banque par les personnes se rendant à l'étranger. À l'arrivée des trains à la frontière, des douaniers pénètrent dans les wagons et adressent aux voyageurs la même question indiscrète : combien emportez-vous de roubles-papier ? On leur rit au nez en déclarant n'avoir pas plus de 3000 roubles, car dans le cas contraire il s'agirait de payer un impôt de quelques kopecks. Appliqué aux voyageurs, ce nouveau genre d'inquisition est simplement ridicule et inefficace. Mais il n'en est guère ainsi quand il s'agit d'envoyer des roublés par poste. Les paquets contenant plus de 3000 roubles sont refusés, mais on se soustrait à la défense en envoyant, souvent le même jour, la somme voulue dans deux ou trois paquets différents. Malgré son côté risible, cette mesure ministérielle a certainement empêché le voyage périodique des roubles-papier de la bourse de Pétersbourg à celle de Berlin et *vice versa*, ce qui occasionnait la hausse et la baisse artificielles du rouble à bref délai. Son cours est resté stationnaire, et, ainsi que le remar-

(1) De Cyon : « M Witte et ses projets de faillite devant le Conseil de l'Empire », 1897 p. 29, rapport du 16 août 1890.
(2) *Ibid,* p. 38-39.

que M. Miklashevsky, a atteint à l'heure qu'il est la moyenne des huit dernières années, ce qui permet à ceux qui se prononcent en faveur du rétablissement de la circulation métallique de reconnaître au cours du rouble un caractère quasi-naturel.

Loin de partager les idées étroites des partisans du papier-monnaie, les ministres des finances qui se sont succédé en Russie depuis la guerre d'Orient, ont été unanimes à souhaiter et à préparer l'abolition du cours forcé des billets de crédit. A cette fin ils ont accumulé, grâce à des emprunts faits à l'étranger, un immense stock d'or, déposé dans les sous-sols de la Banque d'Etat. M. Lorini, professeur d'économie politique à l'Université de Rome, ayant été chargé par le ministre des finances Luzzatti d'étudier sur place le projet de la réforme monétaire russe, et admis pour cette raison dans les caveaux de la Banque d'Etat, n'exprime aucun doute quant à l'existence en Russie d'un trésor métallique de 813.900.000 de roubles, dont 724 étaient déposés dans les sous-sols de la Banque en lingots ou en espèces monnayées (1). Depuis, cette somme n'a fait que s'accroître. Dans son récent rapport à l'Empereur, M. le ministre des finances déclare qu'au 1ᵉʳ janvier 1898 la quantité d'or tant déposé à la banque que se trouvant en circulation, n'était pas inférieure à un milliard trois cent quinze millions de roubles et d'autre part, au dire du ministre, la somme des billets de crédit s'est réduite à 999 millions dont, toujours au dire du ministre, 930 seuls restent en circulation, les autres 69 formant le fonds d'échanges (2). Nous n'avons malheureusement aucun moyen de déterminer le nombre de billets de crédits qui circulent. M. de Cyon croyait l'an-

(1) *La Riforma monetaria della Russia.* Erm. Loescher, 1897, p. 122 et 123, ainsi que p. 125. L'auteur déclare : ho visitati in persona i soteranei della Banca, esaminando a mio agio quella splendida raccolta di verghe et monete d'oro.

(2) *Gazette russe*, 1898, N° 4.

née dernière, que leur chiffre était de beaucoup supérieur aux 1083 millions reconnus à cette époque par le ministre des finances. La quantité de roubles-crédit, déclarait l'antagoniste du ministre actuel dans une brochure intitulée, « M. Witte et ses projets de faillite devant le Conseil de l'Empire » (1) dépasse grandement les chiffres portés à la connaissance du public.... Les documents officiels, ajoute-t-il, nous autorisent à déclarer avec assurance que le nombre des roubles-crédit réellement émis n'est pas de 1083 millions; il est de cette somme plus 869.711.161, plus x de roubles. La valeur réelle de cet x, personne, pas même le ministre des finances, ne la connait ». M. de Cyon appuie ses conjectures sur les faits suivants : il existe, dit-il, et en cela il a parfaitement raison, un fonds de réserve destiné à l'échange des vieux billets de banque contre les nouveaux. Autrefois ce fonds de réserve était assez insignifiant; il s'élevait, par exemple, au 1er janvier 1861 à la somme, relativement modeste, de 112 1/2 millions de roubles. Mais sous M. Wishnegradsky, il commença tout d'un coup à s'accroître d'une manière inquiétante et finit par atteindre au 1er janvier 1895 un total de 869.711.261 de roubles. A peu près les mêmes chiffres figurent dans la brochure de M. Bortkevitch, brochure publiée en Russie en 1896 et bientôt interdite (2). Quant au fameux x dont, au dire de M. de Cyon, le ministre même ignore le montant, l'ancien ami et plus tard le justicier de M. Wishnegradsky explique son origine de la façon suivante. Pour se procurer les moyens nécessaires à l'achat de l'or à l'étranger, pour maintenir aussi d'une façon artificielle le change du rouble au même niveau, le ministre actuel et son prédécesseur ont recouru à l'émission

(1) Paris, 1897, p. XIII.
(2) Au 1er janvier 1895, déclare M. Bortkevitch, le fonds de réserve s'élevait à 860 millions de roubles (*De la Réforme monétaire projetée par le ministre des finances*, p. 17).

supplémentaire de billets de crédit. « C'est à l'aide de ce capital (1) que M. Witte de son côté, continue, toujours au dire de M. de Cyon, à acheter l'or à l'étranger. » Ce sont là de graves accusations et qui, si elles étaient justifiées, changeraient du tout au tout les relations entre la réserve métallique et la quantité de roubles-crédit en circulation. En ajoutant aux 1083 millions, reconnus par le ministre en 1897, le fonds d'échange et les émissions supplémentaires faites pour l'achat de 200 millions de roubles or, nous arrivons au chiffre de 2 milliards 250 millions de roubles-papier, c'est-à-dire à un total dépassant de plus de la moitié la réserve métallique déposée dans les sous-sols de la Banque d'Etat. Ceci modifierait singulièrement les conditions dans lesquelles devrait s'accomplir la réforme monétaire et fausserait tous les calculs quant à son avenir probable, car, ainsi que le montre fort bien M. Paul Leroy-Beaulieu, « la règle empirique que l'émission peut atteindre mais ne doit pas dépasser le triple de l'encaisse d'une banque est d'une complète fausseté » (2) et « sous le régime du cours forcé ou de la non-convertibilité des billets de banque, le chiffre de ceux en circulation pèse d'une façon progressive au fur et à mesure de chaque émission et le déprécie davantage ». Dans le cas où les critiques de M. de Cyon auraient été méritées, la politique financière russe trouverait une condamnation dans l'aphorisme suivant de l'éminent économiste français : « Pour un pays à cours forcé, il vaut beaucoup mieux diminuer la circulation des billets que d'accroître l'encaisse. » D'ailleurs deux lignes plus bas M. Leroy-Beaulieu tend à nos ministres la planche de salut en disant : « c'est seulement quand on a l'espérance de revenir promptement au payement en espèces que

(1) Pp. XVII et XVIII.
(2) Vol. III, p. 671.

ce dernier souci (celui d'accroître l'encaisse) peut prendre le pas sur le premier (celui de diminuer le nombre de billets en circulation) (1) ».

La conclusion à tirer de tout ce qui vient d'être dit, c'est que pour se prononcer en connaissance de cause sur l'opportunité et la possibilité de la réforme monétaire, il faudrait être avant tout renseigné sur le nombre de roubles-papier qui circulent. Mais c'est là un des côtés fâcheux du bureaucratisme autocratique qui forme le fond de nos institutions, que le contribuable ne sait jamais au juste l'état réel de la fortune publique. M. de Cyon en fait lui-même l'aveu, en disant : « Il appartient à celui qui paye l'impôt d'en contrôler l'emploi. Ce droit que toutes les nations civilisées ont conquis... le peuple russe seul ne le possède pas. La loi lui interdit tout contrôle sur le maniement des deniers qu'il verse si péniblement au Trésor, toujours vorace et toujours à sec » (2). Cet aveu mérite d'être accueilli, car il émane d'un ancien émule de M. Katkoff, du publiciste célèbre qui a tant fait pour enrayer le développement naturel de nos institutions politiques. Qui se serait attendu à voir un jour M. de Cyon, l'auteur d'un livre élogieux sur le régime autocratique russe, émettre ces critiques ? Il a fallu pour cela que les mêmes institutions qui, jadis, faisaient son bonheur, se fussent retournées contre lui. Le justicier implacable de son ancien chef se vit interdire l'entrée de la Russie à la suite de nouvelles dénonciations contre le ministre des finances actuel, dénonciations non plus clandestines comme autrefois, mais ouvertes, faites par la voie de la presse et, pour cette raison, entrant dans la catégorie d'actes incriminés par les mêmes institutions dont il avait jadis chanté les louanges. Plaignons sa mal-

(1) Vol. III, p. 676.
(2) « *Où la dictature de M. Witte conduit la Russie* » par E. de Cyon, p. IV.

chance, mais n'attachons pas trop d'importance à ses dires, car ils sont loin d'être désintéressés et frisent souvent le paradoxe ; il en est ainsi, lorsque M. de Cyon déclare, par exemple, le ministre des finances, M. Witte, un émule de Karl Marx, un allié clandestin de l'Allemagne et un ennemi juré du gouvernement qu'il sert et dont il prépare depuis longtemps la chute.

Dans les conditions que je viens d'indiquer, il n'est pas permis d'avoir une opinion bien arrêtée quant au nombre réel de roubles-papier, et nous nous contenterons d'enregistrer les dernières déclarations faites à ce sujet par M. le ministre des finances. Dans son récent rapport à l'Empereur, M. Witte donne les chiffres suivants :

Le chiffre total des billets de crédit émis par la banque est de 999 millions de roubles. La banque en détient dans son portefeuille 69 millions, 930 millions sont seuls par conséquent à circuler dans le public. Mais en dehors de ces 930 millions, le Trésor a encore émis des billets échangeables au pair contre de l'or et dont le total s'élève à 182.300.000 roubles or. Le ministre reconnaît en même temps l'existence d'un engagement de 175.000.000 de roubles, contracté par le Trésor vis-à-vis de la banque par suite d'une émission temporaire de billets de crédit.

En même temps nous apprenons que la réserve métallique, y compris l'or et l'argent, équivaut à l'heure qu'il est en roubles-crédit à la somme de 1.632.000.000 dont 1.470.000 sont placés en lingots ou en or monnayé et 162 millions seulement en argent. — Le ministre conclut en déclarant que la réserve métallique dépasse considérablement tant la quantité de papier-monnaie qui se trouve entre les mains des particuliers (930) que le nombre des billets du Trésor échangeables au pair avec l'or (182 millions or) et les billets de crédit supplémentaires (175 millions) (1).

Mais abstraction faite de la quantité de papier-monnaie dont l'Etat aura à faire le rachat, la réforme monétaire soulève de violentes objections. Elles sont toutes inspirées par la crainte que le rétablissement de la libre circulation de l'or ait pour résultat l'écoulement de notre réserve métallique à l'étranger, par suite de l'état déplorable de notre fortune publique et privée ; et le fait que la balance économique, sinon commerciale, n'est pas en notre faveur, car tous les ans nous sommes forcés de payer à peu près 100 millions de roubles d'intérêts pour les dettes(2) contractées en France et ailleurs. Nous allons voir à quel point sont fondées de pareilles appréhensions.

Mais avant tout il s'agit de bien définir en quoi consiste la réforme, qui est en train de s'accomplir. Elle a été résumée de la façon suivante dans une communication officieuse, sinon officielle, faite à la Société des Economistes de Pétersbourg par M. Gouriev. La voici. Premier article : Les billets de crédit ne seront émis à l'avenir par la Banque d'Etat que pour servir aux nécessités commerciales de cette banque. Le Trésor renonce à recourir à de nouvelles émissions dans le but de se procurer les fonds nécessaires au maniement des affaires publiques. Les billets présentement en circulation seront portés au passif de la Banque d'Etat.

Second article : les billets de crédit ciculeront de pair avec la nouvelle monnaie d'or. Toute transaction ayant pour but d'éliminer les payements en billets et de n'ad-

---

(1) Rapport du ministre des finances à l'Empereur, année 1898.

(2) Le budget de 1897 reconnait 94.340.000 d'intérêts pour les emprunts extérieurs à terme et 3.037.782 pour les emprunts extérieurs qui n'ont pas de terme (le *Courrier des finances*, 1898 n° I p. II).

mettre que ceux faits en or est déclarée illicite. Quant au payement des droits de douane sur les articles d'importation étrangère, les règles en vigueur seront maintenues (c'est-à-dire que leur payement se fera exclusivement en or).

Troisième article : La valeur des billets de crédit en circulation est garantie par tout l'avoir de l'Etat.

Chacun est autorisé à échanger les billets de crédit qu'il possède pour la monnaie d'or. A Petersbourg l'échange se fait pour n'importe quelle somme et dans tous les guichets de la Banque d'Etat. Mais dans les provinces où la Banque a des comptoirs, l'échange n'aura lieu que dans les limites imposées par la quantité d'or dont disposent ces comptoirs. Les payements se feront en roubles or de nouvelle frappe.

Quatrième article : Pour permettre à la Banque d'Etat d'agir de la sorte, le gouvernement lui remettra sa réserve métallique de 750 millions de roubles or de nouvelle frappe. La dette contractée par le trésor vis-à-vis de la Banque d'Etat, dette qui ne comporte aucun payement d'intérêts, sera inscrite à l'actif de la Banque.

Cinquième article : La Banque d'Etat a le droit d'émettre des billets de crédit pour la somme de un milliard de roubles, à condition que le nombre de tous les billets en circulation ne dépasse pas le double de l'encaisse métallique de la Banque. Au delà du milliard, toute nouvelle émission devra être couverte en entier par une augmentation correspondante de l'encaisse métallique. Depuis, on a réduit le milliard de roubles-papier non couverts à 300.000 (1).

Sixième article : Au fur et à mesure que les billets rentreront dans les caisses de la Banque, celle-ci en fera disparaître le superflu.

____

(1) Oukase impérial du 29 août 1897.

Septième article : La nouvelle monnaie d'or aura la valeur de 10 roubles et contiendra 1 drachme 78 1/4 de centièmes de métal précieux.

Huitième article : La monnaie d'argent ne devra être reçue en payement dans les transactions des particuliers avec la Banque et *vice versa* que pour la somme de 50 roubles, et pour celle d'un rouble quand il s'agira de payer les droits de douane. Quant au recouvrement des autres impôts, il pourra s'effectuer en argent pour une somme indéterminée.

Neuvième article : La monnaie d'or de vieille frappe, les impériales et demi-impériales auront cours dans les conditions suivantes : une impériale de 10 roubles vaudra 15 roubles-papier et une demi-impériale, 7 roubles 50 kopecks. Le même taux (un rouble et demi en or pour un rouble de papier-monnaie) sera maintenu pour tout ce qui concerne le emprunts extérieurs faits par l'Etat et les particuliers (1).

Telles sont dans leurs grandes lignes les bases principales de cette réforme dont le résultat doit être de faire entrer la Russie dans le groupe des Etats qui ont accepté l'étalon d'or. La communication officieuse de ce nouveau projet de loi provoqua au sein de la Société des Economistes de Pétersbourg un échange de vues qui, sans épuiser la matière, fait connaître on ne peut mieux les divers aspects sous lesquels la réforme se présente à ceux qui sont tout à fait au courant de nos difficultés économiques et financières. Je crois, par conséquent, utile d'étudier de près ces débats. Ils ont occupé quatre séances de la Société et ont permis aux adeptes des diverses écoles économiques d'émettre en toute franchise leurs espérances et leurs appréhensions.

____

(1) « La réforme monétaire russe débattue par la Société des Economistes de Pétersbourg », rapport sténographique, p. 59-61.

Je vais avant tout faire connaître l'opinion de ceux qu'on pourrait appeler les optimistes. En premier lieu, nous devons citer l'avis de M. Miklashevsky, l'auteur d'un ouvrage récent sur la monnaie et la circulation monétaire. Il se déclare franchement favorable à la réforme, d'accord en cela avec un économiste étranger, M. Lorini, dont j'ai déjà cité l'étude très approfondie, résultat d'une mission scientifique en Russie. M. Miklashevsky insiste sur ce fait que le rouble-crédit ne fut, dès l'origine, que le remplaçant du rouble argent et que sa dépréciation a été amenée par celle du métal correspondant. Mais à l'encontre de M. Lorini et de quelques membres de la Société des Economistes de Pétersbourg, gagnés aux théories ministérielles, M. Miklashevsky n'insiste point sur le droit que le gouvernement aurait de rembourser les détenteurs des billets de crédit en argent, ce qui leur ferait perdre non plus un tiers, mais la moitié de leur fortune. Car il se rend compte des responsabilités encourues par le gouvernement rien que par le fait d'avoir déclaré en 1856 et maintenu pendant plus de 40 ans le cours forcé des billets de crédit. M. Wishnegradsky avait cru un moment trouver un échappatoire aux difficultés financières qu'il éprouvait en autorisant la Banque d'Etat à faire ses payements en argent. Mais le public ne resta pas longtemps dupe de ce stratagème et refusa de recevoir le métal déprécié qu'on lui offrait. Le professeur Chodsky dit fort bien que dans le cas où le ministère voudrait imposer le cours forcé des roubles-argent, la cause pourrait bien être portée devant les tribunaux. Il faut vraiment être privé non seulement de connaissances juridiques élémentaires, mais encore de tout sentiment d'équité pour prétendre, ainsi que l'a fait M. Reinbot, que le gouvernement, en renonçant au payement en argent, fait aux détenteurs du papier-monnaie le don bénévole d'un tiers de leur fortune (1). Au moment où le cours forcé nous a été imposé, répondrons-nous, les mines d'argent du Mexique n'avaient pas encore été découvertes, le métal blanc trouvait un emploi industriel et artistique considérable, car il ne souffrait point encore de la concurrence du nickel ou de l'aluminium, la frappe des écus de 5 francs était loin d'être suspendue dans l'Union latine (1876) ; l'Allemagne ne s'était point prononcée pour l'étalon unique d'or et n'avait pas entraîné par son exemple les pays scandinaves et la Hollande ; le trésor des Etats-Unis continuait à faire des achats d'argent, et, aux Indes Orientales, les particuliers étaient autorisés à faire pour leur propre compte la frappe des ruppis d'argent dans les hôtels de la Monnaie de l'Etat. Aussi avant la guerre de Crimée, personne en Russie ne trouvait son compte à demander en échange du papier-monnaie de l'or plutôt que de l'argent, quoique, ainsi que nous le trouvons inscrit sur le dos de nos billets de crédit, les deux modes de rachat fussent également admis et l'agio de l'or monta à peine à quelques kopecks. Si le cours forcé ne nous eût pas été imposé, nul doute que les particuliers se fussent empressés de donner, dans la suite des temps, la préférence à l'or, et que l'argent aurait été peu à peu démonétisé ou réduit au rôle de monnaie d'appoint, rôle qu'il garde encore dans les pays de l'Union latine. A ce point de vue, un article dans le projet de M. Witte mérite toutes les critiques qu'on lui adresse : c'est celui qui impose au public l'obligation d'accepter des payements en argent jusqu'à la somme de 50 roubles. Les transactions entre gens de campagne, ainsi que les payements faits aux ouvriers des villes par leurs patrons, dépassent rarement cette somme. Il s'ensuit que la monnaie dépréciée aura l'avantage d'une circulation presque illimitée au sein de nos

(1) p. 249.

classes laborieuses. Si dans la riche Angleterre le métal blanc n'est imposé que dans les payements qui ne dépassent pas deux livres sterlings (1) ou 20 roubles, on ne voit vraiment pas la raison pour laquelle cette monnaie d'appoint garderait en Russie son pouvoir libératoire dans toutes les transactions inférieures à 50 roubles.

Mais revenons aux appréciations optimistes de la réforme projetée. M. Lexis, économiste allemand d'un grand renom, surtout dans les questions de crédit et de circulation monétaire, avait deviné, depuis des années, que les emprunts faits à l'étranger par la Russie devaient servir à lui constituer un fonds métallique suffisant pour permettre la libre circulation de l'or. « Lentement, mais sûrement, avait-il dit, les ministres russes marchent vers l'abolition du cours forcé des roubles ». M. Witte déclare de son côté que la réforme qu'il projette est une espèce de legs moral reçu par lui de ses prédécesseurs. En effet, bientôt après la guerre d'Orient, le comité des ministres se prononça en faveur du rétablissement de la libre circulation de l'or. Plus tard, sous le ministère de M. Wishnegradsky, on essaya d'établir le taux de change du papier-monnaie en déclarant qu'un rouble or valait 1 rouble 60 kop. en billets de crédit, ce qui représenterait en effet la moyenne des échanges durant une période de 18 ans, depuis l'année 1877 jusqu'à 1895. Pour accumuler la quantité d'or nécessaire aux échanges, on eut recours, ainsi que nous l'avons dit plus haut, aux emprunts étrangers et on fit monter de cette sorte la dette publique russe à la somme énorme de 8 milliards de francs ou 2 milliards de roubles or. La majeure partie de cette somme servit, il est vrai, à la conversion d'anciens emprunts conclus dans des conditions moins avantageuses, ainsi qu'au rachat des chemins de fer. Mais ce qui res-

(1) Paul Leroy-Beaulieu : *Traité*, v. III, p. 286.

tait de non affecté à ces deux services, joint à la quantité d'or produite par nos propres mines, permit de constituer cette réserve métallique qui, à l'heure qu'il est, couvre, entièrement, de l'avis du ministre, le papier-monnaie. L'immobilisation d'une pareille somme dans les caveaux de la Banque ne rapporte, bien entendu, aucun intérêt à l'Etat et ne saurait, à la longue, que lui être préjudiciable. Le moment est venu, par conséquent, de couronner l'œuvre des anciens ministres des finances en annulant le cours forcé du rouble-papier et en autorisant la Banque d'Etat à faire ses versements en or, en comptant chaque fois le rouble-papier à un tiers moins cher que le rouble d'or. Au dire des optimistes, cette réforme ne peut être différée qu'avec perte pour le trésor car, ainsi que le déclarent les économistes les plus versés en ces matières « les métaux précieux qui sont enfouis dans les caisses d'une Banque, ne remboursant pas ses billets, sont en quelque sorte prisonniers ; ce sont des amas qui ne comptent plus guère, n'ayant aucune affectation précise et déterminée » (1).

Les optimistes ne croient pas à la réalité du danger signalé par les pessimistes et qui consisterait dans l'écoulement de notre encaisse métallique à l'étranger. Ils le nient, non parce qu'ils ferment volontairement les yeux sur les inconvénients de notre situation économique et financière et tout particulièrement sur ce fait que, grâce à nos emprunts étrangers, la balance économique, sinon celle du commerce, n'est pas en notre faveur, mais parce qu'ils prétendent que la quantité d'or en circulation dans les pays de l'Occident dépasse déjà la demande qu'on en fait ; par conséquent, il n'y aura aucun intérêt à attirer notre encaisse métallique en Occident (2). C'est pour

(1) *Traité d'économie politique,* de Leroy-Beaulieu, t. III, p 674.
(2) *La réforme monétaire jugée par la Société des économistes de Pétersbourg,* p. 209.

cette même raison que l'Autriche a également choisi l'heure présente pour abolir le cours forcé de son papier-monnaie, mais elle procède avec plus de lenteur et s'efforce surtout, auparavant, à relever le cours du florin, tandis que la Russie dépense ses économies en achat d'or et admet la nécessité de n'accorder au rouble que la valeur qu'il a au change.

Telles sont les conclusions générales des optimistes. Passons maintenant à l'énoncé des appréhensions que la réforme soulève dans le camp opposé. Les pessimistes arrêtent volontiers leurs regards sur ce qui s'est passé naguère en Italie, alors que le gouvernement de la péninsule voulut abolir le cours forcé du papier-monnaie, c'est-à-dire en 1881. Avec une encaisse métallique de 1071 millions de francs, encaisse couvrant en majeure partie le milliard 95 millions de papier-monnaie en circulation, l'Italie a voulu passer à la libre circulation de l'or. Dans l'espace de dix années, l'or et l'argent disparurent entièrement de la circulation, l'agio de l'or s'élevant à 12 et 14 pour cent (en 1893), au lieu de 3 et 4 comme avant la réforme. Le 21 février 1894, le gouvernement italien se vit forcé d'autoriser une nouvelle émission de papier-monnaie pour la somme de 340 et plus tard de 600 millions de lires. Il suspendit en même temps les payements en or. Tout ceci eut lieu, malgré les 600 millions de monnaie métallique que l'Etat s'était procurés par la voie des emprunts, avant de procéder à la réforme. On explique les raisons d'une pareille malchance par le fait que la balance économique fut toujours défavorable à l'Italie: que le régime de ses banques d'émission était défectueux, que le système protecteur et l'imposition excessive de la propriété immobilière, surtout de la petite, avaient amené la ruine de la fortune publique et privée, qu'on avait bâti trop de chemins de fer et trop peu de routes carrossables, que les voies ferrées avaient été tracées dans des régions sans industrie et sans commerce, enfin que le gouvernement avait contracté trop de dettes, ce qui, dit M. Grünwald, lui permettait de donner au pays une fausse apparence de prospérité matérielle. On se demande si la Russie ne court pas les mêmes risques, et cela pour des raisons plus ou moins analogues. C'est là précisément la question qu'agite le rapport fait à la Société des Economistes russes par le professeur Chodsky. Les conclusions générales de ce rapport sont, on ne peut le nier, fort alarmantes. Le fait seul que nous devons à l'Europe 8 milliards de francs, placés en valeurs russes, et que leurs détenteurs ont le pouvoir de vendre quand bon leur semblera, rend, au dire de ce professeur, fort probable l'écoulement de notre encaisse métallique à l'étranger. Une autre raison qui fait craindre une pareille issue, toujours au dire de M. Chodsky, est la dépression économique dont souffre le pays et qui se manifeste par des symptômes telsque les suivants : la diminution du bétail de labour, le faible produit des récoltes villageoises, par suite du manque d'engrais et de l'épuisement du sol, la pénurie du paysan russe qui trouve à peine de quoi payer l'impôt et entretenir maigrement sa famille etc. Rien qu'au point de vue financier, notre situation, déclare le professeur, est loin d'être brillante. Les signes extérieurs d'un budget bien assis, remarque-t-il avec raison, sont : 1° l'augmentation progressive du rendement des impôts existants, non suivie de l'élévation de leur taux, 2° l'abolition d'impôts irrationnels et le remplacement des contributions indirectes par les directes, plus en harmonie avec le principe de l'équité et de l'égalité des charges entre citoyens ; enfin 3° la diminution progressive des dettes de l'Etat, grâce à des payements faits avec les revenus ordinaires.

Or, aucun de ces signes extérieurs d'un budget bien équilibré ne nous apparaît en Russie. Depuis 1887, épo-

que à laquelle fut abolie la taille personnelle que les
classes inférieures étaient seules appelées à payer, nous
n'avons assisté qu'à l'augmentation ininterrompue du
taux des contributions et à la création de nouveaux
impôts, tous indirects : leur rendement fut bien inférieur
aux prévisions, ce qui certes n'aurait pas eu lieu si leur
accroissement eût été précédé par un développement
correspondant de la consommation. Un autre symptôme
alarmant, c'est l'accumulation des arrérages. En 1893, de
499 districts dont se compose la Russie d'Europe, 23 seulement avaient versé toute la somme de leurs impositions
directes. Quant aux autres, leurs arriérés dépassèrent trois et même cinq fois la somme annuelle de
leurs contributions directes. La situation n'a guère
changé depuis. Au 1ᵉʳ janvier 1894, 16 millions de
roubles n'avaient pas encore été versés sur la somme
des contributions directes, 29 millions de la somme
des rachats payés par les ci-devant serfs et 57 millions
de la somme des rachats payés par les paysans de la
couronne. Une année plus tard, au lieu de diminuer,
tous ces arriérés augmentaient encore d'une dizaine de
millions (113 au lieu de de 104). Aussi comprend-on la raison pour laquelle le gouvernement trouva bon de diminuer le taux du rachat. On renonce volontiers à des revenus
imaginaires. Un règlement administratif émanant du comité des ministres et daté du 4 juillet 1894 remet à trois ans
le payement des arriérés dans le cas où ils ne dépas-
seraient pas, dans tel ou tel district, cinq fois la somme
du rendement annuel de l'impôt. Cette mesure fut suivie deux ans plus tard (1) d'une nouvelle prolongation
du terme des payements. C'est grâce à l'impossibilité de
recouvrer les arriérés que le manifeste publié à l'oc-

____

(1) « *Courrier des finances* » 1897, N. I. p. 3. Pour de plus amples détails, consulter le traité du professeur Janschul, intitulé. *Les
bases de la science des finances*, 2 éd. 1895, p. 270 et suiv.

casion du couronnement le 14 mai 1896 diminua de la moitié le taux de l'impôt foncier (de dix kopecks on le fit tomber à cinq kopecks par dessiatine). Ceci valut au gouvernement, d'après les calculs du ministre, la perte d'un million de roubles pour la seule année de 1897 (1).

Il est souvent question, déclare M. Chadsky, des bénéfices que nous ont assurés nos emprunts étrangers, mais en examinant la question de près, on arrive à une toute autre conclusion. Le fait seul que dans l'espace de 10 ans, de 1885 à 1895, la dette de l'Etat, au lieu de diminuer, a augmenté en moyenne d'une cinquantaine de millions de roubles par an et cela sans compter la somme employée au rachat des chemins de fer (973 millions), ne nous permet à cet égard aucune illusion. Sans doute, l'intérêt des emprunts a baissé, grâce aux conversions faites par les deux derniers ministres, mais le terme a été prolongé et quelques-uns sont devenus même perpétuels (2).

Toutes ces conditions réunies ne nous permettent pas d'espérer que nous garderons notre encaisse métallique à la suite de l'abolition du cours forcé. Telle est la conclusion générale tirée de toutes ces prémisses par le professeur Chadsky. De l'avis des pessimistes, le ministre des finances lui-même est loin de croire à la possibilité de garder l'or en Russie, car dans le cas contraire, il n'insisterait pas sur le droit de faire une nouvelle émission de roubles-papier pour une somme considérable et sous le prétexte que cette émission serait nécessaire non au trésor, mais aux transactions commerciales de la Banque d'Etat. La reconnaissance du droit de la Banque à procéder à une nouvelle émission, ainsi que le suppose M. de Cyon, pourrait bien servir à légaliser la création

(1) Rapport fait à l'empereur à l'occasion de la présentation du budget pour l'année 1897.

(2) La réforme monétaire discutée au sein de la Société des Économistes de Pétersbourg, p. 22.

antérieure des roubles-papier qu'on reproche au ministre actuel et à son prédécesseur. « Dans son projet de réforme monétaire, dit M. de Cyon, M. Witte prévoit une nouvelle émission de roubles-crédit pour la somme de quelques centaines de millions, prévision qui n'a pas été sans surprendre les naïfs, persuadés que le ministre songeait sérieusement à mettre fin au régime des assignats. Cette émission est-elle destinée à légaliser celles qui firent des roubles-papier depuis le 1er janvier 1895 pour renforcer le fonds d'échange de réserve et par suite le chiffre représenterait-il le montant de ce surplus ? C'est possible, déclare M. de Cyon, et, étant donnée la situation, ce serait même à souhaiter (1). »

Quelle que soit la raison pour laquelle le ministre tient à garder à la Banque le droit d'émettre de nouveaux billets de crédit non couverts par l'or, le fait en lui-même prouve que le change du rouble-papier, déjà peu avantageux à l'heure qu'il est, pourra encore empirer dans la suite, grâce à de nouvelles émissions. Ceci suffit pour mettre le public en éveil contre la réforme. On arrive à se demander quel avantage réel les détenteurs des billets de crédit peuvent tirer d'un régime monétaire qui, tout en dépréciant leurs titres, ne les protège pas contre l'éventualité d'une nouvelle dépréciation. Le danger que peuvent avoir pour les billets de crédit qui circulent les prochaines émissions faites par la Banque d'État dans les limites de ses opérations commerciales paraît d'autant plus grand que cette banque, ainsi que le dit fort bien le capitaine Bortkevitch, ouvre son crédit à n'importe qui et tient à prendre la place des banques privées dans toutes sortes de spéculations financières (2). Elle fait des avan-

(1) M. Witte et ses projets de faillite devant le conseil de l'Empire, p. XVI.

(2) p. 13. Dans son récent rapport à l'Empereur M. Witte déclare que la somme dont la banque dispose pour ces sortes de transactions ne

ces d'argent, souvent sans garantie suffisante, aux artisans, aux petits manufacturiers et commerçants, et cela afin de leur permettre l'acquisition du matériel qui leur manque et de leur fournir leurs fonds de roulement. Elle fait l'escompte des lettres de change sur la simple présentation de deux signatures ; elle accepte comme garantie les marchandises qui lui sont offertes par les commerçants, les fabricants et les agriculteurs, marchandises dont l'écoulement ne serait guère facile en cas de non-payement de la dette ; en un mot, elle est sujette à toutes les critiques dirigées contre les banques d'émission qui n'établissent pas de différence entre les diverses natures de crédit et immobilisent leurs fonds dans des placements à long terme (1). « Les banques d'émission, déclarent d'une voix unanime Bagehot et Courcelle Seneuil, doivent s'astreindre à ne faire de toutes leurs ressources.... que des emplois facilement réalisables » (2). Avec une pratique contraire, elles seront nécessairement amenées à augmenter le nombre de leurs transactions commerciales. Et c'est là précisément le cas de la Banque de Russie qui, comme le constate M. Leroy-Beaulieu, fait non seulement de nombreuses avances sur titres divers, sur métaux et monnaies et sur les denrées et marchandises spécifiées par le ministre des finances, mais escompte encore des effets de commerce russes et des traites étrangères acceptées en Russie et ayant au plus 180 jours d'échéance. Aussi par ses transactions cette banque enfreint-elle toutes les règles élémentaires dictées par l'expérience des autres banques d'émission et souvent imposées par la loi, telle que la suivante par

dépasse pas 35.000.000 de roubles par an (Rapport concernant le budget de 1898).

(1) Voyez ce qu'en dit M. Leroy-Beaulieu, v. III, ch. V. p. 477 et suiv.

(2) *Ibid.*, p. 571.

exemple : il importe que les billets escomptés soient à échéance prochaine, ce qui assurerait des rentrées successives rapprochées (1). Il manque également à la Banque d'Etat russe cette autre garantie qu'établit quant à l'émission des billets de crédit, le statut organique de la Banque impériale allemande en disant : la Banque peut émettre un plus ou moins grand nombre de billets selon le besoin qu'elle en éprouve, mais leur émission doit toujours être couverte ou par son encaisse métallique ou par des effets escomptés à trois mois au plus (2). Mais le plus grand danger que peuvent présenter les émissions de la Banque d'Etat russe, dépend surtout de ce que cette banque n'est, à l'heure qu'il est, comme le dit fort bien M. Leroy-Beaulieu, que « l'instrument de trésorerie du ministre des finances » (3). Rien ne prouve qu'il en sera autrement dans la suite (4). M. Witte reconnaît lui-même, dans son *Exposé des pricipales bases de la réforme monétaire*, que « tant qu'on n'aura pas retiré au ministre des finances la faculté de commettre des abus tels que celui qui consiste à recourir en cas de déficit à la ressource extrême que présente une nouvelle émission de billets de crédit, il ne pourra être question d'asseoir notre système monétaire sur une base vraiment solide »... « Aucun ministre des finances n'aurait osé, ajoute-t-il, franchir une barrière précise et solide, si la loi en avait établi une en ce qui concerne les relations réciproques de la trésorerie et de la banque, et notamment l'émission par cette dernière des billets de crédit » (5).

(1) *Ibid.*, p. 659.
(2) *Ibid.*, p. 635.
(3) *Ibid.*, p. 649.
(4) Le décret du 29 août 1897, tout en limitant le droit de la Banque d'Etat d'émettre des billets non couverts par son encaisse métallique au delà d'une certaine somme (300 millions), garde au ministre des finances le droit de prononcer sur l'urgence et l'opportunité d'une pareille émission.
(5) Paroles citées dans la brochure de M. de Cyon, p. 83.

Aussi regrette-t-on de ne point trouver dans le projet de réforme monétaire de mesures qui garantiraient l'indépendance de la Banque d'Etat vis-à-vis de la trésorerie et conçoit-on fort bien la raison pour laquelle la majorité du Conseil de l'Empire a trouvé bon d'ajourner toute discussion intérieure de la réforme jusqu'à l'examen approfondi de la véritable situation de la Banque et sa réorganisation sur de nouvelles bases, destinées à la rendre, au moins en tant que banque d'émission, complètement indépendante du ministre des finances (1).

J'ai tâché de donner un résumé succinct, mais fidèle, des deux opinions contraires qu'on professe en Russie quant à l'issue probable de la réforme monétaire ; je dirai maintenant quel est mon propre avis. De l'exposé rapide des principales objections que les économistes russes élèvent contre la réforme, il est facile de tirer cette conclusion que l'insuccès de l'Italie est une des causes qui déterminent leurs appréhensions. A mon avis, on va trop loin dans cette voie et on abuse étrangement de la méthode comparative, en perdant de vue la différence qui existe entre la demande de l'or en 1881 et à l'heure présente. En 1881, une crise économique aiguë venait de se produire en Allemagne. On était loin de cette abondance du métal précieux qui se manifesta encore naguère en 1894, à la Banque d'Angleterre, par un excédent de l'encaisse métallique sur les billets d'émission. D'autre part, l'abus que les banques italiennes firent du droit d'émission en faisant circuler dans le public un nombre de billets bien supérieur à celui qui avait servi aux calculs du ministre des finances Maliani, devint un empêchement sérieux à la réussite de la réforme. Ce fait est mis hors de doute par la savante étude de M. Grünwald qui fait autorité en cette matière. Son traducteur russe, M. Gourief, a eu,

---

(1) *Ibid*, p. XXIX.

par conséquent, raison d'insister sur cette différence essentielle entre les deux pays, différence favorable à la Russie, mais à condition, bien entendu, que la somme des billets de crédit, émis jusqu'ici par le gouvernement, ne fût pas de fait supérieur au milliard dont il est question dans les déclarations ministérielles.

On fait également preuve d'un pessimisme outré en disant que les détenteurs de nos fonds publics à l'étranger s'empresseront de les échanger contre de l'or. S'ils eurent confiance en nous sous le régime du cours forcé, ils n'auraient aucune raison de n'en plus avoir du moment où l'étalon d'or sera rétabli chez nous.

Les conclusions pessimistes que l'on tire, quant à la réussite de la réforme, de la crise économique que traversent nos campagnes, crise qui frappe surtout les yeux quand on la met en face des progrès récents de notre industrie, ne témoignent, selon la judicieuse remarque de M. Strouve, que de la confusion étrange qu'on fait entre le bien-être du peuple et la richesse nationale, cette richesse pouvant être fort mal répartie et en même temps très considérable (1). Or, même aujourd'hui, alors que pour la construction rapide du Transsibérien, la Russie se trouve dans la nécessité de faire des commandes importantes en Allemagne, et malgré la diminution de nos exportations en blé, résultat fâcheux de la guerre des tarifs menée par M. Wischnegradsky et qui nous a privé pour un temps plus ou moins long et peut-être à tout jamais du marché principal d'écoulement de notre seigle, marché qui n'était autre que la Prusse orientale, nos exportations dépassent nos importations et la balance du commerce est en notre faveur. En 1896, nous avons exporté en Europe pour la somme de 668 millions de rou-

____

(1) La réforme monétaire discutée au sein de la Société des Économistes de Pétersbourg, p. 39.

bles, 20 millions en plus de l'année 1894 (648 millions)
et notre importation n'a été que de 540, de 25 millions
moins grande qu'il y a deux ans. Nos sorties dépassent,
par conséquent, nos entrées de 128 millions, autrement
dit de 24 0/0 (1). Je sais fort bien que la balance du commerce n'est pas la même chose que la balance économique, mais en déduisant même des 128 millions qui forment le surplus de nos exportations les 100 millions qui
servent à payer les intérêts de nos emprunts, nous arrivons à un état d'équilibre qui, certes, ne présage point
cet écoulement rapide de notre réserve métallique dont
nous menacent les gens opposés à la réforme. Le seul fait
d'avoir su, malgré l'augmentation rapide de nos emprunts, garder annuellement pour notre propre usage la
moitié de notre production en or (123 1/2 millions des
240 que nous retirons des mines aurifères de la
Sibérie et de l'Oural) (2), est pour nous un symptôme
très favorable. Il ne faut point perdre de vue que la Russie est, après les Etat-Unis et l'Australie, le pays qui produit le plus d'or. La quantité annuelle du métal précieux
livré par nos minières représente le cinquième de la
quantité d'or qu'on extrait annuellement dans le monde
entier (3). Elle équivaut à 2.220 pouds.

Qu'on ajoute à cette somme le produit de nos douanes,
lequel pour l'année 1897 s'est élevée à 159 millions de
roubles, et l'on sera contraint de reconnaître que les
fonds ne nous manqueront guère pour tenir nos engagements et que nous resterons solvables sans perdre pour
cela notre réserve métallique.

M. Lorini qui considère comme non fondées toutes les

----

(1) Le commerce extérieur de la Russie en 1896 (*Courrier des
finances*, 1897, n. 26, p. 856).

(2) Discours de M. Kasperov, p. 129.

(3) Voyez Eteocle Lorini : *La Riforma monetaria della Russia*,
p. 125.

appréhensions quant à son écoulement probable à l'étranger, raisonne de la façon suivante : pour que l'or russe quitte le pays, il faut, d'après la théorie de Ricardo, que sa quantité dépasse le besoin qu'on en éprouve. Dans ce cas, le prix de toutes les marchandises s'élèverait, ce qui arrêterait les exportations et encouragerait les importations. Le change deviendrait défavorable à la Russie et l'or finirait par émigrer dans les pays avec lesquels l'Empire a des relations commerciales. Cet exode du métal précieux, d'après la théorie de Ricardo, ne s'arrêterait que le jour où sa quantité aurait diminué dans le pays, au point de rétablir l'équilibre entre l'offre et la demande. Ceci produirait une nouvelle exportation de produits russes, vu la diminution de leur prix d'achat, et ferait monter celui des marchandises étrangères, autrement dit la balance du commerce serait rétablie et l'or finirait par ne plus émigrer à l'étranger.

Mais, ajoute l'auteur italien, sur quoi peut-on asseoir la supposition que la Russie, après l'abolition du cours forcé des roubles-papier, se trouverait, grâce à une réserve métallique ne couvrant que les deux tiers des billets en circulation, dans la situation d'un pays qui souffre de l'abondance de l'or ? Elle présente un champ trop fertile pour toutes sortes d'entreprises industrielles et demandant l'emploi de capitaux pour qu'une pareille éventualité soit possible. Par conséquent, après la réforme monétaire, les deux tiers de toute la quantité d'or que possède la Russie actuelle lui resteront, à condition bien entendu, que les millions de roubles-papier auxquels correspond sa réserve métallique soient anéantis. La moyenne des prix ne subira en ce cas aucune élévation, les importations resteront plus ou moins ce qu'elles étaient (1).

Mais ces prédictions optimistes ne pourront se réali-

(1) p. 132.

ser, ajoute le partisan des théories libre-échangistes de
M. Luzzati, qu'à condition que la Russie abandonne
le système protecteur et fasse tout pour développer
son agriculture, car cette dernière est la vraie source de
sa richesse. Ce conseil est à retenir, non parce que
M. Lorini se prononce contre la politique suivie jusqu'ici
par nos gouvernants, mais parce qu'il contient cette
vérité fondamentale que la réussite ou la non-réussite
de la réforme projetée dépend de l'ensemble des mesures qui déterminent les progrès de la richesse nationale. La tâche que s'est imposée le ministre actuel ne peut
s'arrêter par conséquent à la seule abolition du cours
forcé des billets de crédit ; la réussite de la réforme
exige des soins assidus de sa part et une préoccupation
constante du bien-être général et particulier. En cela
d'ailleurs, les vues de M. Lorini s'accordent on ne peut
mieux avec celles qu'exprime la majorité des membres
de la Société des Économistes de Pétersbourg.

De toutes les appréhensions qu'inspire la réforme monétaire, je ne partage que la crainte que le gouvernement ne saura s'abstenir du moyen facile de couvrir
ses dépenses extraordinaires par une nouvelle émission
de billets de banque. Ceci, bien entendu, rendrait illu-
soires tous les bienfaits du rétablissement de la libre
circulation de l'or. Le professeur Jarotzky évoque avec
raison le souvenir de l'émission inattendue du papier-
monnaie en 1888, dans le seul but d'arrêter la hausse
des roubles qu'on déclarait nuisible aux intérêts des agriculteurs, vu qu'elle diminuait l'exportation des blés à
l'étranger. 70 0/0 des billets de crédit, déclare le même
économiste, n'ont été émis que pour subvenir à des besoins passagers. On se proposait de les retirer plus
tard de la circulation, mais cela n'eut point lieu (1).

(1) p. 162.

Il est évident, par conséquent, que de pair avec le rétablissement de nos finances et du bien-être de nos classes laborieuses, le succès de la réforme monétaire est soumis à la condition de rendre la Banque d'Etat parfaitement indépendante de la Trésorerie et de retirer aux futurs ministres des finances la possibilité de recourir à de nouvelles émissions de billets de crédit. Ceci paraît être l'avis de tout le monde en Russie, des bimétallistes comme des partisans de l'étalon unique de l'or, des libre-échangistes et des protectionnistes, à l'exception, peut-être, du petit groupe de gens qui croient que les lois de l'économie politique et tout particulièrement celles qui règlent la circulation monétaire ne s'appliquent qu'à l'Occident qu'ils déclarent « pourri » grâce au régime parlementaire, et non à l'autocratie russe, au sein de laquelle la simple parole du tzar, sa promesse de payement vaut ses pesants d'or.

Je me crois le droit de tirer de l'ensemble des faits dont j'ai entretenu le lecteur, cette conclusion générale que la Russie, grâce à la multiplicité et au caractère des questions économiques qu'on y agite en ce moment, est peut-être celui des pays de l'Europe qui mérite le plus l'attention d'un sociologue. Il me paraît également démontré que toutes les réformes projetées, celle du monopole de l'alcool comme celle du rétablissement de la libre circulation de l'or, dépendent, quant à leur réussite, de l'ensemble des mesures pour assurer le bien-être matériel de la masse des cultivateurs, laquelle, ainsi que nous l'avons vu, s'élève à peu près à 128 millions. C'est ainsi que le gouvernement, en passant au régime du monopole, s'attend à un bénéfice dépassant le rendement annuel de l'accise dans le seul cas, où la masse des consommateurs sera en état de se payer un verre d'eau-de-vie par jour. Nous ne pourrons, d'autre part, garder notre réserve métallique que si l'ensemble de notre état économique et financier est satisfaisant.

Mais si tel est le cas, il s'ensuit que le seul moyen de se prononcer en connaissance de cause sur tous les problèmes que nous prépare un avenir peut-être peu lointain, est d'étudier les assises mêmes de notre existence économique nationale, et c'est là justement ce que je compte faire dans mes prochains chapitres.

Je commencerai par donner un tableau de l'état actuel de notre agriculture. J'entretiendrai ensuite le lecteur de la répartition de la propriété foncière dans notre milieu.

Nous étudierons séparément la constitution de la propriété nobiliaire et du communisme agraire, et nous poserons la question de savoir, quel est le sort que leur réserve le développement rapide de la bourgeoisie et du tiers état rural en particulier. Puis nous passerons en revue les progrès de notre industrie et les motifs qui les déterminent, pour arriver ensuite à une enquête sur la situation de la classe ouvrière en Russie. Cette classe se composant de la minorité des travailleurs de fabriques et de la majorité des laboureurs, nous traiterons séparément du sort fait à chacune d'elles tant par l'ensemble de notre système économique que par la législation récente. Nous conclurons enfin notre ouvrage par une esquisse rapide de l'émigration intérieure qui depuis quelques années prend de l'ampleur et témoigne du malaise qui envahit nos campagnes.

Ainsi délimité, le champ que nous aurons à parcourir est encore bien vaste. Aussi je ne prétends point épuiser le sujet, mais initier seulement les lecteurs à des études qu'on a tort, à mon avis, de ne point cultiver davantage en France.

Ce n'est pas une analyse de détail que j'entreprends : mon ambition est plus haute. Je tiens à faire la synthèse de notre existence économique nationale. Aussi serai-je forcé de ne point donner aux sujets que j'aurai à traiter tous les développements qu'ils comportent. J'aime mieux être incomplet que de faire perdre de vue, par une spécialisation trop grande, le lien d'ensemble qui réunit en un seul faisceau les diverses manifestations de notre activité économique.

CHAPITRE II

L'AGRICULTURE EN RUSSIE

La conclusion de notre dernier chapitre avait été que le succès de la réforme monétaire dépend avant tout et surtout du relèvement de notre économie nationale. Il s'agit maintenant d'en étudier le caractère et d'examiner les raisons tant naturelles qu'artificielles, qui produisent sa dépression momentanée.

A l'occasion de la dernière exposition des produits de notre sol et de nos manufactures, qui eut lieu, comme l'on sait, l'an passé à Nijni-Novgorod, le ministère des finances fit paraître un vaste recueil de monographies faites par des personnes bien informées et traitant les diverses branches de notre production nationale. Ce recueil s'ouvre par la constatation de ce fait que malgré les progrès récents de l'industrie, l'agriculture continue à occuper en Russie la première place. « Quelque considérable que fût dans ces dernières années la baisse des prix des grains, la culture des céréales reste, comme par le passé, l'occupation principale du peuple russe. » Ceci est on ne peut plus vrai, car tant au point de vue du nombre des personnes, trouvant leur gagne-pain dans l'aménagement des champs, qu'à celui de la masse de produits livrés aux marchés intérieur et extérieur, rien en Russie ne l'emporte encore sur la production du seigle, du froment, de l'orge et de l'avoine. La population des villes forme à peine 12 0/0 de la population totale ; il s'ensuit que 88 0/0 participent au travail agricole.

Quant à la quantité de valeurs produites par la culture des céréales, il suffira de dire, qu'en 1895, on avait récolté 693,492,598 hectolitres dont seuls 23 millions 900 mille provenaient de céréales autres que le seigle, le froment, l'orge et l'avoine.

Grâce à la baisse des prix, cette masse de marchandises pouvait valoir tout au plus 1 milliard 93 millions et demi de roubles. Elle n'en était pas moins très forte et surpassait de quelques dizaines de millions le total de la production en céréales de la France, de l'Allemagne et de l'Angleterre (285 millions dans les deux premiers pays, 114 millions dans le troisième).

Cependant, vu le grand nombre d'habitants que possède l'Empire (130 millions), la nourriture presque exclusivement végétale de nos classes laborieuses, la quantité de blé qu'exige annuellement en Russie la production de l'alcool, la majeure partie de ces 693 millions et demi d'hectolitres ne quitte guère le pays. Nos exportations en céréales dans les années 1885-1894, n'ont guère dépassé en moyenne 407,665,000 pouds et la somme de 320 millions de roubles. Or, cette somme représente justement la moitié de toutes nos exportations dans le courant des mêmes dix années (642 millions). Ce fait seul nous force à reconnaître que de la production des céréales dépend non seulement le bien-être de la masse de nos consommateurs, mais encore notre commerce avec l'étranger. Il s'agit, par conséquent, d'étudier avant tout quelles sont les conditions faites à la production des céréales par les qualités de notre sol, la concurrence étrangère et la politique économique de nos gouvernants.

Le sol des 50 provinces qui constituent la Russie.

d'Europe n'est pas également fertile. L'argile et le sable entrent en majeure partie dans sa composition, tant dans l'extrême nord que dans les provinces centrales, avec cette différence cependant que dans la partie septentrionale nous ne trouvons mêlé au sable et à l'argile que le produit de la décomposition des herbes, tandis que la région centrale porte l'empreinte du grand nombre de forêts de pin qui l'ont recouverte jadis. La zone de la terre noire ou du tchernozem ne commence qu'au sud de Moscou ou plutôt de Toula. On trouve le tchernozem dans toute la partie méridionale de la Russie jusqu'à la mer Noire, celle d'Azov et la haute chaîne du Caucase.

Il est inutile d'insister sur la grande fertilité de toutes ces provinces. Le vicomte de Lestrade, qui, tout dernièrement, a entretenu les lecteurs français de nos richesses naturelles et acquises, s'exprime à propos du tchernozem de la façon suivante : La terre noire provient de la décomposition incomplète de plantes qui lui donnent sa couleur foncée. Sa richesse en humus va de 4 à 16 0/0 ; sa profondeur, de 30 centimètres. à 1 mètre. Sa constitution physique est remarquable. Le tchernozem contient une quantité de substances amorphes qui agrègent les autres avec une ténacité plus grande encore que celle de l'argile. Après le labour, la terre noire se forme en mottes d'une extrême compacité. C'est seulement lorsque l'humus est séché qu'elles se défont au moindre effort. Le tchernozem contient et régénère tous les éléments nécessaires à la végétation. Cependant, comme la région où il se trouve est relativement privée de forêts, que les pluies y sont rares, il arrive fréquemment que la sécheresse y compromette les récoltes (1).

(1) *La Russie économique et sociale à l'avènement de Nicolas II*, p. 258.

La région occupée par le tchernozem a pour limite septentrionale une oblique menée de la Bessarabie à Oufa. Elle passe à peu de distance de Jitomir, Kiev, Orel, Toula, Riazan, Tambov, Nijni-Novgorod et Kazan. Dans toute la Russie d'Europe, comprise entre cette oblique et la frontière du sud et de l'est, le tchernozem se trouve partout à l'exception des bords crayeux du Volga entre Simbirsk et Tzaritsin et des sables du Polessie. En dehors de ces limites, on ne rencontre plus le tchernozem qu'à l'état d'îlots, et cela, dans les environs de Wladimir et de Perm (1).

Ainsi, au point de vue de la fertilité du sol, il faut partager la Russie d'Europe en deux moitiés dont l'une formée par les provinces situées au sud de Moscou, produisant une quantité de céréales qui dépasse de beaucoup les exigences du marché local, et l'autre dont les récoltes sont insuffisantes et qui fait, par conséquent, venir une partie de ses blés du dehors.

Les économistes et les statisticiens russes admettent que la quantité de blé nécessaire à l'entretien annuel d'un individu ne dépasse pas en moyenne 18 pouds (2) de farine ou 19 en grains. Dans les années de disette, elle peut même tomber à 13 pouds (3). Comme le blé est en Russie la nourriture ordinaire du peuple, on ne sera pas étonné de voir cette moyenne dépasser sensiblement celle de la consommation des farines en Angleterre et en France (les Anglais faisant un usage fréquent de la viande de boucherie et les Français de légumes et de fruits). Aussi voyons-nous l'Anglais consommer en moyenne par an à peine 8 ou 9 pouds de froment et le

_____

(1) *Ibid.*, p. 251.

(2) Le poud est égal à peu près à 16 1/3 de kilos.

(3) Tchouprov.*L'influence des récoltes et des prix du blé sur quelques côtés de l'économie nationale russe*, vol. I, Introduction, p. 2.

Français 13. Le Russe se nourrit généralement de blés inférieurs au froment, mais il en consomme le double du premier et un tiers en plus que le second (1).

En partant de ce fait que la grande majorité des Russes exige pour son entretien 19 pouds de céréales en grains ou 18 en farine, que 7 $\frac{1}{2}$ pouds sont consommés annuellement par la moyenne des bêtes de somme que possède un individu et en divisant le total des blés récoltés dans les diverses provinces de la Russie d'Europe par 25 $\frac{1}{2}$ (18 + 7$\frac{1}{2}$), nos statisticiens arrivent à cette conclusion que 31 provinces disposent annuellement d'une quantité de céréales dépassant leurs besoins et 19 sont forcées d'en importer chez elles. Le chiffre de ces dernières est même un peu inférieur à celui des provinces qui, ainsi qu'il résulte de données publiées par le Ministère des Voies de communications, reçurent, en 1895, des envois considérables de blé par chemin de fer. On en comptait cette année 22 des 46 sur lesquelles s'étend le réseau des chemins de fer russes. Nous trouvons dans le nombre des provinces qui consomment plus de blés qu'elles n'en produisent, non seulement les gouvernements du nord, dont le climat s'oppose plus ou moins à la culture des céréales, mais encore les provinces industrielles du centre : Moscou, Vladimir, Kalouga, Tver, Jaroslav, Kostroma, un gouvernement de l'est (Astrakhan) et un de l'ouest (Vilna) (2).

Il s'ensuit, qu'abstraction faite de la zone du tchernozem et de quelques autres régions, où, comme dans les provinces baltiques, l'agriculture a atteint un haut de-

---

(1) Ermolov. *Les problèmes modernes de l'économie agricole,* p. 120. La ration du soldat russe est même supérieure à ce nombre et équivaut par an à la somme de 29 pouds.

(2) Table formant la seconde annexe de l'article du Professeur Tchouprov.

gré d'intensité, la moitié de nos provinces ne produisent pas la quantité de céréales suffisante à l'entretien de leurs habitants. On est porté, par conséquent, à se demander si l'Empire serait devenu un des greniers du monde, si les Cosaques de la Petite-Russie ne se fussent pas volontai·rement donnés à lui, sous le Tzar Alexis, père de Pierre-le-Grand, et si Catherine II n'eût pas enlevé à la Turquie et aux Tartares de la Crimée cette zone fertile connue de nos jours sous le nom de la Nouvelle Russie? La négative nous paraît d'autant plus évidente, qu'à l'époque où, grâce aux Anglais, la Moscovie entra pour la première fois en relations commerciales avec l'Occident, ses exportations consistaient presque exclusivement en fourrures, en bois de construction, en lin, en chanvre et en miel. Les Anglais, ainsi que nous l'apprend la correspondance diplomatique du xvi° et du xvii° siècle, mettaient tout en jeu pour éliminer la concurrence des Hollandais ou des Espagnols dans le trafic de la Moscovie, non parce qu'ils comptaient en extraire à bas prix des blés et des farines, mais parce que l'équipement de leur flotte demandait l'emploi de mâts et de voiles de provenance russe. Dans la seconde moitié du xviiie siècle, nos exportations en céréales étaient encore médiocres. Elles arrivaient à peine en 1767-1769 à 117,500 hectolitres par an, et étaient dépassées de 6 à 7 mille hectolitres par la quantité de semences de lin, expédiées annuellement à l'étranger. Le suif, le beurre, les bêtes à cornes, les langues fumées, les peaux, les toisons, les queues de cheval, les soies de porcs, figuraient également pour des sommes très fortes dans le bilan de nos exportations (1). Même, en 1828, les produits de l'élevage formaient à peu près le quart de la somme de 178 millions de roubles à laquelle

(1) Consulter l'*Essai sur le commerce de la Russie.* Amsterdam, 1777.

s'élevaient nos envois à l'étranger (1). La quantité de blé exporté ne dépassait pas à la même époque 1,000,000 de roubles. Mais déjà dans les trois années qui font suite à la révolution du 14 juillet 1830, cette somme s'était quadruplée ; elle s'éleva même dans les années qui suivent de près la disette de 1840, au chiffre de 39 millions pour retomber ensuite à **20** et **21**, taux qu'elle garde encore en 1857, à l'époque où Tengoborsky recueillit les matériaux de son travail sur les forces productives de la Russie (2). Que sont ces faibles chiffres en comparaison des 319 millions et quelques centaines de mille roubles auxquels en moyenne s'élevaient nos envois annuels de blé et de farine de 1885 à 1894 ? A quel point les rôles ont changé et quelle faible partie de nos exportations actuelles représentent les produits de l'élevage russe, les chiffres vont nous l'apprendre. Des 642 millions de roubles, somme totale de nos exportations, 50 seulement reviennent à l'élevage, c'est-à-dire, dix fois moins qu'à la production des céréales.

Ainsi ce n'est qu'au concours de la Petite-Russie et de nos provinces méridionales, que l'Empire est redevable d'être devenu, dans le courant de ce siècle, un pays agricole par excellence.

Nos plus anciennes provinces, celles qui forment la Grande-Russie proprement dite, n'ont jamais pu envoyer beaucoup de blé à l'étranger ; par conséquent, leurs intérêts économiques ne sont pas les mêmes que ceux de la Petite et de la Nouvelle Russie. On conçoit dès lors que l'élan donné nouvellement à l'industrie par l'élévation des droits d'entrée a été surtout favorable à la Grande-Russie ; les intérêts de notre Midi agricole ont été plus ou moins sacrifiés au bien-être du tiers état moscovite.

(1) Ermolov, ouvrage cité, p. 178.
(2) Seconde partie, chap. I, traitant de l'agriculture russe.

Je n'ai pas besoin de vous dire que personne parmi les partisans du régime protecteur ne pousse le cynisme jusqu'à déclarer que les annexes de l'Empire auront à payer pour les avantages accordés au noyau de la puissance russe. Au contraire, on a l'air de traiter la question à un point de vue général, en insistant plus que de raison sur le dépérissement de l'agriculture dans toute l'Europe grâce à la concurrence heureuse des autres parties du monde et en se fondant sur ce fait qu'en Russie l'offre du travail agricole dépasse de plus en plus la demande qui en est faite.

Examinons jusqu'à quel point sont fondées ces deux affirmations, en commençant par la dernière.

Il est certain qu'en Russie, un nombre grandissant de personnes commence à ne plus trouver d'emploi dans le travail des champs. On a, en 1894, essayé d'en établir le chiffre. Dans une publication faite cette année aux frais du Comité des Ministres, je trouve que leur nombre s'élève déjà à 2,074,000. Mais à mon avis ces « sans travail » ne sont que le produit fâcheux mais nécessaire des mêmes phénomènes économiques et sociaux que ceux qui déterminent l'état de stagnation de notre agriculture.

Son système extensif et le peu de soins que nous apportons au fumage et à l'irrigation de nos terres, est la vraie raison pour laquelle les produits du sol nous reviennent relativement cher ; rarement le grain de seigle ou de froment nous en rend plus de 4 ou 5, tandis qu'en Europe, il en rend en moyenne 7. Mal cultivés, nos champs produisent des récoltes de plus en plus incertaines et variables. Le déboisement presque complet de la Russie méridionale ayant eu pour suite le dessèchement des rivières qui la parcourent, nos récoltes dépendent presque exclusivement du nombre des pluies de printemps. Aussi voit-on dans le gouvernement de Kherson, par exemple, le salaire des ouvriers agricoles croître inopinément à la suite d'une bonne averse. Elle change souvent du tout au tout la relation de l'offre et de la demande du travail au profit de ce dernier. Les provinces centrales, plus boisées, souffrent moins de la sécheresse et on constate pour cette raison une moindre disparité dans le produit de leurs récoltes. Ces provinces ont d'ailleurs conservé, grâce à une fertilité moins grande, beaucoup de terres vierges. La zone cultivée ne peut plus guère s'accroître dans la région du tchernozem, où, dans quelques provinces du moins, notamment à Koursk, Orel, Toula, Simbirse, on a mis sous le soc 4/5 et au delà de toute la terre apte à la culture.

C'est surtout la propriété villageoise qui est atteinte par ces défrichages ininterrompus. C'est elle aussi qui est la moins bien cultivée, ainsi que vous pourrez vous en convaincre par les chiffres suivants : on évalue la récolte moyenne du seigle par dessiatine dans le district de Elizavetgrad à 45 pouds, lorsqu'il s'agit de biens possédés par les anciens seigneurs, et à **27** seulement, s'il est question de propriétés villageoises. Il en est plus ou moins de même dans maints autres districts situés dans la région du tchernozem, ainsi qu'il ressort de données statistiques nombreuses recueillies dans les provinces respectives (1).

Ce n'est par conséquent qu'à condition de passer à une culture plus intensive que nous pourrons augmenter la somme de céréales produites par notre sol. Mais pour cela il faudrait avant tout posséder le capital nécessaire et faire appel au crédit agricole dans une mesure autre que celle que représentent nos **764** sociétés de prêt mutuel agricol avec un capital s'élevant à peine à un total de 12 millions de roubles, et les 153 banques villageoises,

_____

(1) Elles sont reproduites dans l'étude de M. Marcs, p. 30 et suiv..

qui en 1893 ne disposaient que de 346 mille roubles (91 de ces banques fonctionnaient dans le seul gouvernement de Kiev, le reste était réparti entre 12 autres gouvernements) (1). Les services rendus par ces banques minuscules se paient fort cher — 10 et 12 0/0 — On demande la restitution du prêt dans l'espace de 9 à 12 mois. Or, comme la somme qu'on emprunte est employée la plupart du temps, non à augmenter le capital de virement, mais à couvrir des dépenses, recouvrables à la fin de plusieurs années, telles que bétail d'exploitation ou machines agricoles, on conçoit aisément les retards fréquents que les paysans apportent au paiement. de leurs dettes et les difficultés que les banques rurales trouvent à rentrer dans leurs fonds.

La majorité de nos paysans n'ont d'autre remède à leurs embarras d'argent que celui offert par les usuriers de campagne, lesquels régulièrement se font payer non en argent, mais en produits et dans la proportion suivante : pour 8 pouds de grains, prêtés à un confrère besogneux, on réclame à la prochaine récolte 10, 11 12 et même 13, c'est-à-dire à peu près 30 0/0 de la somme qu'on avance. Un crédit si coûteux ne peut, bien entendu, servir qu'à combler le déficit momentané qui s'est produit dans le budget de telle ou telle famille villageoise ; il ne peut être d'aucun profit à l'agriculture. D'année en année, sauf les cas très rares de deux bonnes récoltes qui se suivent, nous voyons le paysan russe réduit à la dure nécessité d'aliéner en automne à vil prix la majeure partie des produits de son sol et cela afin de s'acquitter de ses dettes envers le trésor et ses créanciers privés ; puis au printemps il achète à un prix plus élevé la quantité de grains dont il a besoin pour ensemencer

---

(1) Chiffres officiels tirés des documents de la Chancellerie du Ministre des finances (Chanc. du Crédit, section V, table II, n° 17046).

son champ et pour entretenir sa famille. Les écarts des prix sont fort considérables et s'élèvent en moyenne selon les régions et les années à 2, 4 et 6 0/0 (1).

Si nous nous sommes arrêté longuement sur les conditions désavantageuses dans lesquelles se trouve la culture des céréales entre les mains des villageois, c'est que les 4/5 de la récolte annuelle des blés proviennent de champs possédés par eux en indivis ou en propre, ainsi que de ceux qu'ils prennent en fermage.

On compte que les terres appartenant aux communes ou mirs et réparties entre les villageois pour un nombre d'années plus ou moins grand produisent en moyenne par an 1 milliard 74 millions de pouds, et cela dans les 46 gouvernements autres que ceux de l'extrême nord.

Des terres possédées en propre, les paysans retirent annuellement, toujours en moyenne, 69 millions de pouds, et des terres prises en fermages 132 millions. Cela constitue un total de 1 milliard 321 millions.

Or, la récolte moyenne des champs possédés en propre par les anciens seigneurs et placés sous la régie directe de membres de la noblesse et du tiers état, ne dépasse pas 302 millions de pouds, c'est-à-dire qu'elle ne constitue qu'un cinquième du total.

Je ferai connaitre dans le prochain chapitre quelles sont les difficultés contre lesquelles les anciens seigneurs ont à lutter dans l'exploitation de leurs terres, quels sont, tout particulièrement, leurs embarras d'argent et le nombre de propriétés engagées à la banque de la noblesse et aux autres banques hypothécaires. Il sera alors plus aisé de comprendre la raison qui fait que, même dans les domaines privés, l'assolement triennal est encore de règle et le fumage des terres, quoique plus répandu que dans le temps, n'embrasse guère la totalité des champs cultivés.

(1) Mares, p. 61.

Le sol russe pourrait par conséquent fournir annuellement le marché d'une quantité de céréales bien supérieure à celle qu'il lui livre de nos jours, mais à une condition seulement, c'est que le capital distrait de la terre et artificiellement dirigé sur l'industrie par le régime protecteur, fût appliqué à l'agriculture.

Cela aurait pour conséquence d'étendre la culture du froment aux dépens des céréales moins coûteuses telles que le seigle par exemple, et permettrait au cultivateur de retirer le double et le triple du sol qu'il possède, grâce à l'abandon de l'assolement triennal. La somme absolue des frais augmenterait nécessairement, mais leur proportion avec la quantité de valeurs produites serait tout à l'avantage de l'agriculteur.

Les mêmes terres exigeraient aussi des soins plus multiples et l'emploi d'un nombre de travailleurs plus grand. Il ne serait plus question de villageois ne pouvant trouver leur pain quotidien dans l'aménagement des champs. Les « sans travail » cesseraient d'exister au sein de nos campagnes.

Mais, déclarent les partisans du régime protecteur, quel avantage aurait-on à étendre la culture des céréales, à un moment où la concurrence étrangère, notamment celle de l'Amérique et des Indes Occidentales, déprécie les produits de notre sol et nous expulse des marchés de l'Europe ? Cette objection mérite qu'on s'y arrête d'autant plus qu'à en croire les protectionnistes, notre agriculture est exposée à de nouvelles épreuves, peut-être encore plus grandes que celles par lesquelles elle a passé dans ces dernières années. À côté des Etats-Unis et des Indes occidentales, d'autres pays commencent à prendre une place prépondérante dans le domaine de la production agricole. Ce sont l'Australie, le Canada, notamment la province de Manitoba, la République Argentine et les colonies africaines. Le sol y est souvent dépourvu

d'habitants et accessible à tous. La rente, là où elle a
fini par s'établir, est infiniment moins élevée que dans la
Russie d'Europe : l'emploi de machines agricoles, grâce
aux capitaux importés du vieux monde, diminue les frais
d'exploitation là où, comme en Australie, dans l'Argentine
et le Canada, les salaires sont bien supérieurs à ceux des
ouvriers agricoles russes.

Si les Etats-Unis eux-mêmes, nous dit-on, se voient
forcés de diminuer l'étendue de leurs exploitations agricoles, en présence de la grande extension prise par la
culture du froment dans le Manitoba ou en Australie,
qu'en sera-t-il prochainement de la Russie, moins préparée à la lutte, et ne possédant point cette indépendance
vis-à-vis des marchés de l'Europe, que donne à l'Amérique un crédit agricole très développé et qui permet
d'attendre tranquillement pendant des mois entiers le
relèvement des prix ? (1).

Une analyse détaillée des conditions dans lesquelles
se fait la vente des blés dans le monde entier, et plus particulièrement en Russie, nous permettra peut-être de
réduire à ses vraies limites le danger qu'on nous signale
et de trouver à la mauvaise réussite de nos échanges extérieurs une explication suffisante dans la situation fâcheuse de notre agriculture et le manque de bien-être
qu'on constate parmi nos agriculteurs.

Tous ceux, qui comme MM. Ermolov ou Kasperov, ont
étudié de près les conditions du marché des céréales, non
dans telle ou telle contrée, mais dans le monde entier,
arrivent à cette constatation que jusqu'ici la concurrence
de pays neufs n'a pas atteint sérieusement les intérêts

____

(1) La situation particulière de l'Amérique quant à la vente des céréales est fort bien analysée dans la monographie de M. Kasperov, *Les
prix du froment sur le marché international moderne*, Pétersbourg, 1895 (Publication faite aux frais et par ordre de Ministère des
finances).

des anciens et principaux producteurs de blés, tels que les États-Unis par exemple.

L'offre faite par ces pays ne dépasse guère la demande d'une population qui s'accroît tous les dix ans de 40 millions d'individus; en second lieu la marchandise qu'ils livrent est inférieure à celle de l'Amérique. Les deux rivales, qui se disputent sérieusement le marché du froment dans le monde entier, sont, comme dans le passé, les États-Unis et la Russie ; les premiers avec un excédent moyen de la production sur la consommation de 210 millions de pouds (1) : la seconde avec un excédent analogue de 190 millions (2).

La quantité de froment dont dispose le commerce extérieur de l'Amérique et de la Russie, est, comme on le voit, plus ou moins la même ; mais si l'on examine de près comment se forment les excédents en blés des deux pays rivaux, on arrive à cette constatation, que les Américains n'exportent que ce dont ils ne sauraient que faire, tandis que les Russes écoulent leurs blés à l'étranger en se privant eux-mêmes de la meilleure marchandise. Il est notoire qu'à l'exception de quelques provinces méridionales, où on ne cultive que du froment, le paysan russe se nourrit régulièrement de seigle, c'est-à-dire du produit le moins coûteux de son sol : il faisait naguère encore une consommation considérable de blé noir, autre céréale depuis longtemps disparue de l'usage quotidien du laboureur français ou allemand.

Ai-je besoin de dire que, non seulement dans les années de disette, mais même quand se produit une récolte peu abondante, le cultivateur russe mange souvent du pain d'orge, ce qui a déterminé, même dans le midi,

(1) Kasperov, Annexe, tableau III. La moyenne est établie pour les années 1884-1892.

(2) Moyenne des années 1890, 92-93-94. L'année de disette (1891) n'a pas été prise en considération.

l'extension de ce genre de culture aux dépens du froment ? Cette extension s'est produite uniquement sur les terres possédées par des paysans. Des statistiques officielles établissent que, dans l'espace de dix ans (de 1881 à 1892), les champs d'orge ont gagné en étendue 30 0/0.

La pomme de terre entre également de plus en plus dans la consommation du villageois russe. Dans les 15 dernières années, ses plantations ont empiété sur celles des céréales de façon à déterminer un accroissement total de 45 0/0. Mais tout ceci ne suffit pas pour combler le déficit qu'occasionne une exportation trop abondante. Le paysan russe est forcé de recourir encore aux succédanés du pain : au son, à l'arroche, à l'ivraie.

Nous en trouvons des exemples fréquents tant dans l'Ouest, notamment dans les gouvernements de Smolensk Vitebsk. Mohilev, Minsk, que dans l'Est, dans quelques districts de la province de Kazan, enfin dans le Centre, à Orel (1). Aussi, alors qu'aux États-Unis les exportations en céréales ne dépassent pas en moyenne 8 0/0 de la production annuelle, elles forment 20 0/0 ou le cinquième de la récolte russe.

La Russie se prive des 4/5 de sa récolte en froment, sans compter les autres céréales, tandis que l'Amérique n'en écoule à l'étranger que le tiers (2). Dans ces conditions, on a lieu de se demander si une extension nouvelle de notre commerce en céréales serait un bénéfice pour le pays. Car si cette extension n'est pas déterminée par une production plus grande, résultat heureux d'une culture plus extensive, elle ne serait possible qu'à condition de nouveaux sacrifices de la part de nos consommateurs.

(1) Mares, p. 67 et 68.
(2) Voyez Ermolov et les calculs qu'il a faits pour les années 1883-1887, p. 85 et 95.

Examinons maintenant la raison pour laquelle nos blés se vendent à l'étranger à un prix moins élevé que celui des céréales de provenance américaine. Vu son importance pour le présent et l'avenir de notre agriculture, cette question exige une analyse serrée. Le paysan russe est trop pauvre pour remettre à quelques mois la vente de son blé. Forcé de rentrer au plus vite dans ses fonds pour payer l'impôt qu'on lui réclame, il cède sa récolte à n'importe quel prix et cela pas plus tard qu'en automne. Or, comme nous l'avons dit, il ressort de calculs récents que les 4/5 de la production annuelle des blés proviennent de terres appartenant aux paysans, tantôt en indivis comme aux membres du mir, tantôt en propre, tantôt en jouissance à terme (1). On s'explique par conséquent la raison pour laquelle le marché, tant intérieur qu'extérieur, est inondé en automne de céréales russes, pourquoi les prix sont généralement faibles en ce moment et les Américains s'abstiennent d'exporter en Europe les excédents de leurs récoltes. Le blé qu'il a vendu à vil prix en septembre ou en octobre, le paysan le rachetera à un prix plus élevé au printemps, car il en aura besoin pour les semailles ainsi que pour son propre entretien.

Cette pratique, on ne peut plus irrationnelle, lui est imposée par le manque total de capitaux, la cherté du crédit agricole, les exigences du fisc, d'autant plus onéreuses pour lui, que souvent il est appelé à répondre pour un voisin insolvable, et cela, à la suite de cette responsabilité collective en matière d'impositions dont nous ferons connaître plus tard toute l'ineptie et l'injustice. La quantité de blé exportée de la Russie en automne, au lieu d'augmenter ou de décroître de pair avec les prix.

(1) *La production et la consommation du pain dans les ménages de laboureurs,* monographie de M. Mares, publiée dans le recuei rédigé par le professeur Tchouprov, v. I, p. 54.

se trouve constamment en relation directe avec la récolte. Ce fait ressort avec évidence des calculs faits par M. Kasperov (1), et qui embrassent un ensemble de dix années, de 1882 à 1893. Le marché principal pour les blés est, comme on le sait, Londres. L'affluence des céréales russes, en automne, ne fait qu'abaisser le prix du froment sur le marché de Londres, ce qui force les retardataires à livrer leurs marchandises à des conditions de plus en plus onéreuses pour eux. Les prix de Londres déterminent ceux des céréales russes sur les marchés du continent et tout particulièrement dans les centres commerciaux de l'Allemagne, qui attirent une bien plus grande quantité de cette marchandise que le port de Marseille, par exemple, tout relié qu'il est directement à Odessa par un service de bateaux.

Déjà en 1891, M. Ermolov, actuellement ministre de l'agriculture, se plaignait de la diminution qui, dans les années précédentes, s'était manifestée dans la quantité de blés russes importés en France. Elle était de 10 millions de pouds, comparaison faite avec la moyenne des importations de 1880 à 1885 (2). Depuis 1890, la situation ne s'est guère améliorée pour nous : tout au contraire. Cinq années plus tard, M. Kasperov constatait ce fait que nous n'écoulions plus en France que 15 0/0 des blés que nous mettions en vente à l'étranger, alors que le quart de nos exportations en céréales parvenait en Angleterre, un cinquième en Italie et un autre cinquième en Allemagne. Il en avait été autrement dans les huit années qui précédèrent la famine de 1891, alors que nos importations en France formaient 30 0/0 de la somme totale des blés vendus par nous à l'étranger, c'est-à-dire juste le double de l'heure présente. La poli-

(1) Page 103 et diagramme nº 14.
(2) Page 129.

tique protectionniste dans laquelle la France s'est engagée à la suite des autres puissances de l'Europe continentale, explique la raison du peu d'importance que le commerce des blés russes a gardé dans ce pays.

Mais, du moins ici, nous avons encore retenu le marché, tandis qu'en Belgique nous l'avons perdu au profit des Etat-Unis et de la Roumanie (1).

Ce n'est pas seulement à l'étranger que le prix de notre froment est réglé par le marché de Londres, marché devenu vraiment international pour toutes espèces de céréales. Il en est de même dans l'intérieur du pays ; le fait est établi par M. Kasperov, à la suite d'analyses statistiques très nombreuses et faites avec soin. Le prix des blés en Russie est régulièrement inférieur à celui de Londres de toute la somme des frais occasionnés par le transport, ainsi que de celle qui représente les profits des intermédiaires, profits souvent considérables, mais qui, bien entendu, n'enrichissent pas le producteur. Sans s'élever jamais au-dessus de ceux de Londres, les prix russes varient suivant la récolte et baissent considérablement quand cette dernière a été bonne (2). Ainsi, grâce au manque de bien-être, à la gêne ressentie par la majeure partie de nos producteurs, nous écoulons nos blés dans les conditions les moins avantageuses possibles. Au lieu d'attendre l'élévation des prix et d'emmagasiner pour quelques mois l'excédent de notre récolte sur notre consommation, ainsi que le font les Américains, nous inondons les marchés de nos produits aussitôt les blés rentrés, ce qui occasionne une nouvelle baisse des prix, dont nous serons ensuite les premiers à souffrir.

Si à tous ces inconvénients, nous ajoutons encore ce-

(1) Kasperov, p. 6.
(2) Voyez le diagramme 31 et la page 107 du travail de M. Kasperov.

lui que présentaient encore naguère les fluctuations fréquentes du change, fluctuations qui tantôt diminuaient le nombre d'achats faits par les maisons de commerce étrangères (bien entendu en cas de relèvement du rouble), tantôt en faisant monter prodigieusement le chiffre (dans le cas contraire), nul doute ne restera quant à l'inégalité des conditions dans lesquelles se produit notre concurrence avec l'Amérique et les avantages que les Etats-Unis retirent de cette inégalité.

Aussi les voyons-nous écouler régulièrement leurs blés et leurs farines à des époques où les marchés de l'Europe, et particulièrement celui de Londres, sont libres de produits russes et où, par conséquent, les prix ont pu se relever et atteindre un niveau assez élevé non seulement pour couvrir tous les frais de production et de conservation, mais pour assurer encore un certain bénéfice aux agriculteurs ainsi qu'aux intermédiaires. Les prix pour le froment américain gardent, par conséquent, une plus grande indépendance vis-à-vis du marché international et assurent à l'agriculture américaine des avantages réels.

Ces avantages paraîtront encore plus considérables, si nous nous rendons compte de la façon infiniment plus économique dont se fait le travail des champs en Amérique, grâce à l'emploi d'un grand nombre de machines qui rendent les frais d'exploitation moins élevés.

Il est malaisé de dire à combien se montent en Russie ces frais, même dans les limites d'une grande propriété, car celui qui la régit a souvent recours au métayage ou encore à des procédés qui assurent la rentrée des blés dès l'hiver, par des avances en bois faites aux ouvriers agricoles ou la cession à leur profit de quelque pâturage. On n'a pu faire de calcul exact que là où l'on s'est trouvé en présence de manœuvres, payés à la journée par le fermier. Dans chaque région on a indiqué d'abord à combien s'élèvent la rente payée au propriétaire et les dépenses occasionnées par le labourage, le fumage, la semaille et la rentrée des blés sur l'espace d'une dessiatine. Puis on a pris la moyenne du prix du seigle et exprimé la somme totale des frais de louage et d'exploitation en pouds de cette céréale. La moyenne des récoltes étant dans les dix années qui se sont écoulées de 1883 à 1893, de 31 pouds et demi par dessiatine, on en déduit les dépenses du cultivateur qui s'élèvent en moyenne à 30 pouds. Le restant, un poud et demi, représente son bénéfice réel. Déjà, en 1891, alors que les prix étaient plus élevés, Ermolov estimait, que déduction faite de la rente et des frais d'exploitation d'une dessiatine de froment, qui, selon lui, étaient en moyenne de 25 roubles, il ne restait au cultivateur que 2 roubles par dessiatine.

En présence de bénéfices aussi mesquins, les agronomes et les économistes russes recommandent de donner, d'une part, une plus grande étendue à la culture du lin, et d'autre part, aux prairies artificielles, ce qui permettrait d'entretenir une quantité plus grande de bétail à cornes, d'en faire l'élevage régulier. Arrêtons-nous un moment à l'examen de ces conseils.

J'ai déjà eu l'occasion de dire que le lin a toujours été au nombre des principaux objets d'exportation. De 1822 à 1850, la graine et la filasse de lin, ainsi que celle du chanvre, formaient presque le tiers (31 0/0) des marchandises offertes par nous aux marchés de l'Europe Occidentale. Aujourd'hui ils ne représentent plus que la dixième partie de nos envois à l'étranger. Les cotonnades moins coûteuses ayant pris dans l'usage journalier le pas sur les toiles, sur tout le continent, on a lieu de se demander si le moment est bien choisi pour l'expérience qu'on nous propose.

Que faut-il penser de cet autre conseil qu'on nous donne et qui consiste à dire que nous ferions bien d'atta-

cher une plus grande importance à l'élevage et aux industries connexes? Dans le budget de cette année nos exportations en beurre, fromage, lait, peaux, laine, volaille,
œufs, miel, cire, etc., ne figurent que pour la somme de
50 millions; c'est-à-dire qu'elles constituent à peine 7 0/0
du total des marchandises que nous vendons à l'Occident.
Or, nous dit-on, rien ne prouve que les marchés de l'Europe, qui font un mauvais accueil à nos blés, n'en feront
pas un meilleur aux produits de notre élevage. M. Ermolov, notamment, se croyait, il y a quelques années.
le droit de faire la prédiction suivante : l'avenir de notre
économie rurale dépend des progrès de l'élevage et celui
de notre commerce étranger de l'accumulation des marchandises dont l'élevage est la source.

Je ne partage pas entièrement cette façon d'envisager
l'avenir de notre économie rurale ; ceux qui nous recommandent de donner une plus grande étendue à l'élevage
me paraissent ne point se rendre compte de ce fait, que
l'insuffisance des moyens d'existence dont dispose la majeure partie de notre peuple des campagnes, limite la
consommation de la viande aux seuls citadins. Ils perdent également de vue le peu de pâturages que possèdent
les paysans et leur diminution rapide, enfin la nécessité
où nous sommes, grâce à un long hiver, d'entretenir le
bétail pendant huit mois de l'année avec une nourriture
grossière et peu abondante, nourriture dont la paille
forme la partie principale. Toutes ces raisons excluent,
pour le moment du moins, la possibilité d'améliorer
notre race bovine. L'élevage, jusqu'ici, n'a eu en Russie
d'autre but que de fournir à l'agriculteur son matériel
vivant, ainsi que le moyen de fumer les terres. Aussi la
majeure partie des bêtes à cornes qu'on abat est formée
de celles qui ne peuvent plus servir aux travaux agricoles ; on les engraisse pendant un couple de mois et on
les envoie ensuite aux marchés des grandes villes. Ces

derniers étant souvent fort éloignés, on perd beaucoup d'argent sur les frais du transport. Aussi a-t-on essayé à plusieurs reprises, depuis 1880, d'approvisionner les marchés directement de viande de boucherie. Des wagons-glacières ont été construits à cette fin en 1884 ; ceci a permis aux habitants de Pétersbourg, par exemple, de consommer des viandes, venant d'aussi loin que les bords de la Couban, laquelle, comme l'on sait, arrose les steppes de la partie septentrionale du Caucase.

Quant aux exportations étrangères du bétail et de ses produits, elles s'élevaient en moyenne à la somme de 13 1/2 millions de roubles par an (de 1885 à 1894) dont 9.230.000 revenaient à peine au commerce de bêtes à cornes.

Il n'est pas aisé de dire si l'élevage peut compter sur un avenir plus brillant, car dans ces dix dernières années le bétail n'a fait que diminuer en nombre à la suite de l'extension des champs cultivés. Le prix du blé s'étant considérablement augmenté à la suite de la baisse du change, les agriculteurs du Midi ont trouvé avantageux de réduire l'étendue des parcours et les pâturages au profit de la culture du froment. La disette de 1891 a également été un rude coup pour les intérêts de nos éleveurs. 800.000 bêtes périrent de faim dans les limites d'un seul gouvernement (Samara). Les paysans en abattirent aussi un grand nombre, car ils ne pouvaient suffire à leur entretien jusqu'à la récolte prochaine.

Mais bien avant cette malheureuse année on avait constaté déjà une diminution progressive du nombre des bêtes à cornes. En 1857, on en comptait 37, 1 par 100 habitants ; en 1870, 31 seulement ; en 1883, 30. 1 ; enfin en 1888, 29,7.

Ce n'est que dans le Sud-Ouest, en Bessarabie et dans les provinces baltiques, que la proportion a été mieux gardée. On compte par exemple 108 bêtes à cornes par

100 habitants dans le pays occupé par les cosaques du Don. Mais, par contre-partie, les provinces du centre, où le labourage se fait à l'aide de chevaux et non de bœufs comme dans le Midi, en sont dépourvues à un degré beaucoup plus grand : sur 100 habitants, on ne compte en moyenne que de 11 1/5 à 14 4/10 bêtes à cornes, dans les gouvernements de Moscou, Orel et Toula.

Même dans le cas où l'abaissement du prix des céréales forcerait les agriculteurs russes à diminuer l'étendue de leurs cultures, il ne faudrait point, à mon avis, compter sur l'élevage des bêtes à cornes comme sur un moyen sérieux d'augmenter la somme de nos exportations, car les marchés européens sont déjà envahis par les viandes de provenance australienne et sud-américaine, viandes qui arrivent par voie de mer, ce qui réduit au minimum leurs frais de transport.

Les steppes du Sud-Ouest de la Russie peuvent certainement nourrir beaucoup de bétail, son entretien y coûte relativement peu ; mais, outre que la viande de ces bêtes à cornes est de qualité secondaire, par suite d'une nourriture grossière et peu abondante, surtout en cas d'hiver rigoureux, on serait encore placé dans la nécessité de faire son envoi par chemins de fer. Le trajet était moins coûteux dans le temps, quoique relativement plus long : on confiait à des pasteurs le soin de se transporter aux marchés avec le bétail. Le voyage se faisait par petites étapes et en mettant à profit l'herbe qui croît sur les grandes routes. Mais la crainte des épizooties et particulièrement de la peste bovine fit interdire ce genre de transports. Nos annexes méridionales s'en plaignent vivement, mais d'autre part, le gouvernement prétend non sans raison qu'à la suite de la loi de 1879, qui avait interdit de faire l'envoi des bêtes à corne autrement qu'en chemin de fer, la peste bovine qui jusque-là avait emporté tous les ans de 100 à 400 mille têtes de bétail, a presque entièrement cessé.

L'élevage des bêtes à corne ne pourra prendre un nouveau développement que le jour où le paysan deviendra consommateur régulier de la viande de boucherie. Ainsi nous revenons toujours à cette même idée, qui est que notre avenir économique dépend surtout et avant tout de l'élévation du niveau matériel de la masse de nos producteurs.

A ce point de vue nous ne pouvons qu'acclamer hautement les progrès rapides faits dans ces dernières années par un genre de production villageoise qui se rattache directement à l'élevage. J'entends la laiterie et la fromagerie. C'est à M. Nicolas Vereschagin, frère du célèbre peintre, que revient l'honneur d'avoir initié les paysans de Tver, et plus tard de Novgorod, aux procédés techniques qu'exige ce dernier genre de production. Les associations coopératives ou artels, fondées par lui à cette fin, n'ont pas toujours duré, mais les machines dont elles faisaient usage se sont de plus en plus répandues dans le peuple. Nos Chesters passent déjà la frontière et sont réclamés par le marché de Londres.

Moins heureuses ont été les tentatives de faire des Gruyères. Elles n'ont abouti qu'au Caucase, probablement grâce à la qualité des herbes, qui croissent dans les vallées de la Haute-Chaîne qui le traverse. Les Gruyères de Couchoumbach ne le cèdent point à ceux de la Suisse. Malheureusement ils sont encore fort coûteux, tandis que les fromages de Hollande, les Backsteins, et même les Bries et les Camemberts, les Neufchâtels et les Limbourgs, que livrent nos fromageries septentrionales, rachètent par un prix peu élevé les défectuosités de goût qui leur sont propres.

Bien plus importante que l'industrie du fromage est la laiterie. On peut juger de ses progrès par le fait que l'importation du beurre qui, en 1871, atteignait encore le chiffre de 2,461 pouds a entièrement cessé et que nous en exportons à l'heure qu'il est plus de 350,000 pouds par an, chiffre qui dépasse douze fois celui de nos exportations en fromages.

D'autre part, il m'est impossible de constater autre chose qu'un mouvement de recul dans toute une série de productions nationales, telles que l'apiculture, l'élevage des cochons et des bêtes à laine, l'industrie du suif, la sériciculture.

En effet, tous les progrès techniques, faits par l'Europe dans le courant de cette seconde moitié du siècle, concourent à déprécier la valeur des marchandises que nous lui offrons ; c'est ainsi que le suif, qui, il y a cent ans, était notre principale marchandise d'exportation, est fort peu demandé depuis qu'en 1840 on est arrivé à se passer de lui dans la fabrication de la stéarine et, surtout, depuis que le naphte et ses produits ont pris sa place dans l'éclairage. En 1830, nous exportions encore 4.000.000 pouds de suif. En 1890, ce chiffre était tombé à 239 mille pouds et quatre ans plus tard le suif ne comptait plus au nombre de nos exportations. — Depuis 1870, il devient même un article d'importation, nos villes maritimes se refusant à le faire venir par la voie de terre, plus coûteuse. En 1894, nous importions déjà 1.268.000 pouds de suif de provenance étrangère.

Notre apiculture n'est pas plus florissante et témoigne elle aussi d'un mouvement de recul. Son produit principal, la cire, figurait au nombre des marchandises exportées encore sous le règne de Jean-le-Terrible, contemporain et allié d'Élisabeth d'Angleterre. Au XVIIᵉXVIIᵉ siècle la Russie envoyait en Europe annuellement 35 mille pouds de cire. Aujourd'hui il n'est plus question pour elle que d'une centaine et demi de pouds d'exportation (en 1892, 115 et en 1893, 147). A ce chiffre il faut ajouter quelques milliers de pouds de miel. Le total des produits de l'apiculture offerts aux marchés étrangers s'élevait encore il y a 10 ans à 300 mille roubles ; dans ces dernières années il a diminué de motié.

La sériciculture qui avant l'annexion avait été florissante en Transcaucasie, au Turquestan et dans la province Caspienne, notamment à Chiva et à Bochara, a étrangement baissé depuis. L'industrie russe dispose à peine de 300,000 kilos de soie brute, provenant des provinces que je viens de nommer, et importe de l'étranger annuellement 1,150,000 kilos, c'est-à-dire trois fois et demie plus qu'elle ne produit.

Point de progrès non plus ni dans l'élevage des cochons, dont le nombre absolu, 9 millions et quelques centaines de mille, reste stationnaire depuis 1856 ; ce qui fait que pour cent individus on ne compte plus de nos jours que 11 cochons, tandis qu'en 1856 leur chiffre s'élevait encore à 15 3/10.

Cela ne nous a pas empêché d'en exporter par an plus de 700.000 pièces, jusqu'au jour où en 1890, l'Autriche et la Prusse ont interdit l'introduction de cette marchandise dans leurs limites.

Depuis nous n'envoyons plus à l'étranger que quelques dizaines de mille pièces. Plus considérable est le revenu que nous tirons de la vente à l'étranger de la soie de cochon. Elle se chiffre à 100 et quelque dizaines de mille pouds par an et produit une somme de 6 millions de roubles et au delà. Mal nourris et exposés à toutes les intempéries de la saison, nos cochons ont une soie très dure et pour cela très estimée sur les marchés de l'Europe.

Ce n'est pas non plus de progrès qu'il s'agit de parler quand on aborde le chapitre de l'élevage des moutons. Leur chiffre a diminué au fur et à mesure de l'abaissement du prix de la laine et cela dans le courant des années 1883 à 1888. Une récolte peu abondante de foin et de paille en 1891 et 1892 a encore accéléré la chute de cette industrie nationale, ainsi que l'élévation passagère du prix des blés. Dans la Grande Russie, l'élevage des mérinos ne se fait plus sur une grande échelle qu'à Voronej et Tambov, ainsi que dans les provinces situées sur le cours moyen du Volga. En Ukraine c'est le gouvernement de Kharkov qui en peut être considéré comme le centre principal, tandis que plus au sud, Ekaterinoslav, Kherson et la Tauride concourent encore, quoique de moins en moins, à fournir les fabricants moscovites de laines d'une certaine finesse.

Mais la province qui en produit la majeure partie est le Pays des cosaques du Don. La quantité de laine de mérinos qu'on y recueille annuellement s'élève à 1.200.000 pouds et forme plus d'un tiers de la production totale.

On peut juger de la décadence, dans laquelle est tombé l'élevage des moutons dans le midi de la Russie, par le seul fait qu'à la foire qui tous les ans s'ouvre à Kharkov, aux fêtes de la Pentecôte, et où s'établissent régulièrement les prix de la laine, on n'a envoyé en 1894 que 200.000 pouds, tandis que il y a dix ans on en vendait au moins un demi-million de pouds.

L'élevage des moutons ne fait point de progrès même dans la partie septentrionale du Caucase, où il est atteint également par la croissance du prix des terres et la diminution du prix de la laine. Quant à la quantité de laine brute exportée au dehors, sa valeur en argent était l'année dernière à peine double de celle de la soie de cochon : 14 millions 850 mille roubles, au lieu de 7 millions et demi.

De toutes les branches qui font partie de l'élevage, l'oisellerie est la seule florissante, la seule qui ait fait de réels progrès dans le courant de ces dix-sept dernières années. En 1880, nos exportations de ce genre de produits étaient encore minimes. Elles arrivaient à peine au chiffre de 2.800.000 roubles. En 1894, nous comptions déjà pour plus de 22.500.000 roubles de marchandises de cette espèce vendues à l'étranger. Une bonne partie de ce chiffre est formée de nos exportations en œufs de poule. L'Autriche-Hongrie et l'Italie, qui depuis long-temps étaient seules à fournir les marchés de l'Europe de ce produit, ne suffisent plus à la demande qui en est faite. Déjà en 1889, nous en avons exporté pour la somme de 17 millions et demi de roubles. Ce chiffre n'a fait que s'élever depuis. Les meilleurs œufs proviennent de Ka-zan, de Simbirsk et de Tambov, mais ceux-là même sont de qualité inférieure et se payent sur les marchés de l'Europe 40 et 45 0/0 moins cher que ceux de provenance italienne ou autrichienne. Si nous l'emportons sur nos concurrents, ce n'est pas grâce à la haute qualité de no-tre marchandise, mais à son bon marché. Aussi le chiffre de nos exportations en œufs s'accroît-il avec une rapidité vertigineuse. En 1873, nous n'avons livré aux marchés de l'Europe que 30 millions d'œufs. Vingt-et-un ans plus tard, en 1894, nous arrivions déjà à un total de 955 millions.

En dressant ici un inventaire succinct des produits de notre sol, je ne voudrais point manquer l'occasion d'en-tretenir le lecteur en quelques mots des progrès très réels faits dans ces dernières années par notre viticulture. Ceux qui se sont rendus l'an dernier à l'exposition de Nijni-Novgorod ont pu se convaincre de la bonne qualité des vins de la Kachétie et de l'extension donnée à la cul-ture de la vigne, non seulement dans le midi de la Cri-mée, en Bessarabie, et dans le pays des Cosaques du Don, mais encore dans la Transcaucasie, à Erivan, à Derbent, sur les bords de la Caspienne, aussi bien que sur ceux de la Mer Noire. Tout récemment encore, on a essayé de planter la vigne sur les bords du Dniéper dans la province de Kherson. Un des riches propriétaires de cette province, le prince Troubetzkoy, maréchal de noblesse à Moscou, dépense des sommes considérables dans cette entreprise et rêve à un avenir prochain où ce fleuve majestueux aura, du moins dans sa partie méridionale, l'aspect du Rhin entre Mayence et Cologne. Il ne doute point que d'ici à une vingtaine d'années nous arrivions à nous passer de l'importation des vins étrangers, mais il serait illusoire d'espérer que la Russie devienne jamais un pays d'exportation pour ce genre de produits, au moins sur une échelle considérable, car déjà à l'heure qu'il est les vins de Bessarabie, peu coûteux et pouvant aisément prendre la place de Bordeaux ordinaires, sont demandés par le commerce étranger. Quant aux autres vins russes, ceux du Caucase, qui sont les meilleurs, suffisent à peine à la demande qui en est faite sur les lieux et ceux de la Crimée sont trop coûteux pour rendre possible toute concurrence de leur part. Restent les vins de la Bessarabie et du Pays des Cosaques du Don, tous deux de qualité secondaire, mais ayant l'avantage du bon marché. On les consomme en majeure partie sur les lieux et quelques marques supérieures, telles que celle de Cristi, se trouvent déjà mentionnées sur la carte des principaux hôtels et restaurants des deux capitales. Quelques chiffres permettront de mieux saisir l'importance acquise récemment par notre viticulture. La quantité de raisins qu'on récolte en Bessarabie est environ de 13 millions de pouds. La majeure partie sert à la confection des vins. Dans les provices de Podolye, de Kherson, ainsi que dans la partie septentrionale de la Crimée, on ne compte au total que 7 à 8.000 dessiatines plantées de vignes, mais la viticulture y marche à pas de géant et promet de beaux résultats dans un avenir peu éloigné. Deux cent mille pouds de raisin se récoltent annuellement dans le Pays des Cosaques du Don, plus de 400.000 dans la vallée de

Soudak, mais de ce nombre la moitié seulement sert à
la confection des vins. Nous n'avons pas de chiffre exact
pour la quantité de vin produite dans la partie méridionale de la presqu'île, mais elle n'est pas bien considérable
vu que la vigne ne croît que sur le versant méridional
et les montagnes sont assez proches de la mer. Ce n'est
qu'en Transcaucasie que la viticulture prend de grandes
dimensions. Elle y occupe 100.000 dessiatines, 8.500 autres dessiatines sont plantées de vignes dans la partie
septentrionale du Caucase. Dans les provinces transcas-
piennes on compte à peu près 13.660 dessiatines et le
total des vignobles sur toute l'étendue de l'Empire est de
180.000 dessiatines (1).

Nous avons envisagé notre économie rurale sous ses
aspects les plus divers, et cette analyse, souvent fasti-
dieuse, nous a mené à cette conclusion que la crise
que traverse l'agriculture de l'Europe, grâce à la concurrence des autres parties du monde, n'est pas la seule
cause de la dépression dont souffrent nos campagnes.
Nous avons dû reconnaître qu'elle tenait en grande partie aux défauts de toute notre organisation économique.
Il devient, par conséquent, nécessaire de soumettre à une
analyse serrée les bases matérielles de notre existence
nationale et de parler à cœur ouvert des fautes commises
par nos gouvernants. .

Ces fautes ont été occasionnées, la plupart du temps,
par le désir de donner un essor artificiel à notre industrie, même au détriment de l'économie rurale. Les
imperfections de notre régime social et de notre politique économique ont été relevées plus d'une fois par la
presse russe. Je passerai en revue dans les prochains
chapitres la majeure partie des questions soulevées à ce

______

(1) *Les forces productives de la Russie*, recueil publié sous la
direction de V. Kovalewsky, p. 33-38.

propos, ainsi que les solutions offertes par les hommes d'Etat et les économistes de profession. Mais je ne voudrais point terminer celui-ci sans montrer, par un exemple récent, à quel point les difficultés contre lesquelles se débat en ce moment notre agriculture ont été rendues plus aigues, grâce à l'influence néfaste du régime protecteur et la malheureuse guerre de tarif menée avec l'Allemagne par M. Wishnegradsky.

Je puiserai mes informations, ainsi que je l'ai fait constamment jusqu'ici, dans des publications officielles, faites aux frais du Ministère des finances.

Ce n'est qu'en 1880 que l'Allemagne qui, de producteur de céréales, était devenue dans la seconde moitié du siècle un des principaux consommateurs de nos blés, trouva bon de protéger son agriculture par l'imposition de droits d'entrée sur le seigle, l'orge, l'avoine et le froment de provenance étrangère. Cette taxe augmenta peu à peu le prix du poud de blé russe, de 5,10, 15 et 25 0/0, ce qui, d'après M. Kasperov, équivaut aux frais de transport d'un poud à la distance de 3000 verstes, ou 3.198 kilomètres, et empêche par conséquent les seigles et les froments russes d'influencer sérieusement le marché national allemand. Mais la Russie, en somme, n'était atteinte par cette taxe que dans la mesure des autres exportateurs de blés, de l'Amérique, des Indes, de l'Argentine. Il en fut autrement lorsque, à la suite de l'élévation de nos droits d'entrée, le gouvernement de Berlin établit contre nous, en 1892, son tarif différentiel. Alors que nos concurrents sur le marché allemand n'étaient appelés qu'à payer une légère taxe de 7 kopecks par poud, on surchargea nos blés d'un impôt égal à un quart de rouble par poud. Ceci voulait dire que la Russie de fait devait cesser ses importations et céder la place à l'Autriche-Hongrie, à la Roumanie, à la Grèce, sans compter l'Amérique. Les prévisions pessimistes se réalisèrent entièrement. La Hongrie trouva avantageux d'augmenter ses cultures de froment et de seigle de 37 0/0. En 1891, elles n'occupaient qu'un million de dessiatines ; en 1893, on en comptait déjà 1.371.000. Les importations en blés des États-Unis, de l'Argentine, de la Roumanie, de la Serbie, de la Bulgarie s'accrurent dans une proportion extraordinaire ; avant cette époque elles ne formaient en somme pour le froment que 22 0/0 de toutes les importations de ce produit ; elles se sont élevées depuis à 89 0/0. On peut constater le même écart pour le seigle et l'avoine ; de 11 0/0 nous passons à 47 0/0 quant au seigle, et de 1/2 0/0 à 59 0/0 quant à l'avoine. Ce qui nous porta un réel préjudice, ce fut surtout la perte du seul marché que notre seigle avait gardé jusque-là en Europe et qui n'était autre que la Prusse Orientale, où la population se nourrit encore en grande partie de pain bis. Cette perte paraît être définitive, car, malgré l'abolition du tarif différentiel, en 1894, à la suite d'un traité de commerce très onéreux pour nous, le seigle russe n'a plus retrouvé sa voie habituelle vers les ports allemands de la Baltique, les commerçants en blés ayant pris l'habitude de s'approvisionner ailleurs. A quel point la guerre de tarifs nous a été préjudiciable, la preuve en est donnée par une publication officielle, intitulée : *Principaux résultats de la gestion des finances pendant les dix dernières années.* Elle est faite aux frais du Gouvernement par M. Kaschkaref, membre du comité scientifique du Ministère des finances. L'auteur dresse un tableau de l'excédent de nos exportations sur les importations, à commencer de 1887 et en finissant par l'année 1894. Il nous apprend que cet excédent s'élevait en moyenne, dans les années antérieures à 1892, au chiffre de 337 millions de roubles. L'année où commença la guerre de tarifs, il tomba à 85 millions, en partie grâce à la défense d'exporter les blés, défense occasionnée par la famine. En 1893, où cette raison n'avait plus lieu, l'excédent des exportations n'atteignit que 150 millions, et l'année suivante il tomba même à 124 millions 902 mille roubles.

Ainsi l'engouement de nos ministres pour les idées protectionnistes a valu à notre agriculture la perte d'un des principaux débouchés pour l'excédent de nos récoltes et du seul marché qu'avait gardé notre seigle. Elle déplaça pour un temps la balance de notre commerce extérieur, de façon à ne nous assurer que la moitié et même le tiers de l'excédent des sorties sur les entrées, dont nous avions bénéficié dans les années qui précèdent la guerre de tarifs.

Nous n'avons envisagé jusqu'ici que les causes purement économiques qui déterminent le caractère de notre régime rural. Dans le prochain chapitre nous étudierons ses raisons sociales, notamment nous aborderons la grosse question de la distribution de la propriété foncière et nous soumettrons à notre examen les conditions dans lesquelles sont placées quant à la possession du sol la noblesse et la bourgeoisie.

CHAPITRE III

§ 1. L'émancipation des serfs se fit il y a bientôt 37 ans, et cependant on est encore forcé de remonter à cet événement pour expliquer bien des côtés de notre situation actuelle.

En 1861, la propriété foncière dans la Russie d'Europe était répartie de la façon suivante : 105 millions de dessiatines appartenaient à la noblesse et à peine 6 millions aux autres classes de la société. Le reste se trouvait entre les mains de l'État, tantôt en qualité d'apanage de la famille impériale, tantôt comme propriété du Trésor.

Les domaines, tant privés que publics, étaient cultivés à l'aide de serfs. Ces derniers, organisés en communes agricoles ou « mirs », détenaient une bonne partie du sol. On peut en juger par les chiffres suivants.

8.247 communes formant partie des apanages de la maison impériale, avec une population de 851.334 personnes (nous ne comptons que celles dont les noms figurent dans les listes du recensement) occupaient 3.566.628 dessiatines. Quant aux terres du Trésor, 40.577 communes y étaient établies, avec un nombre de contribuables égal à 5.771.364, lesquels en commun détenaient 32.137.891 dessiatines.

Les serfs des domaines privés étaient presque deux fois plus nombreux. On en comptait 10.608.100, et ils reçurent à la suite de l'émancipation, une dotation de 36.219.900 et quelques dessiatines, chiffre inférieur, comme nous le montrerons dans la suite, à la superficie du terrain qu'ils détenaient au moment de l'abolition de la main-morte.

Ainsi, le nombre total de dessiatines qui, en 1861, se trouvaient entre les mains des vrais cultivateurs du sol dépassait 78 millions, et plus d'un tiers des terres manoriales servait d'apanage aux serfs des seigneurs.

L'abolition de la mainmorte, telle qu'elle se fit en Russie, a cela de particulier que le paysan libéré garda la majeure partie du sol qu'il avait détenu pendant les siècles de servage. Les seigneurs des manoirs privés, ainsi que l'Etat et l'administration des apanages, durent se départir en faveur du serf de plus d'un tiers de leurs propriétés.

Ce résultat ne put être atteint que grâce à l'intervention du gouvernement, lequel se chargea d'avancer la somme nécessaire au rachat des droits réels, dont étaient obérés les lots possédés par les serfs des seigneurs. Quant aux terres du Trésor, les serfs en gardèrent la jouissance à condition de payer des annuités dont le terme ne devait échoir qu'en 1931.

Nous n'avons pas lieu de nous occuper en ce moment de la façon dont se fit la réforme de 1861. Il nous suffit de constater les changements qu'elle opéra dans la distribution de la propriété foncière, notamment la réduction considérable que subirent d'un côté les possessions seigneuriales ou nobiliaires et d'autre part celles du Trésor.

Jusqu'en 1861, les terres occupées par les serfs n'avaient pu être achetées que par des nobles. Aussi abstraction faite de l'Etat et de l'administration des apanages, la propriété foncière manoriale n'avait eu d'autres détenteurs que les privilégiés. Mais, grâce à l'abolition de la mainmorte disparut la différence entre ce qu'on appelait « biens peuplés » (naselennia imenia), c'est-à-dire terres manoriales détenues par des serfs, et celles qui ne l'étaient pas, autrement dit, les terres libres. Toutes les terres privées entrèrent indistinctement dans le commerce et les non-priviligiés purent, par conséquent, s'en procurer par achat la quantité voulue.

L'histoire de la propriété foncière en Occident nous met presque partout en présence de ce fait qu'à peine les terres entrent dans le commerce que le tiers état se porte en masse à leur acquisition. Il en fut ainsi en Angleterre dès le xvie siècle, à l'occasion de la suppression des couvents et de la vente forcée de leurs domaines, mais ce phénomène est tant soit peu masqué par le fait que les nouveaux propriétaires d'origine roturière furent régulièrement anoblis par les Tudors. En France la tendance que nous signalons apparaît au grand jour, car la Révolution abolit les privilèges de la noblesse, en même temps que la main morte, et empêcha ainsi les nouveaux acquéreurs de se parer de titres cachant leur origine bourgeoise. Je sais bien que dans un travail récent un professeur russe, M. Loutchizky, a essayé de démontrer que ce sont les paysans français et non la bourgeoisie qui ont tiré profit de la vente des biens nationaux, mais il n'a pu arriver à ces conclusions étonnantes qu'en choisissant ses exemples dans la minorité de provinces qui avaient préservé, sous le noms d'alleux, la petite propriété villageoise et où, par conséquent, un tiers état rural s'était formé à côté de la mainmorte. L'auteur confond régulièrement ces deux choses si distinctes, et compte au nombre des paysans tous les représentants de cet ordre intermédiaire entre la roture villageoise et la bourgeoisie des villes. Aussi arrive-t-il sans peine à établir la contre-partie de ce que d'autres historiens, tant français qu'étrangers, avaient dit avant lui. A l'aide d'une analyse minutieuse des actes d'achat et de vente et en se basant sur le témoignage des contemporains ils arrivent à cette conclusion qu'obéré de dettes au profit du seigneur ainsi que du Trésor, et privé pour cette raison même du capital nécessaire à l'acquisition de nouveaux terrains, les mainmortables n'ont pu être, lors de la vente des biens du clergé, des concurrents sérieux ni au tiers état rural, ni à la bourgeoisie des villes, ni à la haute finance. Devenue marchandable, la terre ne sortit des mains du clergé et plus tard de la noblesse, que pour passer aux mains des enrichis. Si l'ancien serf finit tout de même par garder le lot qu'il avait détenu avant 1789, ce n'est que parce que dans la tourmente révolutionnaire, il fut impossible de prélever sur lui les rachats des droits réels et mixtes votés par la Constituante. Ceux qui devaient en bénéficier furent en majeure partie des émigrés et ne purent par conséquent faire valoir leurs plaintes.

A côté de l'Angleterre et de la France, je pourrais encore citer l'exemple de l'Italie méridionale, où également, l'abolition de la féodalité n'a pas eu pour conséquence la création d'une classe nombreuse de paysans propriétaires, mais où, grâce à elle, la bourgeoisie a pu acquérir un patrimoine considérable en achetant les terres jadis possédées par la noblesse et le clergé.

On a par conséquent lieu de se demander si la même soif d'acquisition ne s'est pas manifestée également au sein de la bourgeoisie russe et si la loi de 1861, en abolissant la différence des biens nobles et des biens roturiers, n'a pas encouragé d'une façon indirecte l'accumulation des terres entre les mains du tiers état rural et urbain.

Nous avons vu qu'en 1861, abstraction faite des terres

appartenant à la noblesse, 6.000.000 de dessiatines étaient à peines réparties entre toutes les autres classes de la société. Un cer'ain nombre de ces terres était possédé par le clergé des paroisses. Les desservants des églises villageoises avaient gardé des dotations en terrains même après la sécularisation des autres biens ecclésiastiques, qui se produisit à la fin du siècle dernier. Dans chaque paroisse un minimum de 30 dessiatines restait et reste encore affecté à l'entretien des ministres du culte, ce qui, rien que pour 40.577 communes rurales, établies sur les terres du Trésor, nous donne le chiffre considérable de 1.217.000 dessiatines.

Comme les paroisses formées par serfs des apanages et des manoirs privés ne le cèdent guère en nombre à celles établies sur les domaines publics, et, comme leurs desservants sont également dotés de terres, nous avons le droit de dire que des 6.000.000 de dessiatines autres que celles possédées par les nobles on doit déduire la moitié, pour donner une idée exacte de l'étendue des possessions foncières de la bourgeoisie avant la réforme. Les 3.000.000 de dessiatines qui restent étaient composés en majeure partie de terres situées dans l'enceinte ou dans le voisinage des villes et servant d'emplacement aux maisons de commerce, aux usines et aux fabriques.

Si nous voulions maintenant savoir à combien se chiffrent de nos jours les possessions immobilières de la bourgeoisie, nous serions forcés de puiser nos renseignements dans des statistiques vieilles de bientôt 20 ans. Elles nous apprendraient qu'à cette époque, c'est-à-dire en 1878, la classe industrielle et marchande possédait un total de 9.794.000 dessiatines et la petite bourgeoisie (meschane) 1.909.000, c'est-à-dire que le tiers état des villes détenait entre ses mains déjà 13 0/0 de la superficie totale des terres privées qui étaient de 91 millions de dessiatines. La bourgeoisie a fait du chemin depuis 1878, époque à laquelle le bureau central de statistique recueillit les données que je viens de reproduire. Malheureusement, nous manquons de chiffres d'ensemble se rapportant à toute la Russie d'Europe. Par contre, nous sommes en état d'établir que dans les provinces où, comme Nijni-Novgorod, Smolensk et Tambov, plusieurs centaines de mille de dessiatines ont été vendues dans le courant des 20 dernières années, les principaux acquéreurs, après les paysans, furent généralement des industriels et des commerçants. De 1870 à 1886, ils ont acheté, rien que dans cinq districts du gouvernement de Nijni, 84.816 dessiatines ; 155.182 dessiatines ont été acquises par le tiers état dans 4 districts du gouvernement de Smolensk et 282.532 dans la province de Tambov. Le professeur Tchouprov, à qui j'emprunte ces détails, constate que la propriété nobiliaire va partout en diminuant et celle de la bourgeoisie en augmentant Ainsi, dans le gouvernement de Nijni, rien que dans l'espace de 17 années (de 1870 à 1886), la noblesse a perdu plus de 154 mille dessiatines, et dans celui de Tambov 253 mille. Dans la province de Smolensk, nous ne possédons de chiffre que pour 4 districts. Eh bien, dans cette zone restreinte et pendant 15 années à peine la noblesse a perdu 138 mille dessiatines (1).

C'est surtout dans les environs des grands centres manufacturiers, tels que Moscou, qu'on constate l'extension rapide des biens de la bourgeoisie. Dans la province dont la vieille capitale russe est le centre, le tiers état possédait en 1861 six fois moins de terres que 20 ans plus tard. Dans le district de Riazan, les progrès de la bourgeoisie ont été encore plus rapides ; il y est question

(1) Consulter le Recueil de Tchouprov, intitulé *De l'influence des récoltes et du prix des blés sur quelques côtés de notre économie rurale*, vol 1., p. 457.

notamment de l'acquisition par elle d'un ensemble de
biens dépassant 7 à 8 fois ceux qu'elle possédait en
1861 (1). Par contre, la noblesse dans ces mêmes localités a perdu en moyenne 2 0/0 du total de ses biens,
et cela dans le même espace de temps. Dans la zone manufacturière, les pertes faites par les privilégiés sont plus
considérables que dans la zone agricole. Ici elles s'élèvent rarement à 0,75 0/0 tandis que dans les gouvernements de Pétersbourg et de Tver, ainsi que dans le district de Rostov ou de Bachmout (un des centres de la
production houillère) elles sont de 2,14 0/0, 1,90 0/0,
1,30 0/0, 1,06 0/0 (2).

Un fait non moins probant et qui possède un caractère
de généralité auquel ne peuvent prétendre ceux que j'ai
cités plus haut, c'est que, ainsi que le constatent les rapports
des maréchaux de noblesse au Comité Central de Statistique, la propriété nobiliaire a perdu 13.519.000 dessiatines dans l'espace de 30 années seulement, c'est-à-dire
de 1861 à 1891, et cela dans l'étendue de 44 gouvernements de la Russie d'Europe c'est-à-dire sans compter
les provinces baltiques, le Pays des Cosaques du Don, la
Bessarabie et le gouvernement d'Archangel. Ainsi le
nombre de dessiatines dont les nobles sont restés détenteurs à la suite de la réforme de 1861 et qui équivalait à
71.247.000 est tombé à 57.728.000. La diminution est
égale à 23 0/0 de la somme totale des biens nobles (3).

Je ne prétends pas que toutes les terres vendues par
notre classe privilégiée ont passé entre les mains du tiers
état. Les premiers à en tirer profit furent les paysans,
mais au nombre de ces derniers le tiers état rural représente la grande majorité. Les statistiques officielles

(1) Fortonnatov. *La propriété immobilière en Russie*, Pensée
Russe, 1886.
(2) Chodsky. *La terre et le cultivateur*, t. I, 19 et suivantes.
(3) *Ibid.*, vol. I, p. 438.

nous font connaître que 273.074 roturiers possèdent en propre 5.005.800 et quelques dessiatines, en dehors de celles qui leur reviennent par la voie des allotissements. La moyenne de leurs domaines ne dépasse pas, par conséquent, 18 dessiatines, mais il y en a dont la contenance n'est pas inférieure à quelques milliers de dessiatines. Il se peut, bien entendu, que dans le nombre des 273 mille propriétaires roturiers on trouve également des paysans communistes, mais, parmi ces derniers, ce ne sont généralement que les enrichis, tels que fermiers des terres seigneuriales, cabaretiers, petits commerçants, éleveurs et marchands de bestiaux qui disposent des moyens nécessaires aux achats. Ainsi, la majeure partie des 273 mille propriétaires roturiers appartient, non par son état social, mais par sa situation économique, à la bourgeoisie, et on ne saurait parler des progrès faits par cette dernière dans le domaine de la propriété foncière sans ajouter aux 13 millions de dessiatines détenues par la classe marchande, les 5 millions dont il vient d'être question. Nous arrivons de cette façon à un total de 18 millions de dessiatines, chiffre qui dépasse six fois celui de toutes les propriétés détenues par le tiers état avant l'émancipation. Quelque considérable qu'il soit, il n'équivaut pas même au sixième des terres possédées en propre et dont le total est de 116.317.643 dessiatines.

Cela prouve que le tiers état russe engage encore la majeure partie de ses capitaux dans les entreprises industrielles et commerciales et que les grands avantages que lui assure le régime protecteur l'ont empêché jusqu'ici de mettre à profit les difficultés financières de la noblesse pour lui arracher la terre d'entre les mains. D'ailleurs s'il ne la possède pas directement, il participe en grande partie au partage de ses revenus, car des biens engagés par la noblesse, le tiers est placé sur hypothèques dans les banques privées dont les actions sont naturelle-

ment réparties entre les manieurs d'argent, les commerçants et les industriels qui forment la grosse bourgeoisie
des villes.

Le grand nombre de dettes dont les fortunes immobilières sont obérées, rend la situation financière de la
noblesse fort précaire. On peut s'en convaincre en examinant les conditions dans lesquelles les dettes hypothécaires ont été contractées. Il faut se rendre compte
notamment de la moyenne des avances faites par dessiatine et du total de la somme ainsi prêtée par les banques, enfin des retards que les débiteurs apportent au
payement tant du capital que des intérêts.

D'après les statistiques les plus récentes, le total de
la somme empruntée par les propriétaires fonciers à
la banque d'État et aux banques hypothécaires privées
s'élève à 1.236.620.000 roubles ou 3.360.000.000 francs
d'après le cours actuel du rouble-papier. Le montant
des terres engagées dans la banque d'État ou les banques à actions est de 48.438.383 dessiatines, ou 56.000.000
d'hectares ce qui revient à dire que 42 0/0 de tous les
immeubles possédés à l'heure qu'il est par les particuliers
de toutes classes sont hypothéqués. Pour savoir au juste
combien de ces immeubles reviennent à la noblesse, il
faut déduire de ces 48 millions les 2 millions que représentent les emprunts faits à la Banque des paysans.
Restent 46 millions de dessiatines dont la majeure partie
revient aux biens nobles, car les 603 millions de roubles
prêtés dans les villes sur les hypothèques de la propriété bâtie n'en font guère partie.

Le total des terres engagées dans les banques purement
nobiliaires, c'est-à-dire fermées aux individus d'origine
roturière s'élève à 12 millions et demi de dessiatines (1).

____

(1) Ce chiffre se décompose de la façon suivante :
10.554.000 dessiatines engagées à la Banque de la noblesse

Les autres 24 millions sont engagés aux banques d'actionnaires et aux banques de province.

Cette dette énorme n'a pas été contractée par la noblesse uniquement dans les 37 années qui nous séparent de l'acte émancipateur. Déjà en 1861, 39 1/2 0/0 de tous le manoirs privés étaient engagés dans les institutions de crédit fondées par l'Etat, les seules qui fussent connues à cette époque. Il est impossible de dire quelle avait été l'étendue des biens servant à la garantie de cette dette, car on engageait non tel ou tel nombre de dessiatines, mais tel ou tel nombre d'âmes, c'est-à-dire de serfs portés sur les listes de recensement. Le chiffre total des serfs figurant dans ces listes n'était, comme je l'ai dit plus haut, que de 10.696.139, et le nombre des « âmes engagées » s'élevait à 7.107.174. Nous avons, par conséquent, le droit de dire que les deux tiers de la propriété nobiliaire étaient surchargés d'hypothèques au moment où se fit l'abolition de la mainmorte (1).

L'Etat avait prêté à la noblesse 315.804.000 de roubles. Il rentra dans ses fonds de la façon suivante. En 1861, le gouvernement s'était engagé, comme nous l'avons vu, à avancer aux serfs la somme nécessaire au rachat des droits réels. La Banque d'Etat émit à cette occasion une rente de 5 0/0 et fit ses payements aux seigneurs en cette nouvelle valeur. Le 1er janvier 1894 la somme

5.498.000	—	à une section spéciale de cette Banque
1.500.000	—	à la Banque des nobles d'Estlande
3.000.000	—	à la Banque des nobles de la Livlande
1.000.000	—	à la Banque des nobles de la Courlande
1.000.000	—	à la Banque des nobles de Tiflis qu'on nomme là Banque du Prince Michel.

Total : 22.550.000

(1) Richter. *L'endettement de la propriété privée en Russie.* (dans le Recueil du prof. Tchouprov, v. I° p. 379).

qui aurait dû être versée à cette fin par le Trésor, s'élevait à 896 millions de roubles, mais on en retint 315 millions — montant de la dette nobiliaire.

Cette circonstance explique en grande partie la réussite de toute l'entreprise du rachat, l'Etat ne s'engageant de fait à verser que les deux tiers de la somme nécessaire à la liquidation des droits réels. Mais en agissant de la sorte, on força les seigneurs à réaliser au plus tôt une bonne partie de la rente de 5 0/0 avec laquelle l'Etat faisait ses payements. Ils ne pouvaient agir autrement pour se procurer la somme nécessaire à l'aménagement de leurs champs, désormais privés du travail de leurs ci-devant serfs. Mais ces ventes précipitées de la rente déterminèrent une baisse considérable de sa valeur marchande, de sorte que des 580 millions qui restaient à payer, déduction faite de la dette nobiliaire, les privilégiés ne reçurent, du moins dans les dix premières années qui suivirent la réforme, que 230 millions de roubles. On perdait au change d'abord un tiers, et plus tard, un quart du capital.

Les 230 millions furent bientôt dépensés et la noblesse dut recourir à de nouveaux emprunts et hypothéquer une seconde fois ses terres. En 1864, fut fondée la première banque hypothécaire privée, celle de la province de Kherson. Deux ans plus tard surgit la société du Crédit Foncier Mutuel. Ces deux banques prêtèrent à la noblesse dans le courant de 4 années seulement (de 1866 à 1870) la somme de 92.400.000 de roubles. De la sorte, bien avant l'ouverture des banques foncières privées et composées d'actionnaires, qui n'eut lieu qu'en 1872, la noblesse avait déjà dépensé 320 millions de roubles en toutes sortes de frais, et dans leur nombre en ceux notamment qu'exigeait l'aménagement de ses terres. Depuis cette époque, quoique l'Etat lui eût versé de nouveau près de 200 millions de roubles, toujours à titre de rachats des droits réels, la

dette hypothécaire de la noblesse ne fit que s'accroître d'année en année, au point d'atteindre en 1886 un total de 539.600.000 roubles. C'est alors qu'Alexandre III créa la Banque nobiliaire. Son but avéré fut de venir en aide à la classe privilégiée en lui permettant de faire appel au crédit de l'Etat dans des conditions moins onéreuses que celles que lui faisaient les banques foncières privées. En effet, il n'était plus question que d'un intérêt d'abord de 5 0/0 et puis de 4 1/2 et même de 4 0/0, grâce aux diminutions accordées par ordre du tzar en 1889 et en 1897. Dans l'espace de dix années, de 1886 à 1895, la dette hypothécaire de la noblesse vis-à-vis de l'Etat alla en croissant dans la proportion suivante : au 1er janvier 1897, les nobles ne devaient que 68 millions de roubles, l'année suivante le total de leurs engagements vis-à-vis de la nouvelle banque était déjà de 138 millions ; au 1er janvier 1889, la dette de la noblesse s'élevait à 170 millions, en 1890 à 204 millions, en 1891 à 267 millions, en 1892 à 310 millions, en 1893 à 320 millions, en 1894 à 339 millions, et en 1895 à 351 millions. A l'heure qu'il est, le gouvernement a avancé à la noblesse à peu près 1 milliard de francs sans être arrivé néanmoins au but qu'il s'était proposé et qui était de permettre aux nobles de se libérer de leurs anciennes dettes vis-à-vis des banques hypothécaires privées, car, de pair avec l'accroissement de la dette contractée envers la banque d'Etat, s'élevait la somme des emprunts faits par la noblesse dans les banques hypothécaires privées. Dans le même espace de temps, c'est-à-dire du 1er janvier 1887 au 1er janvier 1895, la noblesse retira des banques hypothécaires privées une somme de 221 millions de roubles, ce qui, avec ses engagements préalables de 556 millions, lui constituait au 1er janvier 1895 un passif de 677 millions de roubles (1).

(1) Chiffres donnés par M. Richter.

Les dettes de nos privilégiés se sont encore accrues depuis, de façon qu'au 1er janvier 1896 la noblesse devait en bloc à toutes les institutions de crédit 1 milliard 236 millions de roubles ou 3 milliards 300 millions de francs. Cette dette est garantie vis-à-vis de l'Etat et des banques privées, ainsi que nous l'avons dit, par le tiers des biens appartenant à la noblesse. Il s'agit maintenant de voir si ces hypothèques pourront jamais être levées. Pour se prononcer en connaissance de cause, il faut se rendre compte 1° de la moyenne des prêts faits par dessiatines et 2° du prix actuel des terres en Russie. En divisant le total de la dette hypothécaire par la somme de dessiatines engagées dans les banques, nous arrivons à constater que la moyenne des avances a été de 27 à 28 roubles par dessiatine. Mais ce chiffre ne nous dit encore rien de précis, car le prix des terres varie selon les régions. Il faut, par conséquent, se rendre compte de la moyenne des prêts sur hypothèques, ainsi que de la moyenne des prix de la terre dans les divers gouvernements ou provinces de la Russie d'Europe. Le taux le plus élevé a été atteint par les prêts faits dans la zone fertile et relativement bien peuplée de la terre noire, c'est-à-dire sur une superficie de terrain qui s'étend de la limite méridionale des gouvernements manufacturiers du centre aux approches des steppes. C'est ainsi que dans le gouvernement de Koursk la moyenne des avances faites par les banques hypothécaires a été de 69 roubles 51 kopecks par dessiatine et dans ceux de Toula, Orel, Tambov, Voronej, Kiev, Podolie, Poltava, 51 à 56 roubles. En Pologne, même dans les provinces de Varsovie et de Kalisch, la dessiatine n'a été hypothéquée en moyenne que pour la somme de 43 à 45 roubles, quoique le prix des terres fût ici plus élevé que dans les provinces même les plus fertiles et les plus peuplées de la Russie.

Nous trouvons, en effet, dans des statistiques officielles,

que la moyenne des prix des terres ne s'élève dans le gouvernement de Koursk, où les avances faites par les banques étaient de 67 1/2 roubles par dessiatine, qu'à 125 roubles, dans ceux de Voronej et de Tambov qu'à 93 roubles (1), dans la province de Kiev qu'à 154 roubles, en Podolie qu'à 125, et à Poltava qu'à 106 roubles. Or, dans tous ces gouvernements, la densité de la population est d'un tiers et souvent d'un quart moins grande que dans les provinces polonaises de Varsovie et de Kalisch (2) dont la situation avantageuse presque aux confins de l'Allemagne et de l'Autriche fait également grossir les prix des terrains

Il suit de tout ceci qu'en Pologne les biens de la noblesse ne sont grevés d'hypothèques que pour une partie minime de leur prix, tandis que dans le centre même de notre production agricole, les dettes foncières équivalent à la moitié ou à peu près du prix des terres hypothéquées. Une conclusion analogue se dégage du rapprochement de la situation financière de la noblesse allemande dans les provinces baltiques et de celle de la noblesse russe. Nulle part le nombre de biens engagés n'est plus considérable qu'en Livland et en Estland ; il équivaut dans la première des deux provinces à 86 et dans la seconde à 90 0/0 de la somme totale des biens fonciers. Mais tandis que dans la zone du tchernozem, la dessiatine est obérée comme nous venons

___

(1) *Recueil de données statistiques concernant la situation économique des divers gouvernements de la Russie d'Europe*, 1re annexe.

(2) La densité de la population dans la province de Varsovie est de 119 individus par verste carrée et dans celle de Kalisch de 91 1/2 (chiffres recueillis en 1890). Dans le gouvernement de Koursk, nous ne comptons que 62 habitants par verste carrée, dans celui de Voronej que 48 ; dans celui de Tambov 49, dans celui de Toula 55 ; dans celui de Poltava 67 1/2, et dans ceux de Kiev et de la Podolie 71 et 72.

de le voir, d'une dette équivalant à la moitié de son prix d'achat, les sommes avancées par les banques sur l'hypothèque de terres situées en Estland ou en Livland ne dépassent pas 12 ou 13 roubles par dessiatine (1). Or, le prix des terres dans ces deux provinces est, dans la première de 87 roubles la dessiatine et dans la seconde, de 100 roubles. Cela veut dire que les terrains ne sont hypothéqués que pour la septième ou la huitième partie de leur valeur marchande.

Maintenant que nous savons à peu près à quel chiffre s'élève la dette de notre noblesse et quelle partie de sa fortune immobilière devrait être sacrifiée pour la liquider, il est curieux de constater quelles sont les provinces où les difficultés financières des privilégiés sont les plus considérables, autrement dit, dans quelles régions le nombre de biens engagés est le plus grand. Les statistiques officielles nous apprennent que c'est la zone la plus fertile et la plus riche en blés qui est la plus obérée de dettes.

En effet, le chiffre le plus élevé est atteint par les deux provinces méridionales qui produisent peut-être le plus de froment : celle d'Ekaterinoslaw et celle de Kherson. Ici, en effet, 67 et même 71 0/0 de toutes les propriétés immobilières sont hypothéquées. Puis vient un total de 17 provinces, toutes appartenant à ce qui constitue notre grenier d'abondance et où le chiffre de biens engagés dans les banques dépasse la moitié et arrive presque aux deux tiers des terres privées. Dans les provinces de l'Ouest et en Pologne, seules 30 à 50 0/0 des propriétés foncières sont hypothéquées. Dans les gouvernements de l'Est et du Nord, ainsi qu'au Caucase, la dette fon-

(1) Statistique du crédit à long terme en Russie, publication officielle, 1895, fasc. 3. Consulter aussi le Recueil de données sur la situation économique des provinces de l'empire, publication officielle, 1897, 1re annexe.

cière ne pèse que sur 10 à 300/0 des biens immobiliers. Dans la Transcaucasie, ainsi que dans l'Extrême-nord, à Volog et à Viatdaca, les biens hypothéqués forment à peine de 12 à 4 0/0 de la somme totale.

Notons ce fait que la zone manufacturière est relativement moins atteinte par les dettes foncières que la zone agricole. Dans les gouvernements de Moscou ou de Pétersbourg par exemple, le chiffre des fortunes immobilières hypothéquées ne représente que **22** et **34** 0/0. Ainsi se reflètent dans le domaine du crédit foncier la crise agricole que nous traversons et l'influence du régime protecteur. Un détail alarmant et que je relève dans l'étude que M. Richter a consacrée récemment à la question qui nous occupe, c'est que les dettes des propriétaires fonciers croissent beaucoup plus vite que le prix des terres. L'auteur donne les chiffres suivants : en 1870, la moyenne de la dette hypothécaire par dessiatine était de **12** roubles **58** kopecks et la moyenne des prix des terres dans tout l'Empire de **45** roubles. Dix ans plus tard, la dessiatine était obérée en moyenne d'une dette de **26** roubles **12** kop. et ne coûtait également en moyenne, que **71** roubles. Ainsi, conclut l'auteur, le prix des terres ne s'est élevé que de **58** 0/0 et leurs charges vis-à-vis de la banque de **108** 0/0.

Pour savoir au juste à quel point les propriétaires dont les biens ont été engagés courent le risque de ne jamais pouvoir les affranchir d'hypothèques, il faudrait encore définir quelle partie de leur revenu suffit pour payer leurs engagements vis-à-vis de la banque. M. Richter en fait le calcul en prenant en considération la moyenne des rentes payées par les fermiers et l'intérêt de **5** 0/0 qu'exigent les banques hypothécaires.

Il en ressort cette conclusion générale que le propriétaire dont les biens sont engagés, est placé dans la nécessité de se départir annuellement au profit de la banque de 21 à 42 0/0 du produit net de son sol. Dans la zone agricole (les gouvernements de Koursk, Toula, Voronej, Tambov, Orel, Kiev, Pensa, Kharkov), la banque et ses actionnaires reçoivent régulièrement le tiers et même les 2/5 du revenu des terres hypothéquées. Cela suffit pour comprendre la raison qui fait que la classe bourgeoise s'abstient de l'acquisition de biens immobiliers. Elle aime mieux placer ses épargnes dans l'achat d'actions ou d'obligations émises par nos banques hypothécaires. Ces actions et ces obligations lui garantissent au bas mot un revenu de 5 0/0 et lui font de plus entrevoir, dans un avenir de plus en plus proche, la possibilité d'acquérir à vil prix les biens fonciers des retardataires, biens vendus aux enchères et au profit de la banque.

Je dis que cette liquidation forcée de la dette hypothécaire de la noblesse ne tardera point à se produire et j'en ai la preuve évidente dans l'accroissement rapide du nombre des biens dont les banques foncières annoncent la vente prochaine à la suite de l'écoulement des trois délais accordés aux retardataires. Dans les 12 gouvernements choisis comme exemples par M. Richter et dont 10 font partie de la région de la terre noire, la progression est constante. Ce qui ne le cède guère en intérêt, c'est que les mêmes biens reviennent dans les annonces de la banque d'année en année ; cela s'explique, d'ailleurs, on ne peut mieux, par le fait que ces biens n'ont été engagés que pour payer d'anciennes dettes.

J'ai fait connaître dans le précédent chapitre la crise que traverse notre agriculture, les conditions on ne peut plus désavantageuses dans lesquelles se fait l'écoulement des produits de notre sol à l'étranger et le peu de profits qu'assure au cultivateur une récolte même abondante. Ces faits commencent à exercer une influence fâcheuse sur le prix des terres et combattent la tendance contraire

qui a pour point de départ l'accroissement du nombre
des habitants. Dans plus d'une province, on constate
déjà une diminution dans le prix des fermes, ainsi que
dans ceux offerts par les acquéreurs du sol.

On se demande après cela comment pourra se faire
dorénavant le payement des intérêts de la dette foncière, même dans le cas où le tzar ferait preuve d'une
nouvelle condescendance vis-à-vis des nobles et bais-
serait encore d'un demi pour cent le taux des intérêts
qu'ils payent à la banque. Ainsi, la liquidation définitive
des fortunes immobilières appartenant à la noblesse
ne se fera pas attendre et c'est alors qu'apparaîtra au
grand jour la place importante qu'occupe déjà la bourgeoisie russe dans le domaine de la propriété foncière.

§ 2. Demandons-nous maintenant comment se répartit
entre particuliers la fortune immobilière. Dans un pays
aussi vaste et contenant des différences si marquées
quant à la densité de la population, il n'est pas facile d'é-
tablir les limites de la grande, de la moyenne et de la
petite propriété. Ces limites changent selon les provinces et les régions. Il est pourtant un moyen de définir
le minimum de dotation en terres qui suffit pour entretenir une famille de laboureurs : c'est le nombre de dessiatines que les serfs du Trésor détenaient dans nos diverses provinces avant l'émancipation et qui leur fut
maintenu en 1861. La majeure partie (1) possède encore
de nos jours de 4 à 6 dessiatines par tête.

Tout ce qui se rapproche de ce chiffre ne peut être
considéré que comme formant partie de la petite propriété. Aussi croyons-nous nécessaire de ne point compter
au nombre des propriétaires les 61,214 individus qui
dans les statistiques officielles figurent comme possédant

(1) Déjà au 28 janvier 1863 Alexandre II avait approuvé l'avis du
Conseil d'Etat se prononçant en faveur du maintien intégral des lots
entre les mains des paysans du Trésor.

des parcelles inférieures à une dessiatine. Ces lopins de
terre ne peuvent assurer l'existence de ceux qui les détiennent ; ils diminuent tout au plus les frais qu'occasionne
au prolétaire la nécessité de se procurer un gite. Au contraire, le groupe suivant, composé de 183.883 personnes
possédant de 1 à 10 dessiatines, représente on ne peut
mieux la catégorie des petits propriétaires, car, en divisant par leur nombre les 925.252 dessiatines qu'ils détiennent, nous arrivons à une moyenne de 5 dessiatines par tête, moyenne qui se rapproche du minimum
indiqué plus haut.

En déduisant ce chiffre, ainsi que le précédent, du
total des 487,692 propriétaires privés dont il est question
dans les statistiques officielles, nous arrivons à établir
le chiffre de personnes possédant une propriété moyenne
ou une grande propriété. Ce n'est qu'entre 242.595 personnes que se répartissent les 90 millions et quelque
centaines de mille dessiatines qui forment la totalité des
possessions privées autres que les petites (1).

En divisant ce dernier chiffre par celui de 242.595
détenteurs de biens fonds dépassant 10 dessiatines (un
peu moins de 11 hectares), nous finissons par constater
ce fait que la Russie, pays communiste par excellence,
est en même temps le pays de la grande propriété,
car la moyenne des biens immobiliers y est de 400
dessiatines ou à peu près. Mais en réalité le chiffre de
242.595 individus détenant à eux seuls plus de 90 millions de dessiatines se répartit d'une façon qui rend encore plus manifeste la prépondérance de la grande propriété ; car lés 53.063 propriétaires qui possèdent de 10
à 50 dessiatines par tête et qui, par conséquent, représentent chez nous la moyenne propriété ne se partagent

____

(1) Kabloukov. Influence exercée par le prix des blés sur la situation
économique des propriétés privées en Russie (Recueil de Tchouprov,
vol. I, p. 99).

qu'une superficie de 1.267.644 dessiatines. Autrement dit, 89 millions de dessiatines se trouvent entre les mains du cinquième des propriétaires. Ces derniers d'ailleurs ne les détiennent que d'une façon inégale. On en peut juger par les calculs suivants faits par M. Kabloukov.

Ceux qui possèdent de 50 à 200 dessiatines ne forment que 11 0/0 du total des propriétaires et détiennent à peine 6,2 0/0 de la superficie des terres occupées par les particuliers

Ceux qui ont de 200 à 500 dessiatines forment 5 0/0 du chiffre total des propriétaires et possèdent 8,7 0/0 de tous les domaines privés. Les propriétaires de 500 à 1000 dessiatines représentent 2,7 0/0 du chiffre total et détiennent 10,1 0/0 des 91 millions indiqués plus haut ; et ceux dont les possessions sont supérieures à 1000 dessiatines constituent 3,2 0/0 du nombre total des propriétaires et occupent 70,4 0/0 de la superficie totale des biens fonds. Cela veut dire que *63.924.000* dessiatines sont entre les mains de 15.826 individus dont 1444 possèdent chacun plus de 5000 dessiatines et 924 plus de 10.000 dessiatines (1).

La petite, la moyenne et la grande propriété sont réparties d'une façon inégale entre les diverses classes de la société russe. Les parcelles inférieures à 100 dessiatines se trouvent en majeure partie entre les mains des paysans et de la petite bourgeoisie (plus de la moitié). La noblesse en détient moins que le tiers.

Il en est autrement de domaines occupant de 100 à 1000 dessiatines. Les 3/4 appartiennent à la noblesse ; à peine 12 0/0 à la haute et à la petite bourgeoisie, le tiers état rural n'en détient que 6,7 0/0.

Quant aux propriétés contenant plus de 1000 dessiatines, 85 0/0 du total des terres qu'elles occupent appar-

(1) Kabloukov, p. 110. Chodsky, p. 13.

tiennent à la noblesse, **12 à 13 0/0** à la bourgeoisie et le reste à des personnes sorties des rangs du peuple et formant le tiers état rural (1). Cela veut dire que la grande propriété foncière est surtout entre les mains des nobles. Mais il ne s'ensuit guère que la vente forcée des biens hypothéqués ne pourra servir que les intérêts de la petite et de la moyenne propriété, car la même tendance à l'accumulation des terrains s'est manifestée déjà dans les rangs de la bourgeoisie.

D'ailleurs le professeur Tchouprov a pleinement établi, à l'aide de statistiques locales il est vrai, que le déplacement des fortunes se fait au profit de la grande propriété, les vendeurs étant régulièrement moins riches en terres que les acheteurs. La majeure partie des biens qui entrent au marché passent par conséquent aux mains de personnes qui ne demandent qu'à arrondir leurs domaines (2).

Ce mouvement peut être combattu, sinon arrêté, par l'ouverture d'un crédit à bon compte aux villageois qui voudraient acheter les terres mises en vente par les nobles. Le gouvernement s'est rendu à cette évidence, c'est même là ce qui a déterminé la création d'une Banque spéciale pour les paysans.

C'est à M. Bounge que revient l'honneur de cette institution, laquelle d'ailleurs n'a pas encore donné toute sa mesure, et pour cause. Au lieu d'ouvrir un crédit égal aux nobles et aux roturiers, le gouvernement a exigé de ces derniers un intérêt de **7 0/0** dont une partie d'ailleurs sert à l'amortissement. Nous avons vu que d'autre part, les nobles ne sont plus astreints qu'au payement de **4 0/0**. — Autre fait à signaler. — On ne se rend pas bien compte des raisons qui ont poussé le gouvernement à offrir des avances d'argent **3** fois plus fortes aux paysans sortis de

(1) Chodsky. La terre et son cultivateur, t. I, p. 15.
(2) Tchouprov, Recueil, cité plus haut, v. I, p. 459.

l'indivision qu'aux paysans communistes. On ne prête à
ces derniers que 150 roubles par ménage, tandis que les
premiers en reçoivent 500. Est-ce pour encourager les
partages définitifs du sol ? Si tel est le cas, le but a été
atteint, car dans plusieurs villages, ainsi que le signale
M. Vorontzov, les paysans ont procédé à la dissolution
du régime de la copropriété afin d'avoir plus de facilité
dans leurs emprunts et pouvoir de la sorte acquérir des
biens nobles qui se vendaient dans le voisinage. La politique du gouvernement me paraît d'autant plus blâ-
mable qu'elle est contradictoire, car toutes les nouvelles lois qui règlent le régime du mir, tendent à le maintenir, ainsi que je le ferai connaître dans mon prochain
chapitre. A quoi servirait autrement d'enrayer les partages entre familles, d'imposer à toutes les communes indistinctement l'obligation de faire des répartitions périodiques du sol tous les 12 ans, de défendre l'aliénation
de leurs lots par les membres du mir et de faire dépendre le rachat de ces lots en pleine propriété de l'acquiescement des 2/3 des assemblées communales?

Passons maintenant à l'examen de la façon dont la
Banque des paysans fait ses avances d'argent. Elle ne
prête pas toute la somme nécessaire à l'achat et demande qu'une partie de cette somme soit couverte par
les acheteurs de leurs propres fonds. Cette mesure tend
à éliminer les acquisitions malheureuses et hasardées,
à prévenir les cas où la banque, forcée de recourir aux
enchères publiques, ne trouverait pas d'acquéreurs pour
les biens hypothéqués chez elle, et cela à cause de l'élévation des prix, auxquels ces biens ont été acquis par les
paysans insolvables. Au point de vue purement financier, je n'y vois rien à redire, mais la question change
d'aspect, dès qu'on se place sur un autre terrain, celui
du but social que poursuit l'institution d'un crédit facile et ouvert aux vrais cultivateurs du sol.

Si les paysans tiennent à acquérir les biens mis en vente par les ci-devant seigneurs, ils trouveront toujours le moyen de se procurer l'argent qui leur manque pour compléter la somme prêtée par la banque, mais à une condition, celle d'assurer aux usuriers un intérêt de 15 à 20 0/0. La Banque de l'État est impuissante à enrayer ces sortes de manœuvres frauduleuses par le contrôle qu'elle exerce quant aux conditions de l'achat. Car les acquéreurs pourront facilement lui cacher la vérité après s'être entendu au préalable avec l'usurier. Mais alors à quoi sert l'institution d'une banque hypothécaire paysanne, une fois qu'elle n'empêche point, mais encourage au contraire le recours à l'usure ? (1) Malgré ces erreurs manifestes, signalées à plusieurs reprises par les économistes russes et notamment par M. Chodsky, la Banque des paysans a déjà rendu de réels services. Elle a permis, rien que dans l'espace des 6 premières années qui ont suivi sa création, à 1705 communes, 2870 compagnies privées et 724 particuliers appartenant au tiers état rural et embrassant au total 181.069 ménages, d'acheter 1.250.917 dessiatines pour la somme de 57.600.000 roubles, dont 47.930.000 ont été versés par la Banque.

Depuis, le mouvement ne s'est guère arrêté. Suspendu quelque temps par la fameuse disette de 1892 qui força même les paysans à se départir de quelques biens nouvellement acquis, les achats reprirent de plus bel dans ces 5 dernières années. Dans une publication faite sur l'ordre du Comité des ministres en 1894, on évaluait déjà le nombre total de terres acquises par les paysans avec le concours de la Banque, à 3.000.000 de dessiatines (2) et le nombre total de toutes les terres

(1) Consulter ce que dit à ce propos M. Chodsky, dans le chapitre qu'il consacre à la Banque des paysans (2e volume de l'ouvrage, intitulé : La terre et le cultivateur).

(2) Recueil de données statistiques qui concernent la situation économique du peuple des campagnes. — Troisième tableau.

qu'ils possèdent en propre à 5.675.245 ; tous ces biens n'entrent point dans le nombre des **130 millions 600** et quelque mille dessiatines dont les paysans ont été dotés à la suite de l'abolition de la mainmorte et du servage (1).

Il s'agit maintenant d'étudier de plus près la façon dont a été constituée cette masse énorme de terrains possédés pour la majeure partie en indivis, sous le régime d'une répartition périodique du sol.

En 1861, 12.345.869 personnes étaient inscrites sur les listes du recensement comme occupant les terres du Trésor ou domaines publics et les apanages de la famille impériale ; 10.050.200 étaient serfs de seigneuries privés. Le premier groupe contenait deux catégories de personnes, les paysans établis sur les domaines de l'État et les serfs des apanages. Les uns et les autres furent dotés de terre quelques années après la publication de la loi émancipatrice de 1861, c'est-à-dire à un moment où les défauts de la réforme avaient déjà attiré l'attention du gouvernement. Ces défauts consistaient surtout dans la faculté accordée aux seigneurs des manoirs de forcer les serfs à l'abandon des trois quarts de chacun des lots qu'ils occupaient dans le cas où ils ne voudraient point racheter les droits réels dont ces lots étaient obérés.

A cette faculté des seigneurs correspondait le droit des serfs de renoncer librement à une dotation en terrains dépassant le tiers de leur lot, et cela afin de diminuer en conséquence le chiffre de leurs payements au Trésor. Le prix des fermages étant à cette époque peu élevé et le revenu des lots régulièrement inférieur à leurs charges,

---

(1) Nous ne comptons pas dans ce nombre les 762 mille et quelque dessiatines que les communes ou mirs avaient acquis des achats avant 1891 et qui font que le nombre total des biens possédés par eux autrement qu'en pure propriété était évalué cette même année par M. Chodsky à 131.372.457 dessiatines. Vol. II, p. 5 et 233.

les anciens mainmortables préférèrent souvent ne recevoir par tête qu'une dessiatine (il va sans dire qu'il n'est question ici que d'hommes adultes inscrits sur les listes du recensement). L'allotissement se fit en conséquence et on accorda au serf dans les 9 premières années qui suivirent l'émancipation le quart seulement de ce qu'il avait possédé avant l'acte de 1861. Cela eut lieu tout particulièrement dans les provinces de l'Est, situées sur le cours moyen du Volga ou encore sur celui de l'Oural, ainsi que dans les steppes du gouvernement d'Ekaterinoslav. On pouvait aisément y acheter des terrains à vil prix et la rente payée par les fermiers était également minime. 640.000 paysans acquirent de la sorte la possibilité de disposer librement de leurs personnes et de leurs terres, sans que le gouvernement se mêlât en rien du rachat de ces dernières ; mais, par contre, ils furent forcés de céder aux seigneurs les 3/4 de leurs lots. Le nombre total de personnes investies de ces « lots de misère » — terme consacré par l'usage — forme à peine 9 0/0 du nombre total des serfs ayant appartenu à des particuliers. C'est de ce noyau que s'est formé peu à peu dans ces provinces le prolétariat agraire. L'accroissement naturel des familles et les partages entre héritiers ont produit à la longue un tel émiettement des parcelles qu'il ne peut plus en être question comme d'une source sérieuse de revenus.

Mon intention n'est pas d'exposer ici la façon dont s'est faite la réforme de 1861. Il me suffit de dire que, mûri par l'expérience, le législateur n'a point voulu admettre la même diminution de lots paysans quand il s'est agi plus tard de régler les rapports du Trésor avec les cultivateurs établis sur les domaines de l'Etat ainsi que sur les apanages de la famille impériale. On accepta pour principe de reconnaître aux uns et aux autres d'abord la propriété, et plus tard la seule possession héréditaire de toutes les terres qu'ils détenaient. C'est ainsi que s'explique le fait que les serfs des ci-devant seigneurs sont moins bien dotés en terre que les cultivateurs occupant les domaines de l'Etat et les apanages. Le lot de l'ancien mainmortable contient ordinairement 2 à 4 dessiatines et celui du paysan des domaines ou des apanages, de 4 à 6.

Nous étudierons dans le prochain chapitre la façon dont la terre est répartie entre les paysans communistes. Mais il nous importe en ce moment même de signaler ce fait qu'en dehors de leurs propriétés individuelles et collectives les cultivateurs russes ont encore le moyen d'agrandir la superficie des terres qu'ils exploitent en prenant en fermage les biens de leurs ci-devant seigneurs. On connaît en Russie, à côté du bail à terme, prenant souvent la forme du colonat partiaire ou plutôt du champart, le bail héréditaire. Il est presque exclusivement répandu dans nos provinces de l'Ouest où on le nomme « chinsch », terme qui, évidemment, provient de la corruption du mot « censive », ou bail à cens. Les statistiques officielles estiment qu'au bas mot les paysans russes détiennent en fermage 11 millions de dessiatines dont la majeure partie est possédée par les nobles.

Une autre source de revenus agricoles pour nos laboureurs est celle que leur offre la grande étendue de terrains appartenant à la Couronne. On compte qu'elle n'est pas inférieure à 150 millions de dessiatines. Une partie infime de ces propriétés peut être mise en culture, le reste consiste en bois ou en marécages. Les propriétés de la Couronne sont surtout nombreuses dans le Nord et dans l'Est.

Ce n'est que dans le gouvernement de Samara qu'on trouve une quantité suffisante de terrains fertiles et qui peuvent être facilement aménagés. On en compte environ 1.130.000 dessiatines. Dans treize autres provinces du

Sud et du Sud-Est, on constate également la présence
de 100 à 200 mille dessiatines fertiles, dont le Trésor est
propriétaire, de sorte que le total des terres soumises
à l'administration des domaines dan   ites de la
Russie d'Europe ne dépasse pas, ainsi   établit fort
bien M. Janson, 4.133.000. Ces 4 millio.. se trouvent
de fait entre les mains des paysans; ils les détiennent
en bail perpétuel. On pourrait soumettre à la rigueur au
même régime les terres que l'insolvabilité croissante de
la noblesse promet de laisser bientôt entre les mains de
la banque nobiliaire. Des étrangers à qui on ne peut
guère reprocher un penchant trop prononcé pour les solutions socialistes déclarent hautement, à la suite de quelques économistes russes, que c'est même le seul moyen
d'en tirer parti, car en mettant aux enchères les biens
hypothéqués dont les propriétaires sont devenus insolvables, on risquerait de déprécier du coup toutes les
terres de l'Empire. Voici les conseils que nous donne
un fervent admirateur des idées de Bastiat et de ses
nombreux disciples, un membre de la société des économistes de Paris, le vicomte de Lestrade. « S'il nous
était permis d'avoir une opinion, déclare l'auteur de la
« Russie économique et sociale », conséquent a. ce la
doctrine que nous avons soutenu toujours et contre les
partisans d'une chimérique organisation du travail en
France, nous penserions que cette organisation est désirable en Russie, parce qu'elle y existe déjà » (l'affirmation
me paraît hasardée).» L'auteur arrive plus loin à expliquer
nettement ce qu'il entend par l'organisation du travail
dont la Russie pourrait faire prochainement l'expérience.
Il parle des propriétés engagées dans les banques foncières et qui probablement leur resteront, faute de payement du capital de la dette. Il voudrait voir ces propriétés nationalisées, c'est-à-dire, administrées par l'État et
placées par lui entre les mains de fermiers héréditaires,

choisis par le peuple des campagnes. » Dans cette nationali-
sation des 40 0/0 des terres qui en sont actuellement en dehors, dit M. de Lestrade, nous voyons l'augure d'une prospérité de la production agricole pareille à celle dont jouit
l'industrie » (1). Le conseil de M. de Lestrade est bon à
retenir, car il émane d'un adversaire et admet la nécessité d'une solution socialiste. Seulement nous nous per-
mettrons de douter que le chiffre des biens devant prochainement tomber à la disposition du gouvernement
soit effectivement de 40.000.000. M. de Lestrade oublie
que de ces 40 millions 24 sont composés de terres engagées dans les banques privées et dont les actionnaires
de ces banques voudront probablement devenir acquéreurs. De cette façon une bonne moitié des terres hypothéquées finira par enrichir la bourgeoisie. Mais même
réduite à des proportions plus modestes, l'expérience
qu'on nous recommande est bonne à tenter, car elle
augmenterait la somme de biens immobiliers dont la
possession, sinon la propriété, revient aux vrais cultivateurs du sol.

(1). p. 345.

CHAPITRE IV

§ 1. Qui n'a entendu parler du mir russe et des partages périodiques du sol entre co-villageois ? Grâce à son caractère communiste, cette institution nationale a attiré depuis bien longtemps la curiosité du public. On la citait et on la cite encore volontiers tantôt pour soutenir, tantôt pour combattre les théories socialistes. Notre système est réalisable, déclarent les partisans de la réforme agraire, vous pouvez vous en convaincre par le seul fait de l'existence du mir russe. — Etudiez-le de près, répondent leurs adversaires, pour savoir au juste à quoi veulent aboutir les prétendus bienfaiteurs de l'humanité. Voyez ces champs mal cultivés ; ces récoltes peu abondantes ; réfléchissez aux causes de la misère des paysans russes et des famines qui les déciment et vous finirez par reconnaître que la faute en est au mir, à ce régime collectiviste qui rend incertaine toute possession et empêche le cultivateur d'apporter à sa parcelle tous les soins qu'exige une agriculture rationnelle.

Un conservateur prussien, M. le baron de Haxthausen, qu'on considère à tort comme ayant révélé aux Russes eux-mêmes l'existence du mir, vu que les slavophiles l'avaient préconisé bien avant lui dans leurs écrits (1), voit surtout dans le mir un moyen de combattre la mobilisation du sol qu'occasionne la liberté des échanges et les partages à parts égales entre héritiers, introduits tous les deux par la Révolution française et le Code Napoléon.

M. Le Play qui, de tous les Français, a peut-être le mieux compris le vrai caractère de nos institutions sociales, rattache le mir à la famille-groupe, et constate son caractère éminemment patriarcal.

M. Anatole Leroy-Beaulieu le critique au point de vue des intérêts agricoles et de la liberté individuelle (2).

M. de Laveleye le préconise, au contraire, en déclarant que ce « régime empêche l'inégalité des conditions de devenir extrême et offre de grandes garanties de paix sociale. En maintenant le sol en la possession de la commune, il ne permet pas que quelques familles puissantes l'accaparent. D'autre part, l'allotissement périodique empêche, à son avis, un prolétariat de se former, puisqu'il assure à chacun une part inaliénable du fonds commun » (3).

Mais au milieu de toutes ces appréciations contradictoires, je ne trouve point de description exacte et détaillée du régime agricole de nos villageois. On se contente de dire que ce régime suppose des partages périodiques du sol, que ces partages se font à parts égales à des époques définies et variables selon les localités, que l'allotissement du sol a lieu tantôt par feux, tantôt par têtes, que les pâturages et les forêts restent en indivis, soumis à l'usage commun des co-villageois etc. etc.

Tout cela est plus ou moins vrai, mais ne constitue pas encore la particularité du mir. Afin de la saisir, il faut entrer, ainsi que l'ont fait nos statisticiens, dans le

(1) Chomiakov en parle déjà dans un mémoire écrit en 1848.
(2) L'empire des tzars et les Russes ; seconde édition, vol. I, p. 553.
(3) De la propriété et de ses formes primitives, 4 éd., 1891, p. 40.

détail des procédés, par lesquels nos paysans arrivent au partage égal, à la stricte correspondance des lots personnels tantôt aux charges des agriculteurs vis-à-vis de l'État (c'est le cas des villages où le revenu du paysan communiste est inférieur à ses impositions), tantôt aux besoins de chaque foyer, besoins qui varient selon le nombre de personnes qu'il contient (c'est le cas des villages à sol fertile et riches en revenus).

Pour que l'égalité devienne un fait, il s'agit de procurer à chacun non une part strictement équivalente à celle de son voisin, mais la possibilité de participer de pair avec eux aux bénéfices que procure la jouissance des terrains divers que possède la même commune. Il y en a de plus ou moins fertiles, de plus ou moins bien situés. Il faudra, par conséquent, reconnaître à chacun le droit à une parcelle égale dans les champs tant proches qu'éloignés, dans ceux qu'on considère comme exceptionnellement fertiles ainsi que dans les terrains de sable ou d'argile. Le nombre des champs dans lesquels chacun a droit à une part distincte dépend, par conséquent, non seulement de l'assolement triennal, mais aussi de la configuration topographique du pays et de la composition chimique du sol. Un champ de sable ou d'argile ne doit pas être confondu avec un champ de terre noire, un champ avoisinant les chaumières des cultivateurs exige une répartition indépendante de celle à laquelle on soumet un champ situé aux confins du territoire de la commune.

Autre raison qui explique le grand nombre de champs dont se compose la terre arable d'un même « mir » : la figure géométrique de tel ou tel terrain est irrégulière ; son partage en parcelles d'égale grandeur par conséquent présente des difficultés pour des gens peu instruits et forcés de faire eux-mêmes le métier d'arpenteurs. Ne sachant comment s'y prendre, ils divisent le champ en question en quelques quadrilatères d'inégale grandeur et procèdent ensuite à l'allotissement dans les limites de chacun de ces quadrilatères.

Un autre motif de l'éparpillement des parcelles dont se composent les lots d'un seul et même ménage est le grand nombre d'enclaves que les terres du manoir contenaient avant l'émancipation, le seigneur n'ayant cédé au serf que la jouissance de terrains dont il n'espérait point tirer profit lui-même. Or dans la majorité des cas, les serfs libérés ont gardé les terres qu'ils détenaient sous le régime de la main-morte. Ajoutez à toutes ces causes d'ordre général et qui se retrouvent plus ou moins partout, d'autres particulières, telles que les ondulations du sol, l'existence d'une forêt qui sépare un champ en deux ou plusieurs parcelles, et vous comprendrez sans peine la raison qui fait que la commune agraire russe procède au travail de l'allotissement à plusieurs reprises, autrement dit dans un plus ou moins grand nombre de champs divers. Ces champs, connus parmi les villageois sous les surnoms de « kon », de « ostolb », de « jarous », de « zveno », de « ondel » etc., correspondent à la « Gewanne » des communes rurales de l'Allemagne. Grâce à l'existence de l'assolement triennal, leur nombre ne peut jamais être inférieur à trois, mais souvent dans la même commune cinq, six et même huit champs sont occupés par les blés d'hiver et un nombre tantôt inférieur, tantôt supérieur est affecté à la culture des blés du printemps. Pour éviter la confusion entre les trois champs qu'exige l'assolement triennal et ceux qui servent à les composer, nous n'envisagerons désormais ces derniers que comme des subdivisions d'un même champ, sans pour cela perdre de vue que chacune de ces subdivisions forme un tout indépendant et que, lors du partage, on la soumet à un allotissement séparé !

Si je ne craignais d'embarrasser la mémoire de mes lecteurs d'un nouveau terme, je préférerais appeler ces subdivisions du mot russe « kon » ou de son équivalent allemand « Gewanne ». Ceci me permettrait de dire que le nombre des « kon » est indépendant du fait de l'existence de tel ou tel mode d'assolement, que chacun a régulièrement ses limites particulières, limites aisément reconnaissables, et que les parcelles provenant de son partage servent à l'allotissement des foyers d'un seul et même village.

Pour faire mieux comprendre les particularités de notre régime rural, je choisirai, comme exemples, quelques communes des gouvernements de Tver, de Iaroslav et de Moscou. L'une de ces communes se nomme Blasnow. L'assolement triennal y est de règle. 18 kons forment un des trois champs, 11 l'autre et 9 le troisième. Dans une autre commune, cette fois du gouvernement de Iaroslav, Koltowo, on ne trouve ni plus ni moins 50 kons disséminés dans les trois champs du village. Ce n'est là d'ailleurs qu'une exception. Le plus souvent, les champs des communes rurales russes ne sont composés que de 7 à 8 kons. Ceci a lieu notament dans tous les villages qui ne contiennent pas plus de trente foyers. Dans ceux dont la population est plus grande, le nombre de kons s'élève parfois à 12 par champ (1).

Maintenant que nous savons la différence qu'il y a entre le kon et le champ, nous allons nous demander comment nos paysans arrivent à établir une égalité de jouissance plus ou moins parfaite entre les familles et les individus d'un même village. Des 20 ou 30 kons dont se compose la terre arable d'un mir, tous ne sont pas de

____

(1) *Orlov*, Modes de posséder la terre dans le gouvernement de Moscou.

fertilité diverse. Plusieurs kons peuvent de même être situés à égale distance du chef-lieu d'une commune villageoise. Dans ces conditions, il serait inutile d'allotir à chacun sa parcelle dans chacun des kons du village. On s'abstient de ce travail fastidieux et on s'attache seulement à découper les parcelles d'un même lot de façon à assurer à chacun l'usage de terrains de fertilité diverse et tantôt proches, tantôt éloignés du chef-lieu de la commune.

Un autre moyen d'arriver au même résultat, c'est de grouper les individus d'un même village de manière à réduire le nombre de copartageants. Une commune de 70 habitants, par exemple, se prête fort bien à l'établissement de 7 groupes distincts composés chacun de dix individus et portant souvent le surnom de décène (desiatnia). Le chiffre 232, dont se compose la population d'une autre commune, se divise aisément par huit, aussi préfère-t-on y constituer 29 groupes de 8 personnes chacun (1), groupes surnommés huitaines (osmik). Le nombre de partageants étant réduit de la sorte, on procède à l'allotissement de tous les kons que possède une même commune. A cette fin, on taille chacun d'eux en long, non en large, à l'aide d'un bâton de bois appelé « shest ». Si le kon a la figure d'un quadrilatère irrégulier dont la base est plus haute que le sommet, on choisit pour la base une mesure plus grande que pour le sommet, de façon à ce que des deux côtés le nombre de parties soit égal. Puis on trace des sillons rectilignes entre leurs limites.

Souvent la forme du kon force à en détacher certaines parcelles, trop petites pour pouvoir constituer un lot entier. Leur aspect extérieur est celui de triangles à angles aigüs, ce qui les fait nommer « klinia » ou coins. On

(1) Keussler, 3e fascicule, page 19.

les donne le plus souvent aux pauvres de la commune, mais dans le cas où elles seraient nombreuses, on en compose un seul lot. Le travail des arpenteurs improvisés est beaucoup moins compliqué toutes les fois que la contenance de chaque kon a été mesurée au préalable en dessiatines ou hectares (100 dessiatines équivalent à 109 hectares). En ce cas, on se contente de déterminer le nombre de dessiatines qui reviennent à chaque groupe et de tailler les lots en conséquence.

Cette besogne, une fois terminée, il s'agit de faire la distribution des lots que contient un même kon entre les divers groupements qui existent dans la commune (les dizaines, les huitaines, etc.) On procède généralement de la façon suivante : On place dans un bonnet autant de petits morceaux de bois qu'il y a de partageants. Chaque morceau reçoit une forme distincte et correspond à un certain numéro. Un à un les représentants des divers groupes de partageants plongent leur main dans le chapeau. Ainsi on arrive à définir l'ordre dans lequel se fera la distribution des lots entre les divers groupes. On assigne les parts en procédant tantôt de gauche à droite, tantôt dans la direction contraire. La coutume exige dans certaines localités que ceux qui ont eu le premier lot dans un kon n'aient droit qu'au dernier dans un autre, toujours afin d'égaliser les conditions, car les terrains qui composent un seul et même kon ne sont pas toujours également fertiles.

Le partage entre groupes est suivi de celui entre individus. De nouveau on tire au sort et on apprend de la sorte qui aura droit à telle ou telle parcelle. Les personnes d'un même foyer reçoivent des parcelles voisines. Souvent on n'attribue aux mineurs que la moitié de la part qui revient à un adulte.

Le nombre de tous les ayants droit est défini de façons diverses. Dans les régions peu fertiles où chacun cherche à diminuer sa part de charges publiques même aux dépens de l'étendue de son lot, la commune se préoccupe avant tout et surtout d'assurer par ses allotissements le prélèvement de l'impôt. On répartit la somme des contributions en même temps que les communaux entre tous ceux dont le nom est inscrit sur les rôles du dernier recensement de la population. La mort aura beau emporter certaines personnes, les familles dont elles faisaient partie continueront à détenir leurs parcelles et à payer leurs cotisations.

Le paysan est plus intéressé au maintien d'une correspondance exacte entre le nombre des parcelles et celui des consommateurs (on dit en Russie : celui des bouches) lorsqu'il s'agit de l'allotissement d'un terrain fertile et dont le rendement dépasse les charges publiques. Aussi dans les régions de la terre noire a-t-on toujours préféré ne compter en cas de partage que les vivants (1). On accorde régulièrement aux familles un nombre de parcelles égal à celui de leurs membres adultes. D'ailleurs en ce qui concerne le mode des partages on peut constater partout une évolution lente mais ininterrompue et qui s'explique par les changements qui se sont produits dans le prix des terres ainsi que dans notre système de contributions directes.

Pour en comprendre la portée, il faut avant tout que je vous fasse connaître le rôle que joue la commune dans la distribution des charges qui pèsent sur nos classes rurales, et la nature même de ces charges. Le montant des impositions directes est arrêté pour chaque commune par la Chambre du Trésor, qu'on trouve établie dans les chefs-lieux de nos provinces (on dit : gouvernements), mais la répartition des charges entre les membres du mir appartient aux assemblées communales. Les allotissements

(1) V. La commune rurale, p. 235.

faits par ces assemblées servent régulièrement d'assiette aux contributions directes. Quant à ces dernières, elles sont de nature diverse. Les unes ont pour origine le rachat des services personnels et des payements en nature, jadis faits par le serf au profit du seigneur. L'État n'a fait qu'avancer la somme nécessaire au rachat et exige son remboursement par annuités. A côté de ces payements se plaçait encore naguère la taille personnelle ou capitation. Elle fut abolie sous le ministère de M. Bounge.

En dehors des impôts publics, il faut encore mentionner ceux qui servent à payer les frais de l'administration provinciale, espèce de centimes additionnels dont l'imposition se fait par les conseils généraux ; enfin les prélèvements faits pour subvenir aux dépenses de la commune et de ses autorités électives. Ces centimes additionnels et ces prélèvements locaux varient beaucoup de région à région, ce qui occasionne une grande disproportion dans les charges de nos villageois. On a fait en 1891 ce calcul, que la dessiatine, ou hectare de terre, possédée par les paysans communistes, payait au total dans les provinces occidentales à peine quinze kopecks, dans le nord et le nord-ouest trente-sept kopecks, tandis que dans la zone de la terre noire, ainsi que dans la région manufacturière, elle payait 57, 58 et 59 kopecks.

Comme la somme du rachat a été fixée non en proportion du rendement de la terre occupée par le serf, mais en proportion des services personnels et réels de ce dernier, il s'ensuit que le total des payements faits par les membres du mir a depuis longtemps dépassé le montant des revenus qu'ils ont retirés de leurs lots. Ajoutez au rachat les autres contributions payées par le paysan russe, et vous saisirez aisément la raison pour laquelle pendant les 25 premières années qui suivirent l'émancipation des serfs les charges du paysan russe dépassèrent plusieurs fois les profits que lui assurait la possession de son lot. Ce n'est que par son labeur, son travail agricole et l'exercice d'une petite industrie, exercice auquel il se livrait surtout pendant les longues veillées d'hiver, en compagnie de sa femme et de ses enfants, que le villageois russe fut à même d'entretenir sa famille. N'en était-il pas de même en France à la veille de 89, alors que les cahiers des paroisses de la Picardie par exemple contenaient des déclarations comme la suivante : Les habitants de Naours peuvent prouver qu'ils paient 20.300 livres, quoique le revenu de leurs terres ne soit que d'environ 14.000. Ils n'ont que leur industrie « pour se nourrir, se chauffer et s'entretenir, eux, leurs femmes et leurs enfants. Il ne faut pas, ajoutent-ils, chercher plus loin la source de la misère affreuse qui désole les campagnes » (1).

Aussi longtemps que le lot du paysan russe resta surchargé de payements dépassant le revenu qu'on pouvait en tirer, l'intérêt de chacun des membres du mir consista non à agrandir, mais à diminuer sa participation aux champs communs. A chaque nouvelle répartition du sol il n'était question que de rendre moins inégales les charges, que d'établir une parfaite correspondance entre les lots des co-partageants. C'est là ce qui détermina la majorité des communes à n'accorder ces lots qu'aux personnes dont le nom était inscrit dans les registres de la capitation (podoushnaïa podat). Or, ces registres avaient pour base le recensement de la population qui avait été fait en 1858. La capitation n'était payée que par les hommes arrivés à l'âge de la majorité, non par les femmes ou les mineurs. Aussi élimina-t-on ces deux dernières catégories de personnes de toute participation aux jouissances communes. — Parmi les

(1) Documents pour servir à l'histoire de la Révolution dans la Somme, V. I, p. 190 *Cahier de la paroisse de Naours.*

paysans autres que ceux des domaines les charges avaient été réparties avant l'émancipation, non par tête, mais par feu. Le seigneur foncier, responsable devant le Trésor pour la rentrée des impositions directes payées par ses serfs, avait choisi ce mode de répartition, comme étant plus pratique, plus facilement réalisable.

Après leur émancipation, en 1861, les serfs des manoirs changèrent de système. Leurs lots étant moins grands que ceux des paysans des domaines et leurs charges dépassant le rendement de la terre, force leur fut de suivre dans la répartition du sol communal l'exemple des villageois établis sur les terres du Trésor. On n'accorda, par conséquent, de lots qu'aux personnes inscrites sur les rôles de la capitation.

Depuis que cet impôt personnel a été aboli et que les prélèvements faits pour le rachat des droits réels des ci-devant serfs ont été diminués, la dernière fois notamment à l'occasion des fêtes du couronnement, les avantages qu'assure au paysan la jouissance du sol de la commune finirent par dépasser les charges attachées à la possession de son lot. Ceci à la longue a déterminé de la part des communes rurales un changement complet d'attitude vis-à-vis des nouvelles répartitions du sol communal ; on voulut désormais en faire bénéficier non seulement les personnes inscrites au rôle de la taille, mais encore tous les travailleurs adultes, et parmi eux les femmes. On arriva de la sorte et en définitive à mettre l'allotissement des parcelles en correspondance non avec le nombre des producteurs, mais avec celui des consommateurs, les « iedoqui » ou bouches, d'après l'expression en usage parmi le peuple de nos campagnes.

D'ailleurs on a constaté récemment dans certaines régions un mouvement de recul et qui s'explique par des causes d'ordre général. Le partage par têtes est plutôt dans l'intérêt des jeunes générations que dans celui des chefs de famille. Aussi ces derniers, voulant préserver leur autorité, se sont ils prononcés plus d'une fois en faveur d'un retour à la répartition par « âmes », autrement dit à une répartition ayant pour base le nombre des personnes inscrites au rôle du recensement de 1858 et qui, toutes, bien entendu, sont devenues à l'heure qu'il est chefs de famille.

Quant à la participation des femmes au partage, elle est à l'ordre du jour dans la majorité de nos provinces méridionales, comme aussi en Petite Russie, où la famille-groupe a presque généralement cessé d'exister et. où la femme, pour cette raison, commence à exercer une influence beaucoup plus grande. Dans le reste des provinces, il n'est régulièrement question que d'accorder certaines parcelles à la veuve dans le cas où elle serait mère d'un fils mineur et à condition bien entendu qu'elle refuse de convoler à de nouvelles noces (1).

L'égalité, tantôt de charges, tantôt de jouissances, que les partages périodiques tiennent à assurer, ne peut se maintenir qu'à condition que les lots individuels soient agrandis ou diminués selon les changements qui interviennent dans le nombre des personnes qui composent les divers foyers.

En dehors de l'influence qu'exercent sur ce nombre les naissances et les décès, il peut être directement diminué par l'émigration d'un plus ou moins grand nombre de personnes qui, se sentant à l'étroit, cherchent à s'établir au dehors.

Ces « rôdeurs » (shatouni), surnom d'opprobre que leur appliquent les voisins, déterminent par leur départ une augmentation considérable de charges pour ceux qui restent. Le nombre de rôdeurs devenant considérable, on sent la nécessité de réajuster les lots des familles.

(1 Postnikov. *Obschinnoie zemlevladenie*, Deuxième livraison..

d'un même mir, en diminuant ici et en augmentant là le nombre des parcelles qui les composent. C'est ce que les paysans russes entendent par « valka » et « navalka » ; c'est là ce qui occasionne dans leur milieu le réajustement partiel de la répartition existante. De pareils procédés deviennent insuffisants à la longue, c'est-à-dire alors que des mineurs arrivent à l'âge de la majorité et que les naissances et les décès déplacent les forces numériques des familles.

Une nouvelle distribution des lots s'impose et on y procède en faisant table rase du passé. Les anciennes limites des champs ou kons sont les seules qu'on ne fasse point disparaître à cette occasion. Un nouvel allotissement des parcelles, suivi de leur tirage au sort, permet de rétablir l'égalité. Elle exige quelques sacrifices de la part de ceux qui ont engagé des capitaux dans l'aménagement de leurs parcelles et sont forcés maintenant de les céder à autrui dans plus d'une commune ; l'usage s'est établi d'ailleurs de les dédommager, tantôt en argent, tantôt d'une façon indirecte, en leur accordant une étendue de terrain un peu plus grande que celle qui leur reviendrait par le fait d'un partage strictement égal.

Les deux modes de répartition, celui qui consiste dans le réajustement partiel des lots, et celui qui se fait par une distribution nouvelle du sol entre tous les foyers, poursuivent, ainsi qu'on vient de le voir, un but identique. celui d'établir l'égalité de jouissances. Il est par conséquent tout aussi insensé de prohiber les réajustements partiels que de remettre à longue échéance et à un terme défini d'avance par la loi la répartition systématique du sol entre les habitants d'un même village ; à moins, bien entendu, qu'on ne tienne à passer en définitive au régime de la propriété individuelle et à faire le sacrifice de l'égalité. Il va de soi que les réajustements partiels seront plus urgents là où le nombre de lots vacants se sera considérablement accru grâce aux émigrations. Il est également évident que les partages périodiques deviendront plus ou moins nécessaires suivant le nombre de personnes n'ayant aucune part aux champs communs. L'expérience confirme ces déductions, en nous faisant connaître que les réajustements se produisent surtout dans les districts où, comme dans ceux de Samara, Stavropol, Bousoulouk, le nombre de personnes ayant abandonné la commune s'élève à un chiffre considérable, représenté par exemple 9, 11 et même 19 0/0 de tous les habitants du village. Cette même expérience nous apprend que dans la Grande Russie, où le rendement du sol est encore bien souvent inférieur à ses charges, on sent quelquefois la nécessité d'une nouvelle répartition générale, tandis que dans le pays de la terre noire, ces répartitions deviennent de plus en plus rares.

§ 2. Essayons maintenant de tirer quelques conclusions des faits que nous venons d'analyser. Un préjugé fort répandu consiste à croire que le régime communiste qui nous est propre assujettit à tout jamais l'agriculture à l'assolement triennal. Ce préjugé provient de ce qu'on se figure le territoire de la commune divisé nécessairement en trois champs, dont l'un reste en friche. Or il n'en est rien, le nombre de kons étant assez grand pour permettre que certaines parties du sol communal soient affectées à la culture de la betterave, de la pomme de terre, du chanvre et du lin, sans parler des prairies artificielles. Le système du mir ne peut, par conséquent, être considéré comme un empêchement sérieux aux progrès de l'agriculture. Il est vrai que ce régime est moins favorable à l'initiative privée que celui de la petite propriété, car, ainsi que nous le verrons dans la suite, cha-

______

(1) *V. V. La commune villageoise* p. 301.

que ménage est réduit à suivre le mode d'assolement
qui lui est imposé par l'usage de la commune. Mais rien
n'empêche que cette dernière n'adopte dans l'aménagement des champs tels ou tels changements dont l'uti-
lité lui aura été démontrée par la pratique. C'est ainsi
que dans ces vingt dernières années, on a vu marcher de
pair avec l'accroissement du nombre des habitants le
fumage des terres, et que cette pratique s'est étendue
des terres seigneuriales à celles des ci-devant serfs. Les
prairies artificielles se rencontrent également dans les
domaines privés et sur l'étendue des terres possédées
par le mir. M. Gourvitch, un jeune économiste trop tôt
emporté par la mort, a le premier attiré l'attention du
public sur ce fait dont l'importance ne peut être exa-
gérée. Il a signalé l'entrain avec lequel les paysans du
gouvernement de Tver, province dont le sol est pauvre
et les récoltes peu abondantes, se livrent à la culture du
trèfle et de la luzerne. On peut en dire autant des communes rurales qui avoisinent Moscou. Mais ce sont les
bords de la Souchona qui, au dire de M. Terner, ont été
le berceau des prairies artificielles. De là elles se sont
répandues dans toutes les directions au fur et à mesure
que la construction de nouveaux chemins de fer d'intérêt local a permis le transport du foin dans les grands
centres de population. Dans plus d'une commune cette
évolution a été suivie de l'abandon de l'assolement triennal, le quatrième champ servant à semer le sainfoin, le
trèfle, la luzerne, etc. Tel est le cas d'un grand nombre
de villages situés dans le gouvernement de Iaroslav. Si
dans quelques autres provinces, l'introduction des prairies artificielles n'a pas amené jusqu'ici l'abandon de
l'assolement triennal, c'est qu'on a su les tailler dans les
terres vaines et vagues qui jusque-là n'avaient servi
qu'au parcours du bétail. Dans le gouvernement de
Smolensk 30 0/0 des communes villageoises du district

de Kaschin ont introduit chez elles des prairies artificielles. Les mêmes progrès se constatent dans les gouvernements d'Archangel, de Novgorod, de Toula, dans les
provinces lithuaniennes, dans celles de Kiev, de la Volhynie et de Poltava (1).

Les paysans communistes soumettent les prairies,
tant naturelles qu'artificielles, aux mêmes répartitions
périodiques que celles dont les champs de labour nous
présentent le spectacle, avec cette différence pourtant
que l'allotissement des prairies se fait tous les ans. La
cause en est que les paysans tiennent à partager également les avantages qu'assurent à telle ou telle prairie les
pluies abondantes, souvent même les inondations prin-
tanières. Chacun veut avoir sa part dans les bénéfices
qui en proviennent. Aussi la coutume exige-t-elle que
l'allotissement n'ait lieu, en ce qui les concerne, que quelques jours avant la fauchaison. On fait séparément le partage de chacun des prés qui appartiennent à la commune.
L'esprit d'égalité pousse parfois à ne soumettre à ce partage que le foin déjà récolté, la fauchaison se faisant en
ce cas en commun. Souvent aussi on attribue successi-
vement les diverses parcelles d'un même pré aux divers
groupes dont se compose le personnel des usagers de
la commune. Cela fait que dans l'espace de cinq ou de
dix ans toutes les dizaines ou huitaines d'un même mir
auront également joui de la prairie tout entière. Mais
dans le cas où cette dernière exigerait de ceux qui en ti-
rent profit des soins assidus, tels que dessèchements ou
défrichements, son partage se fait pour toute une série
d'années (2).

Passons maintenant à l'examen de quelques autres reproches qu'on adresse au mir. Le plus sérieux consiste

(1) *Terner* : L'état et le régime des terres, 1 vol., p. 189 et suiv.
(2) *Karelin*, p. 43 et suiv.

à dire que c'est à lui que nous sommes redevables du grand nombre d'enclaves dont les champs du village présentent le spectacle. Tous ayant également droit à une parcelle dans les divers champs d'une même commune, on arrive à un émiettement du sol qui rend difficiles, sinon impossibles, les labours et les récoltes et endommage sérieusement les intérêts de ceux dont les lots sont voisins des limites de ces champs ou kons, car c'est à travers ces lots que doivent nécessairement passer les charrues de tous les copartageants.

Je ne voudrais point atténuer l'importance de ces critiques. Les inconvénients qu'on signale sont ceux-là mêmes qui, au moyen âge, ont forcé les communes rurales de l'Angleterre à cultiver leurs champs en commun. On attachait à la même charrue à huit bœufs le bétail des divers foyers, on les faisait sortir le même jour et labourer indistinctement toutes les parcelles ou « seliones » d'un même champ ou « furlong ». On avait recours au même procédé communiste pour la récolte et la rentrée des blés. Aussi les « precariæ hivernales » ou travaux communs faits en hiver étaient-elles régulièrement suivies de celles du printemps et de l'automne. On en parlait comme de charges entreprises « par amour » (lovebones), c'est-à-dire par pur sentiment de solidarité, comme de services rendus réciproquement et qui ne donnaient à personne d'autre droit que celui de s'asseoir à la table commune dressée chaque fois par le seigneur du manoir.

Ces travaux agricoles faits en commun ne sont pas inconnus en Russie. Ils avaient régulièrement lieu avant l'abolition du servage et il en reste encore de nos jours des survivances multiples. Signalons avant tout la coutume de la « soupriagna » ; elle consiste à n'établir aucune différence entre sa propre charrue et celle du voisin, à atteler son bétail indistinctement à toutes et de

faire les labourages en commun et les mêmes jours, afin
de ne point endommager les parcelles des voisins par
ses bœufs ou ses chevaux.

A côté des labourages communs, il faut placer les « ob-
schinia pomochi » ou services réciproques que les mois-
sonneurs et les faucheurs s'accordent les jours de récolte.
Celui qui a terminé la moisson sur sa propre parcelle
passe à celle du voisin retardataire ; il lui prête aide et
secours, car il s'agit non seulement de faire rentrer au
plus tôt les blés et les foins, mais encore de ne point endommager les champs communs.

Les admirateurs fanatiques de notre régime rural s'arrêtent volontiers à la démonstration de ce fait que les
enclaves et l'émiettement du sol se rencontrent tant
sous le régime de la communauté que sous celui
de petite propriété. En effet, le partage des successions amène nécessairement ce résultat, ni plus ni
moins que le parcellement du sol communal. On aurait
même raison de dire que les enclaves sous le régime de
la propriété privée sont plus funestes à l'agriculture, car
elles sont régulièrement environnées de haies ou de fossés
qui barrent le passage et forcent l'agriculteur à faire de
longs détours, ce qui détermine de sa part une perte de
temps considérable.

Je préfère à ce mode de défense de notre commune
agricole celui qui consiste à reconnaître le mal qu'on
signale, tout en déclarant qu'il peut être amoindri par les
moyens que la commune elle-même met à notre disposition. Ces moyens sont depuis longtemps appliqués dans
ce qu'on appelle les « mirs-artels » ou communes rurales
exerçant l'agriculture en commun. Mais même en dehors
de ces communes dont le nombre a singulièrement diminué depuis peu, on arrive à mitiger les inconvénients
que présente le trop grand nombre d'enclaves par le seul
fait d'exécuter les principaux travaux agricoles en même

temps, à des époques fixes et réglées par l'usage. C'est là ce que les Allemands appellent « Flurzwang » et ce qui aux yeux des détracteurs du mir passe également pour en être un des inconvénients les plus manifestes. Car le Flurzwang élimine toute initiative individuelle et empêche d'introduire dans l'agriculture les perfectionnements nécessaires, tels par exemple qu'une triple ou quadruple fauchaison des prés, cette dernière n'étant possible qu'à condition de modifier la distribution des travaux agricoles quant au temps. Rien ne prouve néanmoins que le mir soit incapable d'une pareille réforme. Il a bien su s'adapter aux exigences de l'assolement triennal qui, certes, a été précédé chez nous, comme partout ailleurs, par l'assolement biennal. Pourquoi ne pourrait-il pas dans sa prochaine évolution faire preuve de la même souplesse, de la même capacité de se plier aux exigences d'une agriculture plus perfectionnée ? Les changements seront lents à venir, mais on évitera du moins les mécomptes qui proviennent d'essais faits à la légère, essais qui ont occasionné déjà la ruine de plus d'un propriétaire individuel.

Le mir, en somme, n'exclut pas la possibilité d'améliorations dans le domaine de l'agriculture, une fois que leur nécessité a été reconnue par la grande majorité de ceux qui le composent. Le fait que les terres, à la rentrée des blés et des foins, sont ouvertes au parcours n'implique pas nécessairement que les travaux agricoles sur toute l'étendue de la commune doivent être terminés en même temps. En Suisse, où la vaine pâture existe encore de nos jours, plus d'un champ commun, ou allmend, lui est entièrement soustrait, et d'autres ne sont soumis au droit de parcours que fort tard en automne, afin de rendre possibles les fauchages multiples d'un seul et même pré.

A côté des inconvénients inhérents à la nature du mir

et qui, comme nous l'avons fait voir, ne sont pas insurmontables et peuvent en tous cas être amoindris, il y en a d'autres dont il faut chercher l'origine dans l'ensemble des circonstances, au milieu desquelles vit et se développe le système que nous analysons.

Il faut placer parmi eux la perte de temps qu'occasionne le travail de l'allotissement ainsi qu'il se pratique de nos jours. On ne doit, à mon avis, attribuer cette perte de temps qu'au manque d'arpenteurs et au peu d'instruction que possède la majorité de nos paysans. Si les villageois partagent leurs champs en plusieurs kons, c'est souvent parce qu'ils ne sauraient autrement répartir en lots d'égale grandeur une superficie de terrain de forme irrégulière. Certes, ce fait présente des désavantages sérieux, entre autres celui-ci : Tout kon est entouré d'une bande de terrain qui est entièrement perdue pour l'agriculture. On ne peut pourtant la supprimer, car ce n'est que grâce à elle que le paysan trouve un libre accès à ses parcelles. D'autre part, il va sans dire que la façon rudimentaire dont se fait le partage ne garantit que faiblement cette égalité de jouissance si chère au paysan communiste. M. Keuszler qui est peut-être celui de nos économistes qui a le plus approfondi les diverses questions que suscite l'étude de notre régime rural, ne cite que quelques exemples de villages qui ont su arriver à une répartition équitable du sol sans recourir à l'établissement préalable d'un plus ou moins grand nombre de kons divisés en parcelles d'égale grandeur. On y pratique le système des compensations proportionnelles ; on diminue ou on augmente les lots à l'inverse de leur rendement et des avantages que présente leur situation (1). Je suis d'ailleurs loin de croire, comme le font quelques détracteurs du mir,

____

(1) Keuszler : fascicule 3, pp. 25 — 27.

que l'arbitraire seul préside aux répartitions du sol communal. Il me paraît au contraire démontré qu'en faisant leurs allotissements tantôt par têtes de contribuables, tantôt par bouches, les paysans russes n'agissent point à la légère, mais poursuivent un but déterminé. Dans le cas où le rendement de la terre ne couvre pas le montant de ses charges, l'intérêt de l'égalité exige une répartition proportionnelle au nombre des personnes sujettes à l'impôt ; ces personnes étant majeures et, par conséquent, dans la pleine possession de leurs forces physiques, la répartition par têtes de contribuables correspond plus ou moins à celle qui se ferait parmi les producteurs. Il en est autrement quand le rendement de la terre est supérieur à ses charges. Aussi préfère-t-on en ce cas ne tenir compte que du nombre des consommateurs ; on proportionne les lots des familles à leurs forces numériques (1) en comptant de pair avec les travailleurs effectifs, les mineurs et les femmes.

En dernier lieu nous croyons devoir insister sur ce fait que le maintien de l'égalité exige le réajustement partiel des lots ni plus ni moins que leur répartition périodique. Cette dernière devrait se faire à des intervalles plus ou moins longs, intervalles sur lesquels les paysans seuls sont à même de se prononcer, car tout dépend en ce cas de circonstances locales et tout particulièrement du nombre de naissances et de décès survenus depuis le dernier partage.

L'analyse de la pratique courante nous permet également de reconnaître qu'en dehors de toute aliénation durable, le paysan communiste peut se départir de son

______

(1) Ce fait a été on ne peut mieux établi par le statisticien Orlow (Consulter son étude sur les Modes de posséder la terre dans le gouvernement de Moscou).

lot en le donnant en louage à un co-villageois, ainsi qu'à un étranger. Par conséquent l'inégalité des fortunes finit à la longue par s'établir même au sein du mir : le contribuable retardataire se fait prêter la somme qui lui manque et assure le payement de sa dette en cédant au créancier la jouissance de son lot. L'insouciance ainsi que la mauvaise réussite le rendant de plus en plus insolvable, il finit un jour par ne plus être propriétaire que de nom, son lot ayant passé de fait en d'autres mains. Ajoutez à cela qu'en dehors des paysans ayant droit à l'allotissement, il s'en trouve d'autres qui ne sont admis qu'au domicile. Ce sont, la plupart du temps, les descendants d'esclaves personnels connus d'abord sous le nom de « cholopi » et plus tard sous celui de « dvorovii liudi ». Attachés jadis à la personne du maître comme les serfs ruraux l'étaient à la terre du manoir, ces anciens esclaves n'eurent point à racheter leurs parcelles. On leur accorda gratuitement la liberté de leur personne. On leur permit aussi de s'établir à demeure fixe dans le village de leur choix ; ensemble avec les paysans communistes dépossédés, ils forment à l'heure qu'il est un contingent de plus en plus nombreux de personnes n'ayant d'autres ressources que le travail de leurs bras. Ce sont là les germes de ce prolétariat agraire dont le mir, au dire de ses panégyristes, devait nous libérer à tout jamais. Plus le nombre d'habitants augmente, et nulle part cet accroissement, ainsi que l'a fort bien relevé M. de Laveleye, n'est plus considérable qu'en Russie, grâce à notre système agraire lui-même (1), plus on voit de per-

---

(1) « Ce qui dans l'organisation du mir doit surtout alarmer l'économiste, écrit M. de Laveleye, c'est que, contrairement aux prescriptions de Malthus, elle enlève tout obstacle à l'accroissement de la population et offre même une prime à la multiplication des enfants. En effet, chaque tête de plus donne droit, dans le partage, à une part nouvelle » (4ᵉ éd., p. 31). Dans un pays où la population n'a pas atteint

sonnes exclues de fait, sinon de droit, de toute participation aux avantages de la possession commune. Le prolétariat agraire augmente de jour en jour et son développement ne peut plus être enrayé qu'à condition de permettre à la commune de déverser le trop plein de sa population dans la ville ou encore dans les émigrations en masse vers les régions presque vierges de la Sibérie. Les progrès de notre industrie manufacturière dépendent beaucoup de cet exode. Les bras dont l'agriculture russe n'a que faire trouvent un emploi lucratif dans les usines et les fabriques. N'en fut-il pas de même en Angleterre à l'époque où le système des champs ouverts et des tenures héréditaires fut remplacé par celui des fermages à terme et où l'ancien serf fut réduit à la nécessité d'émigrer dans les villes ? La ville exerce déjà sur nos prolétaires ruraux ses facultés d'attraction, et c'est là une des raisons de l'accroissement considérable que la population urbaine a prise dans ces dernières années et que constate on ne peut mieux le nouveau recensement de notre population. Un autre signe qui indique que le paysan russe commence à se sentir à l'étroit au sein de la commune rurale est l'élan pris par l'émigration intérieure. Elle s'élevait l'année dernière à 300.000 hommes, c'est-à-dire au double des années précédentes. D'après les calculs officiels faits en 1894, 2 millions d'habitants forment déjà l'excédent de notre population rurale, c'est-à-dire que le travail agricole serait assuré sans leur concours. Ce chiffre se partage d'une façon inégale entre les provinces du nord et

jusqu'ici même la limite de densité compatible avec le système triennal et où l'hygiène publique laisse à désirer, le trait signalé par M. de Laveleye n'est point un désavantage ; bien au contraire, c'est une qualité précieuse et qui, à elle seule, pourrait assurer au mir un grand nombre d'adhérents. Malheureusement la multiplication rapide des habitants finit à la longue par miner les bases mêmes de ce régime communiste des terres.

celles du midi ou plutôt entre celles qui produisent à peine assez de blé pour subvenir à leurs besoins et celles qui en exportent. Il est plus considérable dans ces dernières, car il n'y reste presque plus de terres vierges et bonnes à cultiver (65 à 70 0/0 de la superficie générale ont passé à la charrue et 600.000 paysans sont déjà réduits à des allotissements de 1 à 3 hectares par tête (1).

Une autre cause qui détermine l'accroissement prodigieux du prolétariat agraire est la responsabilité mutuelle en matière d'impositions. La commune fait, comme nous l'avons vu, la répartition des charges. C'est elle aussi qui doit pourvoir à leur prélèvement. Aucun recours n'est admis contre les décisions qu'elle prend à cet égard : c'est là ce qui occasionne toutes les inégalités dans le payement des contributions, toutes les surcharges dont les plus pauvres ont à pâtir, comme aussi toutes les faveurs accordées aux riches, faveurs intéressées, achetées à bons derniers comptants ou au prix de pots-de-vin offerts aux autorités électives. Bien triste est le sort des collecteurs de l'impôt, charge souvent remplie par les anciens ou « starosta », espèce de maires ruraux. Dans quelques communes on rend les collecteurs responsables des retards apportés au payement de l'impôt et, s'ils sont solvables, on les force à verser eux-mêmes ce qui manque (2).

La loi poursuit les retardataires de diverses façons. Elle autorise la vente de leurs biens mobiliers et ne fait d'exception que pour les objets nécessaires au ménage domestique et à la culture des champs. C'est le « salvum contenementum » de la Grande Charte d'Angleterre et la

(1) Chiffres recueillis en 1877-78. Voyez le *Recueil des données statistiques*, publié par ordre du Conseil des ministres en 1894.

(2) Brjetzky. *Les retards apportés au payement de l'impôt et la responsabilité mutuelle des membres de la commune.* Pétersbourg, 1897, p. 186.

reproduction des mêmes mesures que celles que les
ordonnances royales sous l'ancien régime, avaient prises
en France dans l'intérêt de l'agriculture. Mais la pratique
a apporté à cette loi bénévole une interprétation fâcheuse. On admet la possibilité d'établir des différences
entre le bétail dont l'agriculture ne saurait être privée
et celui qu'on considère comme dépassant ses besoins.

L'arbitraire trouve ainsi la porte grande ouverte ; la
ruine du paysan communiste provient souvent d'une
vente forcée de son mobilier, vente toujours précipitée
et par conséquent se faisant à vil prix. Les seuls qui
en profitent sont les enrichis; c'est eux qui se rendent
acquéreurs de cette marchandise dépréciée d'avance.

Comme les enrichis ont des attaches nombreuses
avec les autorités et les membres influents des assemblées communales, c'est généralement par les plus pauvres qu'on commence la tâche difficile du prélèvement
des arrérages. On laisse en paix les membres les plus
aisés de la commune jusqu'au jour où, la police inter-
venant, l'ancien du village « est mis aux arrêts » comme
coupable de n'avoir point apporté le zèle nécessaire à la
rentrée des contributions.

La vente forcée n'est pas le seul moyen d'activer la
rentrée des contributions. Il y en a d'autres, très en
vogue et qui consistent à battre de verges le paysan retardataire, à le mettre aux arrêts ou à lui enlever son lot au
profit d'un voisin plus fortuné. C'est ce dernier moyen
qui occasionne surtout la croissance rapide du prolétariat agraire. Souvent le paysan insolvable prévient la
confiscation en affermant son lot à quelque voisin plus
riche que lui. Rien que dans l'espace d'une année,
12.280 paysans du gouvernement de Riasan ont passé
de la sorte au rang de déclassés et de prolétaires (1).
Mentionnons encore un autre mode de couvrir le déficit.

(1) *Ibid.*, p. 242.

occasionné par les arriérés. Le mir est autorisé à forcer le retardataire à prendre du travail chez un propriétaire foncier ou dans une usine du voisinage et prélève à sa place le salaire qui lui est dû. On est en droit de se demander à quoi sert au paysan cette liberté personnelle si hautement proclamée par la loi émancipatrice de 1861, alors que l'ancien du village peut encore de nos jours le soumettre au travail forcé.

La responsabilité mutuelle en matière d'impositions et les mesures admises pour la rendre efficace constituent à mes yeux le côté le plus fâcheux de notre self-governement villageois et c'est par lui qu'on devrait commencer la réforme de tout notre régime rural.

C'est à cette responsabilité mutuelle que revient en grande partie le triste honneur d'établir l'inégalité de fortune au sein même de nos campagnes, car les lots confisqués, ou sur le point de l'être, passent généralement aux enrichis ou « mangeurs du mir » — sobriquet mérité qu'on leur donne. Dans les communes tartares du gouvernement de Simbirsk, 200 lots s'accumulent souvent de la sorte dans les mains du « Koulak » — autre sobriquet indiquant une personne qui sait garder l'argent dans le creux de sa main (1). La rentrée des impôts ne devient point, pour cela, plus régulière : la moitié des retardataires se recrute souvent parmi les enrichis ; les autorités communales témoignent à leur égard une coupable faiblesse (2) ; pour se procurer leur concours, les puissants ont fait plus d'une fois voter par les assemblées du mir des rémunérations à ceux des collecteurs qui s'étaient abstenus de toute mesure coercitive vis-à-vis des enrichis. Les starostas ou anciens du village sont eux-mêmes souvent élus parmi les retardataires ; d'au-

(1) *Ibid.*, 243
(2) *Ibid.*, 255.

tres attendent avec impatience le moment où le gouvernement leur enlèvera leur charge à la suite d'une accumulation excessive des arriérés.

On est tenté de faire des rapprochements entre la façon de prélever les contributions directes en Russie et celle qui, au siècle dernier, existait en France et nous a été révélée d'une façon magistrale par Alexis de Tocqueville. La même incurie de la part des autorités et de la part des administrés, le même désir de se soustraire aux fonctions électives vu la responsabilité mutuelle qui y est attachée; dans la distribution des charges la même tendance à épargner les riches et à opprimer les pauvres. On pourrait appliquer aux paysans russes les paroles mémorables de Vauban, l'auteur de la Dime rurale : « de laboureur à laboureur le plus fort accable le plus faible » (1).

Je suis en définitive d'avis que le dégrèvement de nos classes rurales et l'abolition de la responsabilité mutuelle en matière de contributions sont les plus sûrs moyens d'arrêter la dissolution du mir. Mais pour faire ces réformes, il faudrait avant tout trouver aux contributions une autre assiette. Le gouvernement recule devant l'introduction de l'impôt sur le revenu, car cette réforme ne pourrait se faire qu'à condition de reconnaître aux imposés de toute classe le droit de contrôler la façon dont leurs deniers sont dépensés par le trésor. Aussi se voit-on forcé de maintenir un système de charges publiques fait pour un autre âge. Malgré la ruine progressive de nos campagnes, le trésor enregistre tous les ans des arriérés ; leur total dépasse dans mainte province le rendement de l'impôt direct non d'une année, mais de quatre ou cinq années qui se suivent.

L'existence côte à côte de deux modes de possession

______

(1) Voyez mes *Origines de la Démocratie moderne,* 1er vol., p. 198.

aussi radicalement opposés l'un à l'autre que l'est la propriété privée et celle exercée par le mir a dû nécessairement avoir pour suite une pénétration réciproque, pénétration qui tantôt faisait rentrer les petits domaines villageois dans le sein de la communauté agraire, tantôt forçait cette dernière à interrompre la pratique des partages périodiques en admettant la libre aliénation du sol par ses détenteurs. Les deux phénomènes se produisent simultanément et sont en grande partie la cause pour laquelle l'opinion de mes compatriotes est fort divisée quant aux destinées futures de notre communisme agraire, les uns proclamant sa vitalité, les autres le croyant condamné à disparaître.

Des deux processus que je viens de signaler, le plus étrange est certainement celui qui consiste dans le remplacement de la propriété privée par la possession commune, surtout lorsque ce remplacement a lieu en dehors de toute influence extérieure, administrative ou législative. L'histoire des biens communaux en France, en Angleterre et en Allemagne nous présente partout le spectacle de leur dissolution progressive au fur et à mesure que la population devient plus dense. Comment se fait-il, par conséquent, qu'en Russie nous puissions constater une tendance contraire ? Examinons les faits qu'on nous signale et voyons s'ils n'admettent pas une interprétation quelque peu différente de celle qu'on leur donne habituellement.

Les partisans de notre régime rural insistent volontiers sur l'exemple donné récemment par les cosaques du Don et celui qu'offre de nos jours un grand nombre de villages sibériens qui passent du régime de la division à celui du partage périodique du sol. Mais, en regardant les choses de plus près, nous arrivons à cette constatation que dans les deux cas que je viens de signaler, il s'agit non du passage au communisme agraire, mais

du remplacement d'un mode de propriété commune par
un autre, remplacement déterminé par l'accroissement
du nombre des habitants.

Je dois avant tout signaler ce fait que dans le nord,
ainsi que dans le sud-ouest de la Russie d'Europe, le système du mir était naguère inconnu. La grande étendue
des terres vierges permettait la libre appropriation du
sol par son cultivateur. La commune accordait en conséquence à chacun de ses membres le droit de faire des
« purprises ». Elle conformait en cela sa conduite au
dicton populaire qui déclare que la possession individuelle, ou plutôt familiale, s'étend aussi loin que la hache et le soc, c'est-à-dire que chacun a droit à la jouissance exclusive du terrain qu'il a été le premier à défricher. Ces purprises ne sont nullement des propriétés
privées. La commune ne reconnaît des droits au défri-
cheur qu'à condition qu'il s'établisse sur le sol et le cultive d'une façon consécutive. Celui qui aura délaissé son
champ, le fera par là même rentrer dans le domaine
public. Une nouvelle appropriation deviendra possible
en ce cas ; la commune ne l'interdira qu'aux étrangers,
car elle seule et ceux qui la composent sont censés être
les vrais, les uniques propriétaires du sol.

Le régime que je viens récemment encore de décrire
était naguère celui des cosaques du Don. Il y a à peine
vingt ans que le sol commençant à manquer dans cette
région et les nouvelles purprises devenant par cela
même impossibles, on partagea la terre d'abord entre les
villages, au prorata du nombre de leurs foyers, et puis,
au sein de chaque village, entre tous ceux qui devaient
payer l'impôt direct et, comme tels, avaient leurs noms
inscrits sur les rôles de la capitation. Comme leur nombre augmenta nécessairement, on finit par introduire le

partage périodique ici tous les trois ans, là tous les quatre, sept, dix, douze ou dix-sept ans (1).

Des faits analogues peuvent être signalés en Sibérie où l'appropriation du sol se fait librement dans plus d'une commune et ne disparaît qu'à la suite d'une augmentation du nombre de ses habitants, souvent produite par l'immigration. Alors on passe non au partage définitif du sol, mais à son allotissement, c'est-à-dire qu'on diminue les purprises individuelles de façon à leur donner plus ou moins la même étendue. On accorde en même temps aux autorités communales le droit d'ajuster les parts de chacun afin de sauvegarder le principe de l'égalité de jouissance (2), et on arrive ainsi en définitive à l'établissement du partage périodique (3).

Dans les deux régions dont nous venons de parler, l'évolution s'est faite sans intervention de la part des autorités administratives. Il n'en a pas été de même ni au siècle dernier, ni dans la première moitié de celui-ci, lorsqu'il s'est agi de soumettre à la capitation les paysans de la Petite-Russie et de l'Ukraine. Les gouverneurs de province d'origine moscovite se sont prononcés à cette occasion en faveur de l'introduction des partages périodiques. Il est généralement admis que sous le régime polonais le paysan communiste avait été inconnu. Le sol se trouvant tantôt entre les mains des seigneurs fonciers qui le donnaient en bail à cens à leurs serfs (de là, l'origine de ces louages à long terme qui, sous le nom de « chinsch », reconnaissent au cultivateur une espèce de tenure héréditaire), tantôt entre les mains de petits propriétaires, connus sous le nom de « siabri ». Ils étaient affranchis de toute sujétion à la commune pour tout ce qui concernait la

____

(1) Voyez mon *Tableau des origines et de l'évolution de la famille et de la propriété*, p. 170.

(2) Kaufmann. *La commune villageoise en Sibérie*, p. 59 et suiv.

(3) *Ibid.*, p. 87, 94.

jouissance de leurs parcelles et les possédaient en indivis entre tous les membres d'une même famille.

L'égalité des lots n'apparaît pour la première fois en Petite-Russie, qu'à la fin du XVIIIe siècle, dans le recensement de personnes soumises à la capitation, recensement entrepris sur l'ordre de Roumianzov par des employés plus au courant du régime moscovite de la possession communiste que de la propriété familiale telle qu'elle existait dans les provinces ayant jadis fait partie de la Pologne.

Il n'en fut guère autrement quant à l'introduction du partage périodique en Ukraine où le sol avait été occupé par des colons défricheurs, connus sous le nom de « starozaïmochnii vladielzi ». Un vice-gouverneur moscovite, peu au courant du régime agraire de la province qu'il venait administrer, déclara qu'il n'admettrait point à l'avenir l'inégalité des lots, du moins parmi les paysans des domaines, tous étant également appelés à payer l'impôt personnel. On se conforma à son désir en réajustant les parcelles des divers foyers, et pour maintenir l'équilibre entre les contribuables, on introduisit les partages périodiques. Ceci se passa, il y a à peine cinquante ans, dans le district de Soumi, ce qui prouve que dans maintes parties de la Russie le mir est une institution beaucoup moins archaïque qu'on le suppose généralement.

On cite encore à l'appui de la thèse que, loin de disparaître, le partage périodique ne fait que gagner du terrain, l'exemple des petits propriétaires fonciers établis dans quelques-uns de nos gouvernements du centre, entre autre celui de Riazan. Descendants d'anciens hommes de guerre dotés par l'Etat de minces bénéfices, à condition de monter la garde de la frontière, ces « chetvertnii vladielzi », à la suite de partages multiples entre héritiers, arrivèrent à un tel émiettement de leurs domaines

respectifs que force leur fut de suivre l'exemple de
leurs voisins communistes et de passer au régime de la
copropriété, lequel du moins avait l'avantage de leur garantir un libre accès aux parcelles qu'ils détenaient. Ils
commencèrent par soumettre aux partages périodiques
d'abord les défrichements faits dans la forêt commune.
Ainsi, à côté de domaines individuels surgirent des lots
d'égale grandeur. A la longue, on finit par perdre de
vue leurs diverses origines et on procéda au partage périodique et au réajustement partiel de tous les champs
de labour et de tous les prés, en laissant dans l'indivision les pâturages et le domaine forestier. C'est ainsi
que sous l'influence de l'exemple donné par leurs voisins communistes, les « chetvertnii vladelzi » introdui-
sirent dans leur milieu le système du mir (1).

La vitalité de ce dernier n'apparaît dans ses relations
avec la propriété privée que lorsqu'il s'agit de donner cette
dernière en fermage à des paysans communistes. Plus
d'une fois les fermiers ont laissé dans l'indivision les terres prises à bail, offrant au propriétaire leur responsabilité collective pour le payement de la rente. Mais ce
mode de procéder tend à disparaître, le bail individuel
et renouvelable tous les ans ou tous les trois ans prenant de plus en plus le pas sur le fermage collectif et
à long terme.

Mais si le régime de la propriété privée n'a été que
faiblement atteint par l'influence du mir, ce dernier n'a
point fait preuve de la même indépendance vis-à-vis de
son concurrent. Des tendances purement individualistes
se sont produites au sein de la commune agricole. Quelquefois elles ont fini par triompher de l'attachement
séculaire du paysan russe au principe de la possession

____

(1) Consulter dans la « Pensée Russe », de 1885, l'article intitulé
« Chetvertnoïe vladienie » et signé des initiales K. P. Nos 2 et 3.

communiste. Les uns ont mis fin à l'indivision après avoir restitué à l'État toute la somme qu'il avait avancée pour le rachat des prestations en nature et des services personnels de l'ancien serf. D'autres ont renoncé tacitement au système du partage périodique et même à la pratique du réajustement partiel des lots. Ces derniers sont entrés dans le commerce et ont passé aux héritiers testamentaires ni plus ni moins que toute autre propriété individuelle. Les troisièmes enfin ont procédé eux-mêmes à la vente d'une partie de leur domaine collectif en le faisant passer de cette façon du régime de l'indivision au régime contraire.

§ 4. Il s'agit maintenant d'étudier les causes diverses qui minent notre commune agricole et qui, si elles n'étaient contrecarrées par la loi, détermineraient sa dissolution progressive.

Nous placerons en premier lieu l'influence fâcheuse qu'exerce sur ses destinées le système de la responsabilité collective en matière d'impôts. Pour s'y soustraire, tous les moyens paraissent également bons au paysan, même celui qui consiste à abandonner son lot et les profits qu'il en retire. Il le fait d'autant plus volontiers que souvent, ainsi que nous l'avons vu plus haut, le rendement de la terre est inférieur à la cotisation. Comme jadis, aux IVe et Ve siècles de l'ère chrétienne, les membres des curies romaines, solidairement responsables en matière d'impositions, fuyaient leurs domiciles afin d'éviter une confiscation imminente de leur fortune, ainsi le paysan russe quitte sa commune et va chercher du travail au dehors, dans le seul but de se soustraire à cette responsabilité pour les retardataires dont le menace notre système fiscal. Pour empêcher cet exode, la commune soumet ceux qui s'absentent à la confiscation de leurs lots. Ils y échappent quelquefois en faisant passer leurs parcelles par la voie du fermage à quelque voisin enrichi et ne demandant pas mieux que d'arrondir ses terres à la seule condition qu'il paye pour les absents.

Cette tendance à l'émigration se produit le plus souvent là où le paysan communiste est sûr de trouver son gagne-pain en dehors de la commune. Or, tel est le cas des districts manufacturiers, où l'usine et la fabrique offrent à tout venant la possibilité d'un engagement lucratif. Ceci explique suffisamment la raison pour laquelle la commune agraire est entrée dans sa période de dissolution dans le voisinage des grandes villes, telles que Moscou, Pétersbourg, Odessa, Voronege, etc., alors que dans les districts purement agricoles elle garde encore son ancienne vitalité ; seulement au lieu d'abandonner purement et simplement son domicile, le paysan communiste aime mieux procéder au payement immédiat et intégral de toute la somme de rachat due au gouvernement. S'il manque de fonds, il s'en fait prêter par un voisin plus fortuné et qui souvent ne lui fait d'avances qu'à condition de bénéficier de toutes ou d'une partie de ses parcelles.

Le prix des terrains étant fort élevé, dans le voisinage direct des capitales, le paysan trouve un avantage réel à affranchir son lot de la soumission à la commune, à le faire sortir de l'indivision et à le soustraire par là à la responsabilité collective en matière d'impositions. Ne pouvant le garder pour lui-même, il le vend avec avantage à quelque villageois ou commerçant et ne quitte son ancien domicile qu'avec une somme plus ou moins ronde et lui permettant de courir les risques que présente la carrière aventureuse de l'ouvrier prolétaire. Souvent aussi le paysan communiste tient à sortir de l'indivision dans le seul but de transporter son domicile et son industrie agricole dans un milieu où la terre est à meilleur prix grâce au petit nombre d'habitants.

La nécessité de ces émigrations intérieures se fait sentir même dans la zône fertile de la terre noire, car ici la population est devenue relativement très dense et le sol apte à la culture est presque entièrement approprié par les individus et les collectivités. Pour pouvoir vendre sa parcelle, le paysan a besoin de la faire sortir d'abord du régime de l'indivision. On conçoit, par conséquent, la raison qui fait que celui qui veut émigrer est favorable au partage définitif du sol ou, tout au moins, au rachat définitif de son lot.

Mais en dehors même de toute tendance à changer d'état ou de domicile, le paysan russe est plus d'une fois porté à sortir de l'indivision rien que dans le but de sauvegarder les intérêts que lui assure la jouissance de terrains dont il a accru le rendement par le fumage. Un nouvel allotissement menace de les lui enlever, sans aucune rémunération. Afin de se mettre à l'abri d'un pareil danger, il rachète son lot, s'il en a les moyens, et dans le cas contraire, il passe au nombre de ceux qui se déclarent hautement les adversaires de toute répartition nouvelle du sol.

Plus le revenu de son lot l'emporte sur les payements à faire au Trésor, et plus il trouve avantageux de recourir au rachat. Aussi n'est-ce que dans les vingt dernières années, alors que la rente des terres s'est sensiblement élevée, que les rachats sont devenus plus fréquents. De 1864 à 1869 leur nombre fut insignifiant, il augmenta dans les cinq années suivantes et s'accrut d'une façon prodigieuse à partir de 1876 et surtout de 1882. M. Sazonov qui s'est occupé plus particulièrement de cette question déclare que la somme totale des rachats faits jusqu'en 1891 équivaut à peine à 18 millions de roubles 6 0/0 de cette somme furent payés de 1864 à 1869 et 13 0/0 dans les années 1870 à 1875. De cette façon 81 0/0 de la somme totale reviennent aux 23 dernières années (à partir de 1876 jusqu'en 1890) (1).

Si les tendances individualistes se sont manifestées plutôt par le rachat des lots appartenant à des particuliers que par le partage définitif de la terre communale, c'est que la loi de 1861 a surtout encouragé la première pratique. En effet, elle déclare que chacun a le droit de sortir de l'indivision aussitôt qu'il aura affranchi sa parcelle par le payement intégral de la somme qui lui fut avancée par l'Etat. L'attitude du législateur est tout autre vis-à-vis du partage définitif. Il n'est autorisé que dans le cas où les deux tiers de ceux qui exercent un droit de vote dans les assemblées communales se seront prononcés en sa faveur. Or, comme une bonne partie des villageois vont chercher du travail au dehors, il n'est pas facile de recueillir sur tel ou tel projet, présenté à la discussion du mir, un nombre de voix dépassant la simple majorité !

On a par conséquent lieu de se demander si les partisans du mir gardent leur sérieux en demandant comment il se fait que les tendances individualistes n'ont eu jusqu'ici pour résultat qu'un nombre assez restreint de partages. Il ne pouvait en être autrement vu les mesures prises par le législateur. Mais du moins sous le régime de la loi de 1861 ces partages pouvaient se produire. Il n'en sera guère ainsi dans l'avenir, car la nouvelle loi qui règle la matière, celle de 1893, impose à toutes les communes de l'Empire l'obligation de renouveler leurs allotissements tous les douze ans. Aucune exception n'est faite pour celles qui voudraient passer au régime de la propriété privée. D'ailleurs, la même année, une autre loi a déclaré que les parcelles dont se composent les lots des paysans communistes étaient inaliénables, même en

____

(1) Terner, p 280.

cas de rachat, c'est-à-dire qu'on ne pourrait s'en dessai-
sir qu'au profit d'un co-villageois.

Cela revient à dire que le Trésor est le seul propriétaire
des terrains occupés par les communes et que les familles
qui les composent n'en ont que la tenure héréditaire.

Cette même loi a également enlevé au cultivateur la
faculté de sortir de l'indivision ; même dans le cas où
il se serait libéré de sa dette vis-à-vis de l'État, on la
force à rechercher le concours des deux tiers de ses
co-villageois. Si ces deux tiers se prononcent en faveur
de sa demande, il pourra désormais se considérer comme
propriétaire. Dans le cas contraire, il reste, bon gré mal
gré, membre du mir et comme tel responsable pour tous
les retardataires de sa commune.

Quelque peu favorable que fût aux partages la loi de
1861, elle ne put empêcher le paysan russe de remettre à long terme les nouveaux allotissements du sol communal. Aussi n'en a-t-il guère été question durant les
vingt premières années qui suivirent l'émancipation.

Les partisans du mir expliquent les retards voulus qu'il
apporte à la manifestation de ses tendances égalitaires
par des raisons accidentelles, telles par exemple que la
crainte de provoquer le mécontentement des autorités
par l'emploi du terme « répartition » ou « répartition
noire », terme discrédité par les nihilistes et mal vu en
haut lieu. Ils prétendent que le paysan n'était pas suffisamment renseigné quant à son droit d'exiger une nouvelle répartition du sol, que les autorités électives de la
commune, par leurs attaches multiples avec le tiers état,
étaient portées à lui cacher la vérité, que maintes fois
on lui avait fait entendre qu'un nouveau partage ne
pourrait avoir lieu qu'à l'occasion d'un prochain dénom-
brement de tous ceux qui doivent payer l'impôt personnel, etc., etc.

Mais en admettant même que ces raisons d'ordre secondaire et plus ou moins fortuites aient eu leur part d'influence dans la question qui nous occupe, comment ne pas reconnaître que la remise d'année en année des répartitions périodiques est le signe le plus manifeste d'une évolution importante qui se produit au sein même de la commune, et qui n'est autre que la croissance d'un tiers état rural, partisan de la libre disposition du sol et par conséquent hostile aux partages périodiques.

Ce tiers état rural s'est formé en Russie, comme partout ailleurs, du petit commerçant villageois, du fermier des terres seigneuriales, du marchand de bestiaux, du cabaretier, de l'usurier, enfin de tous ceux que l'épargne et la bonne réussite des affaires a élevés à un niveau supérieur à celui de la moyenne de leurs voisins. Le sobriquet populaire de « mangeurs du mir » (miroïed) indique on ne peut mieux le caractère d'animosité qui caractérise l'attitude de ces bourgeois en herbe vis-à-vis d'un régime qui les astreint à soumettre leur liberté individuelle et la disposition qu'ils voudraient faire de leur fortune à une réglementation minutieuse de la part de leurs voisins. Partout le tiers état rural s'est montré rebelle à l'idée de soumettre son activité économique à des ordres partant d'autorités tant communales que centrales. Le « Grossbauer » allemand est l'ennemi juré de la « Genossame » ou « Bürgergemeinde » et du « Flurzwang » qu'elle impose. En France et en Angleterre, le paysan enrichi et par cela même entré dans les rangs du tiers état, a fait cause commune avec les bourgeois, toutes les fois qu'il s'est agi de mettre un terme à l'indivision et de partager les biens communaux.

Individualiste par excellence et placé dans la possibilité de s'arrondir, le paysan enrichi profite de toute occasion pour agrandir son lot, tantôt en se chargeant de payer la contribution des retardataires et des absents, en échange de leurs parcelles, tantôt en prenant en fer-

mage les lots de ceux qu'une épizootie ou une mauvaise
récolte ont privés du bétail nécessaire à leur aménagement. En leur qualité de manieurs d'argent dans un milieu où, pour employer un terme consacré par l'érudition
allemande, l'économie naturelle est encore à l'ordre du
jour et où le producteur consomme lui-même sa récolte,
les paysans enrichis n'ont pas de peine à se créer, au
sein de la commune, un nombre de clients considérable,
ce qui leur permet de contrecarrer l'action de ceux qui
se prononcent en faveur d'une nouvelle répartition des
lots. Ils sont d'ailleurs indirectement soutenus par la
loi, qui exige le minimum des deux tiers de tous les
ayants droit pour rendre efficace toute décision favorable
à un nouvel allotissement. Quiconque a étudié de près
notre économie rurale se croit autorisé à dire que les
« koulak » ou enrichis sont toujours à la tête de ceux
qui se déclarent partisans de la répartition existante.
Afin de se soustraire à un nouveau partage ils ne recu-
lent point devant la corruption et distribuent volontiers
de l'eau-de-vie et même des sommes d'argent pour
acquérir la majorité des votes dans les assemblées de la
commune. Ces réunions deviennent tumultueuses, dès
qu'on entame le chapitre d'une nouvelle distribution
des lots. Aux injures les plus grossières succèdent souvent des voies de fait. On passe des heures à se reprocher toutes sortes de peccadilles et le temps manque
pour prendre une décision. Cette pratique fait le jeu des
enrichis qui ne demandent qu'à garder les avantages
de l'heure présente, car une nouvelle répartition aurait
pour suite de rétrécir leurs lots et de faire passer en
d'autres mains les parcelles des retardataires qu'ils détiennent.

Bien entendu la lutte des partisans et des adversaires d'un nouveau partage est plus ou moins intense selon
qu'on n'a pas ou qu'on possède le moyen de se procurer

des terrains en dehors de la commune, en les achetant ou en les louant aux propriétaires du voisinage. Les mêmes considérations déterminent aussi le plus ou moins grand nombre de cas où le paysan communiste demande à sortir de l'indivision par la voie du rachat. Il va de soi, par conséquent, que le crédit offert aux paysans par l'État, dans le but avéré de leur faciliter l'acquisition de nouvelles propriétés, arrête, plutôt qu'il n'encourage, la dissolution de la commune agricole. Car il permet aux membres du tiers état rural de s'arrondir et de constituer à leur propre profit des exploitations agricoles considérables et complètement émancipées de tout contrôle et de toute réglementation. — On saisit également le rapport intime qui existe entre la pratique de donner en louage les terres, des domaines privés à d'anciens serfs et la vitalité du mir ou de la possession communiste. Si le paysan était réduit à la seule culture de ses parcelles dans les champs communs, il y a longtemps que le mir n'existerait plus. Mais le fait d'avoir à sa portée une bonne partie du sol cultivable suffit pour rendre le tiers état rural moins âpre dans sa lutte avec les partisans de la stricte égalité des lots. De là naît également l'animosité que rencontre dans le milieu villageois toute tentative d'une exploitation capitaliste du sol à l'aide de manœuvres payés à l'année, au mois ou à la journée. Elles proviennent de quelques grands propriétaires désireux de gérer eux-mêmes leurs fortunes, et ne reculant pas devant l'idée d'y engager des capitaux. La plupart du temps, ce sont des bourgeois devenus propriétaires du sol qui procèdent au remplacement des tenures villageoises par une régie directe. Il faut avoir vécu à la campagne pour être au courant du malaise profond que produit, surtout parmi les paysans enrichis, le passage de la terre aux mains des particuliers désireux de lui donner par une régie directe l'emploi le plus lucratif qu'elle comporte. Ces agriculteurs modèles inspirent à leurs voisins une hostilité systématique et qui se manifeste souvent par des voies de fait ; tantôt on entend parler de meules incendiées par méchanceté, tantôt d'enclos enlevés la nuit, ou encore de sérieux dommages faits au bétail et aux instruments aratoires. Au lieu d'être un objet de culte pour ses voisins, ainsi que le voulaient Arthur Young et les agronomes anglais du dernier siècle, le propriétaire modèle devient une espèce de bête traquée. De concession en concession, il se voit maintes fois forcé à ne plus habiter la campagne dont le séjour lui est devenu insupportable grâce à l'animosité de ses plus proches voisins, les paysans communistes, et l'incurie des autorités locales. Un intendant ou un fermier capitaliste prend alors sa place et la lutte continue de plus bel, toujours mesquine et tracassière, mais avec une recrudescence d'énergie de la part du nouvel administrateur et un manque de scrupules dont l'ancien seigneur aurait été incapable. Bien souvent j'ai entendu dire à des paysans qui avaient loué mes terres : vendez-les à la commune ou gardez-les vous-même, mais, de grâce, ne les cédez pas à un tel ou à un tel ; et l'on me nommait régulièrement quelque fermier modèle ou quelque marchand désireux de devenir propriétaire. Si je demandais la raison qui rendait les paysans hostiles à cette nouvelle régie, j'obtenais cette réponse : on ne voudra plus de nous, on nous reprendra nos tenures et nous finirons par manquer de terrains.

A des siècles de distance se répètent ainsi dans notre milieu les mêmes phénomènes que ceux qui, en Angleterre, se sont traduits par la destruction des clôtures et l'animosité sourde des copy-holders ou tenanciers héréditaires pour les fermiers capitalistes et les seigneurs agronomes.

§ 5. Jusqu'ici la concurrence faite au paysan tenancier par le bourgeois capitaliste ne s'est produite qu'incidemment, le tiers état trouvant plus avantageux de s'adonner à l'industrie et au commerce et de laisser le soin de la terre au noble et au roturier. Le régime protecteur, très funeste au progrès de notre agriculture, à qui il enlève le capital dont elle a besoin, est en même temps une sauvegarde pour les intérêts du mir, car il permet à ses « mangeurs » de s'abattre sur la terre de l'ancien seigneur et d'agrandir leur exploitation agricole, sans obliger la commune à partager définitivement le sol qu'elle détient. En sera-t-il de même à l'avenir, alors que l'accroissement de la population, son doublement probable dans un demi-siècle au plus tard, aura produit l'émigration du capital à la campagne et le développement d'une agriculture vraiment rationnelle ? Rien ne prouve que la possession communiste du sol, telle qu'elle se pratique de nos jours en Russie, soit incapable d'une nouvelle évolution, ou contraire par nature à tout autre mode d'assolement que le triennal. Nous avons vu que même à l'heure qu'il est, le mir se rend compte de la nécessité de donner une plus grande étendue aux prairies artificielles, au fumage, à la culture de la betterave et de la pomme de terre, ainsi que du lin et du chanvre. Des faits bien constatés s'opposent à toute affirmation du contraire et ne nous permettent point de parler de notre régime agraire comme d'une simple survivance du passé, comme d'une phase purement archaïque de la possession immobilière.

Nous sommes les premiers à déclarer que nous le croyons viable, c'est-à-dire à même de se plier aux exigences d'une agriculture moins extensive et devant suffire non seulement aux exigences de la consommation locale, mais encore à celle que présente le marché international. Mais pour cela, il faudrait que le régime des partages périodiques cédât le pas à une production communiste. Nous en voyons les germes dans ces labours faits en commun, autrement dit dans la coutume de laisser certaines terres dans l'indivision, afin de pouvoir les cultiver aux frais de tous les villageois. Le produit de ces terres est employé tantôt à remplir les magasins d'abondance, tantôt à payer les cotisations, tantôt enfin à élever quelques constructions utiles ou nécessaires à tous, telles que grange, moulin, église, etc. Propriétaire des instruments du travail et faisant la production en commun, sauf à partager la récolte à parts égales entre tous les individus qui le composent, le mir finirait par devenir à la longue la réalisation, du moins partielle, de l'idéal rêvé par les réformateurs de la société moderne. C'est là le vœu que forment ses partisans les plus sincères et qui, en somme, ne l'admirent que comme celui des régimes fonciers qui se rapproche le plus du modèle cher aux communistes.

Mais pour que ce vœu fût exaucé, il faudrait que la lutte produite par le choc des intérêts au sein même du mir cessât tout d'un coup, que l'existence côte à côte de deux régimes aussi contradictoires que celui de la propriété et du communisme n'exerçât point d'influence dissolvante sur ses destinées, que le capitalisme, en plein procès d'évolution dans le domaine de l'industrie manufacturière, ne s'étendît point aux campagnes, que le tiers état renonçât à son rôle historique d'accapareur des biens fonciers et que l'ancien seigneur se contentât à tout jamais du maigre revenu que lui rapporte le louage des terres à ses ci-devant serfs. Il faudrait en un mot que le sentiment de la solidarité humaine prît le dessus sur l'égoïsme des classes et des particuliers. Mais en ce cas, rien ne nous empêcherait de réaliser un rêve encore plus beau et d'établir à tout jamais le règne de la justice sur l'appropriation de tous les instruments du travail, terre, usines, fabriques, etc. par des collectivités humaines plus libres et peut-être mieux assorties que ne le sont les communes agricoles de la Russie moderne.

Mais laissons de côté ces considérations un peu trop en l'air et occupons-nous de l'avenir le plus proche de notre régime rural. Toute prophétie à son égard ne peut s'appuyer que sur des analogies et sur des exemples empruntés à l'histoire générale de la propriété foncière.

Il est incontestable qu'avec le caractère qu'il porte de nos jours le mir ne pourra résister longtemps à l'influence dissolvante qu'exerce sur lui l'accumulation rapide du nombre des habitants. Partout cette accumulation a eu pour conséquence de faire de la communauté agraire une sorte de corporation fermée. Tel est le caractère que porte de nos jours l'Allmend-Genossenschaft ou la Bürgergemeinde de l'Allemagne méridionale et de la Suisse, les nouveaux domiciliés étant régulièrement éliminés de toute participation à la jouissance des terres, possédées en commun par les anciens colons. 37 ans à peine nous séparent de l'époque de l'abolition du servage et de la création des communes libres, et déjà nous voyons apparaître les signes précurseurs de cette nouvelle inégalité entre les membres du mir et les simples domiciliés ou, comme on les appelait encore au xviiie siècle dans les cantons français de la Suisse, les « manans » ou les « advenaires ». Les serfs attachés à la personne du seigneur et descendant de ses anciens esclaves ou « cholopi », n'ont point reçu de dotation en terrains. Ils ont été par conséquent les premiers à rentrer dans les rangs de ce prolétariat agraire qui ne possède que de petits lopins de terre, attachés à d'humbles demeures ou « izba » et pouvant à peine servir de jardins potagers aux familles qui les occupent. Leur nombre a étrangement grossi depuis. Les soldats en retraite, les nouveaux colons, les déclassés de toutes sortes et ceux que le mir a fini par expulser de son sein à la suite de retards apportés au payement des contributions, ont fini par former, à côté des possesseurs de lots dans les champs communs, un ensemble de personnes et de foyers n'exerçant aucun droit, ni civil, ni administratif, et soumis tout de même aux autorités électives du mir. C'est là le germe qui a produit à la longue ce prolétariat agraire qui, en Allemagne, comme en Suisse ou en Italie, a réduit la commune agricole à la dure nécessité de lui accorder une part dans le gouvernement municipal et à se contenter de la seule régie de son domaine immobilier. En un mot, c'est là ce qui causa la création de la commune politique indépendante de cette corporation fermée de co-propriétaires, laquelle tantôt sous le nom de Genossame, tantôt sous celui de patriciat, ou encore de partecipanza ne forme désormais qu'un des éléments dont se compose l'agglomération villageoise. L'accroissement du nombre des domiciliés a, plus d'une fois, forcé les détenteurs de parcelles dans les champs communs à passer au régime de la division, de crainte que les domiciliés qui possèdent un droit de vote dans les assemblées communales, ne profitassent des avantages que leur assure leur grand nombre pour se faire admettre à la jouissance, sinon de la terre de labour ou des prés, du moins des pâturages et de la forêt communale. Le même fait pourrait aisément se produire en Russie et pour un motif identique. Bien des personnes se prononcent déjà, tant au sein du mir qu'en dehors de lui, en faveur d'une réforme qui aurait pour but d'assurer aux foyers qui le composent la jouissance héréditaire des champs cultivés et ne laisserait dans l'indivision que les terres hermes et le domaine forestier.

La réalisation de ces projets rapprocherait le régime agraire russe de celui que présente le système des Huben ou Hufen, des Manses et des Virgates qui, pendant tout le moyen âge a formé la base économique du manoir et du servage. Comme survivance, nous le trouvons encore de nos jours en Suisse, partout où, de l'ancienne indivision, il ne reste que des prés communs ou Allmenden et des pâturages situés sur le versant des collines et connus sous le nom de Alpen, nom qui fut également donné à la chaîne des montagnes qui sépare la Suisse de l'Italie et de la France. Si le trop-plein de la population avait pu trouver en Suisse et ailleurs cet écoulement naturel que présente l'émigration intérieure et extérieure, il est fort probable que plus d'une commune rurale garderait encore de nos jours le même aspect que celui qu'avait, il y a plusieurs siècles, l'ancien pays de Schwyz, espèce de marc ou de mir monstre possédant en indivis, sous le régime de l'allotissement périodique, tous les terrains propres à la culture du blé, à la récolte des foins, ainsi qu'aux pâturages. — Il suit de l'ensemble des faits et des considérations que je viens de présenter que le moyen le plus sûr d'assurer une longue existence à notre régime agraire n'est autre que celui d'encourager l'émigration intérieure. Les 300.000 émigrés qui, l'année 1896, ont quitté les provinces trop peuplées de la Russie d'Europe, provinces situées dans la région de la terre noire, sur le Dnieper, le Volga et leurs affluents, ne représentent qu'une faible partie de ceux qui demandent à prendre la route de la Sibérie, dans l'espoir d'assurer à leurs familles une plus grande aisance sur des terres presque vierges. Au lieu d'arrêter leur exode par des mesures administratives et qui lui sont inspirées par la crainte de diminuer la solvabilité des communes dont ces émigrés font partie et de faire monter le prix de la main-d'œuvre au préjudice des propriétaires du voisinage, le gouvernement ferait bien d'encourager l'émigration intérieure, en assurant aux nouveaux colons de la Sibérie des dotations immobilières, pareilles à celles qu'accorde en Australie la loi du homestead.

Un autre moyen d'empêcher la dissolution prochaine
du mir est d'accorder aux paysans en bail à long terme
et même en bail héréditaire les terres de la couronne,
ainsi que les propriétés nobiliaires hypothéquées dans
la Banque de l'État et dont la régie passera indubitable-
ment et sous peu entre les mains du Trésor. Le nombre
de ces propriétés est, comme nous l'avons vu, fort considérable, et quant à leur étendue, elle est au moins
égale au tiers sinon à la moitié de tous les terrains non
soumis au régime de la possession communiste.

D'ailleurs on se figure avec difficulté que l'État puisse
tirer un autre parti de cette masse de propriétés que l'insolvabilité croissante de leurs détenteurs menace de déverser un de ces jours sur le marché.

On aura beau remettre à un terme de plus en plus
long la liquidation de ces fortunes, elles sont obérées
de dettes trop disproportionnées à leurs revenus pour
admettre la solvabilité future de leurs détenteurs. La
banque nobiliaire n'est pas une institution de bienfaisance
et les diminutions d'un pour cent ou d'un demi pour
cent sur les arrérages dont bénéficient les propriétaires de
ces biens hypothéqués ne font qu'augmenter les charges
des contribuables. Un jour ou l'autre, on sera placé
dans l'alternative ou de mettre aux enchères une telle
masse de biens fonciers, que ce fait seul diminuera de
moitié le prix de toutes les autres terres de l'Empire, ou
de prendre les propriétés hypothéquées en régie au
bénéfice du Trésor lequel, bien entendu, encourrera des
risques trop sérieux en se chargeant de leur administration directe. Bon gré mal gré, il faudra, par conséquent,
les mettre en bail, et la classe des fermiers capitalistes
étant encore peu nombreuse, ce sont les paysans enrichis
et les membres des « mirs » qui deviendront les tenanciers héréditaires ou à long terme de cette vaste étendue

11

de terrains qui, autrement, ne donnerait de bénéfices à personne.

Le gouvernement peut encore enrayer la dissolution du mir par des mesures législatives. Il est même déjà entré dans cette voie, en prescrivant que la répartition périodique du sol des communes se fera tous les 12 ans et en défendant les réajustements partiels des lots. Cette dernière mesure n'a point d'ailleurs, à mes yeux, l'importance qu'on lui attache. En déclarant qu'elle empêche les autorités locales d'enfreindre le principe de l'égalité par l'augmentation ou la diminution arbitraire des lots, les partisans de cette nouvelle réglementation de la possession communiste perdent de vue les vrais services rendus par ces réajustements partiels. Seuls ils ont permis, en effet, le maintien d'une juste proportion entre la multiplication des familles et la répartition du sol villageois. Il a pu certainement se produire des abus ; des contribuables indigents se sont vus forcés maintes fois d'abandonner une partie des biens dont ils jouissaient au profit de familles plus aisées et présentant une plus grande garantie quant au payement intégral des contributions ; mais pour éliminer l'arbitraire il suffit de quelques mesures administratives ou judiciaires, telles que le jugement porté naguère par le Sénat ou tribunal de cassation qui déclara que les réajustements partiels rentraient dans la catégorie des répartitions du sol communal et ne devaient, par conséquent, avoir lieu que dans le cas où les 2/3 des membres du mir se seraient prononcés en leur faveur (1).

Faut-il attribuer une importance plus grande à la loi de 1886 qui fait dépendre les partages des familles du bon vouloir de leurs chefs et de l'acquiescement des deux

____

(1) V. *Terner : L'État et le régime rural*, 1re partie, p. 258 et suivantes.

tiers des membres du mir ? Son résultat immédiat devrait être de diminuer le nombre de foyers d'une même commune et, par conséquent, d'empêcher l'émiettement des lots et la multiplication des enclaves. Elle poursuit en somme le même but que celui qu'atteint l'exode libre de l'excédent de la population. Mais il y a lieu de se demander si le vœu du législateur sera exaucé, si les tendances individualistes, très prononcées au sein des familles-groupes, ne finiront pas par l'emporter sur toutes les restrictions, tant administratives que législatives. En effet, dans les 15 dernières années les partages n'ont guère diminué (1) ; les jeunes cherchent à se soustraire à l'autorité des vieux ; les femmes d'un même foyer entrent constamment en querelles, toutes demandent à avoir un chez soi et à disposer librement de leur temps et de leurs épargnes. En sera-t-il autrement dans l'avenir ? J'ai lieu d'en douter, car l'instruction, du moins primaire, pénètre de plus en plus dans les couches profondes du peuple et creuse un nouveau fossé entre la vieille et la jeune génération.

Mais en supposant même que toutes les mesures, tant naturelles qu'artificielles, que nous venons d'énumérer soient efficaces et arrivent à enrayer la dissolution du mir, on a encore lieu de se demander si le maintien de la possession communiste du sol, telle qu'elle se pratique de nos jours par nos paysans, sera un bien ou un mal ? La question est complexe, car, en dehors de ses effets économiques, le mir exerce encore une influence que j'appellerai volontiers pédagogique et qui se manifeste par une recrudescence du sentiment de la solidarité humaine.

Tous ceux qui ont étudié de près la vie des campagnes russes, parlent volontiers de ces labourages faits

(1) *Ibid.*, p. 242.

en commun et qui permettent d'attacher à la même charrue le bétail de plusieurs ménages (soupriagua), de ces services, imposés par la coutume. que les paysans s'accordent mutuellement pendant la récolte (obschinniia pomochi) (1) et qui de loin rappellent les *love-bones* et les *precariæ* des serfs du moyen âge. Signalons également l'aide que nos paysans se prêtent en cas d'incendie, d'inondation, et le bon vouloir avec lequel ils offrent leurs services à un voisin malade, à une veuve ou à un orphelin, et cela sans idée de lucre, dans le seul but d'activer la rentrée des foins et des blés.

Cet esprit de solidarité que développe parmi nos villageois la commune agricole est même son côté le plus positif et qui lui vaut les éloges de quelques-uns de nos romanciers psychologues, entre autres de M. Zlatovratzky. Seulement on a lieu de se demander si les témoignages de cet écrivain sont toujours exacts et si nos communes villageoises présentent encore, à l'heure qu'il est, le même souci de l'égalité et de la fraternité que celui qu'il leur attribue. Voici d'ailleurs quelques traits de caractère qu'il signale et qu'on chercherait vainement dans les milieux où la propriété privée domine presque exclusivement. Un des paysans que M. Zlatovratzky fait figurer dans sa « Vie journalière des campagnes » déclare que les partages n'ont en vue que l'équité. Nul ne doit être sacrifié. Celui qui a appliqué son travail à la culture d'un champ en friche en gardera la jouissance exclusive pendant trois ans, puis ce champ passera à la commune qui en est le seul propriétaire et qui, lors d'une nouvelle répartition, en fera un lot ou la part d'un lot. L'indépendance individuelle, le droit égal de tous au produit du travail commun, ainsi qu'à la terre commune, et les secours réci-

____

(1) V. *Karelin* : « Les biens communaux en Russie », p. 173, 177.

proques en cas de besoin, telles sont, au dire de notre
romancier, les bases mêmes de la vie sociale, ainsi
que l'entendent nos paysans communistes. C'est là ce
qui détermine les réajustements partiels et les échanges
des lots entre ceux qui viennent de perdre quelque
membre de leur famille et ceux dont le nombre des
travailleurs s'est accru d'un fils majeur ou même d'un
gendre. A travers les injures les plus grossières et les
voies de fait dont les assemblées du mir nous présentent
plus d'une fois le spectacle attristant, on voit poindre le
même idéal d'égalité, la même tendance à proportionner
les charges aux forces productives du foyer, la grandeur
du lot au nombre des consommateurs que compte la
famille (1).

Mais pour que cette idylle se réalise, il faut que les
forces dissolvantes dont le tiers état rural est devenu
le foyer, ne prennent pas le dessus, que le souci de
l'arrondissement ne devienne pas l'intérêt principal
qui règle la conduite de nos villageois, et en un mot, pour
employer un terme mis en vogue par un autre de nos
romanciers populaires, M. Ouspensky — il faut que le
paysan ne tombe pas sous la puissance de la terre
(vlast zemli). Car, si le cas se généralisait, nous verrions
apparaître dans nos campagnes la même âpreté au gain,
la même soif d'agrandir ses possessions dont Zola a si
admirablement fait connaître l'influence néfaste dans
son tableau de la vie quotidienne du petit propriétaire
paysan dans la Beauce. Là où ces instincts égoïstes ont
fini par triompher, le tableau de l'existence journalière
du peuple des campagnes change du tout au tout. Antoine Tchechov, une de nos gloires littéraires modernes,
décrit fort bien le sort qui attend à sa rentrée au village

(1) *Ibid.* V. plus particulièrement les ch. V et VI du livre de M. Zla-,
tovratzky, intitulé : *La Vie journalière des campagnes.*

un paysan n'ayant pas fait fortune en ville. Ce malheureux ne rencontre de la part de ses voisins que reproches amers et mauvais vouloir, car dans nos campagnes, ainsi que partout ailleurs, le besoin dicte la conduite de l'homme.

Ainsi, par un long détour, nous arrivons finalement à nous demander si le mir, obéré qu'il est de charges qui dépassent plusieurs fois le rendement des usages communaux, est en état de garantir au paysan russe une aisance suffisante. Telle n'est point l'impression qui se dégage des calculs minutieux que nos statisticiens de province ont faits quant au montant des recettes et des dépenses d'un ménage paysan dans les gouvernements de Iaroslav, de Voronej, de Riasan, de Toula, de Tver, de Novgorod, etc., c'est-à-dire partout où le salaire gagné à l'usine ou à la fabrique ne vient pas augmenter le revenu des familles villageoises. Il ressort en effet du tableau dressé par M. Scherbina, celui de nos statisticiens qui a le plus approfondi cette question, que dans dix gouvernements, l'excédent des revenus sur les dépenses d'un paysan agriculteur n'équivaut en moyenne qu'à 55 roubles ou 150 francs par an (1). C'est avec cette maigre somme que le membre du mir est forcé de pourvoir à tous ses besoins de nourriture, de chauffage, d'habillement, etc... 30 0/0 de cette somme sont dépensés pour l'achat des blés et des farines, notamment du seigle, de l'orge et de l'avoine.

La médiocrité de ces budgets villageois, qui ne varient guère que de 4 à 5 roubles, selon les provinces et les régions, est certainement la condamnation la plus formelle non du principe communiste appliqué à la possession immobilière, mais de tout notre régime rural, _

(1) « Influence qu'exercent une bonne récolte et la cherté des blés sur quelques côtés de l'économie nationale russe », v. II, p. 7.

avec ses charges excessives, la responsabilité collective qu'il impose en matière de contributions et les diverses entraves qu'inflige à l'agriculture le parcellement extrême des champs cultivés, le nombre prodigieux d'enclaves et la suppression de l'esprit d'initiative, résultat fâcheux de la réglementation minutieuse exercée par le mir quant à la succession périodique des travaux agricoles.

A diverses reprises, on m'a reproché tantôt les critiques que j'adressais au régime actuel de la possession communiste, tantôt ce qu'on voulait appeler mon excès de lyrisme à son égard. Pas plus tard qu'au printemps de l'année dernière un collaborateur de la *Nouvelle Revue historique de droit français et étranger*, déclarait dans un compte rendu de mes ouvrages qu'il ne se sentait pas la moindre tendresse pour le régime de la propriété collective « dont par moments M. Kovalevsky semble regretter la disparition » (1). D'autre part, ceux qui, comme M. Gourvitch, ont plus d'une fois critiqué le régime du mir, me nomment parmi les personnes qui ont été les premières à signaler les forces dissolvantes qui le minent et qui, si elles ne sont enrayées par une tendance contraire plus forte, finiront par le saper dans sa base. Je ne crains pas de reconnaître la justesse de ces deux appréciations qui, d'ailleurs, ne se contredisent nullement. J'ai la faiblesse de croire que la disparition d'un régime, vieux de plusieurs siècles et qui, à certaines époques, a été la réalisation la plus complète de ce sentiment d'égalité et de fraternité que la démocratie a créé parmi nous, ne peut être indifférente à personne. Mais je ne vois pas non plus que pour cela il faille volontairement fermer les yeux sur les dangers que court cette institution et qui, peut-être, ne sont plus à conjurer. Ce

(1) Mars-avril 1897, p. 222.

qui m'a toujours tenu à cœur, c'est de dégager la question qui nous préoccupe en ce moment de toute métaphysique doctrinaire, qu'elle parte du camp des économistes qui ne voient de salut que dans la propriété privée, ou de celui de leurs adversaires, pour qui le mir est une confirmation partielle de leurs rêves les plus audacieux.

Une analyse exacte des divers aspects sous lesquels se présente de nos jours le communisme agraire russe, l'étude du sort qui fut réservé à des régimes semblables tant dans l'Inde qu'au moyen âge, me paraissent être les seules voies qui permettent de se prononcer en connaissance de cause sur le vrai caractère et l'avenir probable du mir. Je me résumerai donc, en disant que le mir me paraît viable, mais à certaines conditions. Il faut que les tendances individualistes dont il est devenu le foyer puissent trouver une libre issue au dehors, que le régime communiste du sol soit dégagé de cette excroissance fâcheuse que présente la responsabilité mutuelle en matière d'impôts, et que toute notre organisation communale subisse une réforme radicale et qui la rapproche du type de la commune-artel, c'est-à-dire d'une corporation fermée en pleine possession des instruments de travail et faisant la production en commun.

CHAPITRE V

LA GRANDE INDUSTRIE ET L'INDUSTRIE DOMESTIQUE

§ 1. Rien de moins spontané que le développement de notre grande industrie. Le fait seul que la majorité de nos fabriques, et parmi elles, les plus importantes ont été fondées dans les années qui suivirent de près l'élévation des droits d'entrée, ne laisse planer aucun doute à cet égard. En disant que nos manufactures ont été directement créées par l'Etat, je n'ai pas seulement en vue la politique de Pierre le Grand, politique dont les monopoles de production, les prohibitions de sortie des matières premières et les défenses d'entrée d'objets manufacturés, enfin les commandes de l'Etat ont fait régulièrement partie, mais aussi celle qui fut suivie à une époque plus voisine de la nôtre, par Nicolas Ier et Alexandre III. Si nous devons à Pierre le Grand des industries aussi peu conformes à notre climat que le sont les fabriques de soie, c'est à Nicolas Ier, que revient l'honneur d'avoir créé parmi nous les premières filatures et les tissages mécaniques du coton, produit que notre sol se refusait et se refuse encore à livrer en quantité suffisante. Cette industrie n'a pris de l'essor que grâce à un tarif presque prohibitif dont on avait d'ailleurs posé les bases à une époque antérieure, dans les dernières années du règne d'Alexandre Ier.

Le tarif de **1822** s'opposait à l'importation en Russie de cotonnades étrangères, les plus grossières exceptées. La défense était formelle et rigoureusement observée.

D'ailleurs la prohibition n'atteignait pas exclusivement ce genre de marchandises. Alors que sous Pierre le Grand la protection avait été accordée tant aux soieries nationales qu'aux draps d'origine russe, aux chapeaux faits de peaux de castor et de mouton, aux toiles de lin, aux cordages, à quelques produits chimiques, tels que la térébenthine, le colophane, etc., on étendit en **1822** la prohibition aux toiles d'origine étrangère, exception faite des batistes, aux lainages, aux étoffes de soie, au papier à lettres et au papier d'impression, aux cristaux, aux porcelaines, aux faïences fines, au sucre raffiné. Quant au fer et à la fonte, il était interdit de les introduire par mer. Cette mesure, bien entendu, avait pour résultat de réduire à peu de chose la quantité de métaux de provenance étrangère et d'activer l'industrie nationale du fer. D'ailleurs, on avait établi des droits d'entrée très élevés même sur les métaux qui nous arrivaient par terre : 90 kopecks étaient prélevés à la frontière sur chaque poud de fonte, et 1 rouble 20 kopecks sur chaque poud de fer.

Depuis 1822 notre tarif douanier a été revu et corrigé à plusieurs reprises et les prohibitions d'entrée remplacées par des droits très élevés sur les marchandises étrangères. De la prohibition on passa peu à peu à la protection. C'est ainsi qu'en 1826, on admit l'importation de demi-cotonnades, de draps de lin, de mouchoirs, de riches étoffes de soie et de chapeaux de dames, mais on demanda à la frontière des droits d'entrée s'élevant à 34 et même à 50 0/0 de la valeur de la marchandise importée. Ce fut là le taux des prélèvements faits sur le sucre

non raffiné et les cotonnades (1). Le ministre des finances
Kankrin motivait en 1830, le changement d'orientation
de la politique douanière par « le désir d'encourager le
commerce extérieur et de procurer à nos industriels des
modèles utiles à suivre. » Mais en abaissant les droits de
sortie et en augmentant la liste d'objets admis à l'importation, on continuait à élever les droits d'entrée. Seules
les marchandises nécessaires au développement de l'a-
griculture et de l'élevage pouvaient pénétrer chez nous
librement. Ce fut en 1826 le cas des ciseaux, destinés à
tailler la laine des moutons, et en 1841, celui des machines agricoles.

Quant aux autres marchandises, on abaissa en 1836
les droits d'entrée prélevés sur elles tantôt de 10, tantôt
de 12 0/0. Deux ans plus tard on abolit les droits de
sortie sur le naphte et la laine ; on diminua également
ceux qu'on faisait payer à la potasse, au houblon et au
bétail. En 1841, lors d'une révision générale du tarif, on
ne laissa subsister d'autres défenses d'entrée que celles
qui fermaient la frontière aux brocards d'or, aux galons,
aux robes, à la lingerie, aux indiennes, etc. Quant aux
autres marchandises, on se contenta de leur faire payer
à la frontière un droit de 30 0/0.

Ainsi, à partir de 1822, les droits d'entrée s'élevèrent en bloc de 27 0/0 à 45 0/0, pour retomber en 1841
à 30 0/0.

Voyons maintenant quelle fut durant cette même époque l'évolution de notre industrie dans son centre principal, qui est Moscou. Dans son Examen statistique de
nos usines et de nos fabriques, examen fait à l'occasion
de l'exposition manufacturière de 1853, M. Tarassof
dresse le bilan des progrès accomplis par notre indus-

_____

(1) Ladijensky. *Histoire de notre tarif douanier*, et Mendeléïev.
Tarif raisonné, v. I, p. 75.

trie du coton; celle qui s'est le plus rapidement développée dans la première moitié de ce siècle.

En 1824, c'est-à-dire deux ans à peine après la publication du tarif prohibitif de 1822, Pochvisnev créait à Moscou la première filature mécanique. Bientôt après la « mühl-Jenny » de Crompton était introduite également dans la filature modèle de Volkov établie dans le village de Gorenki (district de Moscou). En l'année 1843, il existait déjà 22 filatures avec 155.404 broches (1). Le nombre d'ouvriers qui y travaillaient était de 8.348. La même année on trouvait également dans le gouvernement de Moscou 382 établissements représentant les autres branches de la même industrie du coton, telles que tissage, blanchissage, teinture et impression d'indiennes ; 42.500 ouvriers étaient occupés à tous ces genres de travaux.

On peut également juger des progrès faits par l'industrie du coton de 1824 à 1853, par les chiffres suivants qui indiquent d'année en année la quantité de coton importée en Russie :

De 1824 à 1826.	74.268	pouds par an
De 1827 à 1829.	98.180	—
De 1839 à 1841.	355.744	—
En 1846	700.000	—
En 1851	1.390.712	—
En 1852	1.834.961	—
En 1853	1.934.418 (2)	—

D'ailleurs toute cette importation a servi à alimenter non seulement les fabriques, mais aussi la petite industrie, ces filatures et ces tissages de famille où le travail se fait à la main et qui peu à peu se sont formés dans le voisinage des fabriques et se sont chargés d'exécuter les commandes non de clients, mais d'industriels et de

____

(1) Chiffre donné par Samoïlov et Tengoborsky (*Forces productives de la Russie*, t. III).

(2) Tarassof, p. 24.

commerçants. Car c'est là un trait particulier et propre à notre petite industrie, que les Russes nomment « koustarnaïa promischlenost », en la comparant à un arbrisseau, de n'être pas seulement le développement naturel de l'industrie de famille, industrie qui n'a d'autre but que de suffire aux besoins des personnes qui la composent, mais encore un dérivé de la grande industrie capitaliste. Ce point a été fort bien mis en lumière par un jeune professeur de Pétersbourg, M. Tougan-Baránovsky. En s'attaquant à ceux qui ne voient dans les rapports des deux industries qu'un antagonisme constant et à la longue meurtrier pour la petite industrie, il établit, chiffres en mains, le fait suivant : les filatures et les tissages domestiques ne se sont développés en Russie qu'après l'établissement des premières fabriques de coton. Longtemps ces dernières ont eu peine à lutter contre l'industrie de famille, laquelle a même fini à un certain moment par centraliser entre ses mains la majeure partie de la production des cotonnades. En effet, le nombre d'ouvriers employés aux fabriques de ce genre diminua d'un cinquième dans la période qui s'étend de 1836 à 1857, tandis que l'importation de la matière première nécessaire à leur travail tripla et quadrupla dans le même espace de temps. Comment expliquer un pareil phénomène, sinon par le fait que les marchands d'étoffes trouvèrent plus avantageux de confier les soins du filage et du tissage à des familles de paysans dont l'éducation technique s'était faite grâce au voisinage de la fabrique, mais qui continuaient à travailler chez eux, sauf à livrer les produits de leur zèle non à des clients, mais à des intermédiaires. Dans une société où la loi attachait le paysan au sol, il était moins avantageux de se procurer des ouvriers travaillant l'année durant à la fabrique, que de confier aux agriculteurs désœuvrés en hiver le soin .

du filage et du tissage. Selon le témoignage de M. le baron de Haxthausen, le salaire était à cette époque plus élevé en Russie qu'en Occident, ce qui s'explique d'ailleurs aisément par le nombre restreint de travailleurs libres et détachés de tous soins agricoles. Au contraire, le petit industriel villageois se contentait d'un faible bénéfice, les produits de son industrie n'étant qu'un supplément à ses revenus de cultivateur. Il n'y a point lieu d'être surpris par conséquent qu'à la longue l'industrie du coton se développa en Russie, sans que pour cela le nombre des fabriques s'accrût en proportion. En 1853, on comptait encore à Moscou le même chiffre de tissages mécaniques que dix ans plus tôt. Il est vrai que ces derniers livraient plus que le double de marchandises, mais ces marchandises elles-mêmes ne représentaient qu'une faible partie de toutes les cotonnades fabriquées avec les deux millions de pounds de matières premières importées en Russie dans le courant de cette même année.

M. Tarassoff, dans son livre sur l'état des manufactures moscovites, livre paru en 1856, se plaint de la concurrence faite à la grande industrie par la petite et déclare que les tissages domestiques sont moins bons et leur teinture moins durable ; mais il constate en même temps que les « koustari », ou petits industriels, progressent, et que les marchandises qu'ils fabriquent sont très répandues parmi le peuple des campagnes vu leur bon marché excessif (1). D'année en année, on voit reparaître les mêmes doléances. La petite industrie combat avantageusement la grande en livrant ses produits à un prix dérisoire. On est loin de s'attendre à ce que dans 20 ou 30 ans les rôles seront entièrement changés

____

(1) Tarassoff, a. 1856, p. 8

et que c'est l'industrie domestique qui aura le plus à
pâtir de la concurrence (1).

En dehors de Moscou, c'est surtout à Ivanovo-Vozne-
sensk, dans les environs de Schouïa (gouvernement de
Vladimir), que se développa, dans la première moitié du
siècle, une branche particulière de l'industrie du coton
qui est celle de l'impression des indiennes. Au dire de
ses historiens, cette industrie, dont les familles villageoises devinrent l'organe, doit son origine à une importation provenant de Moscou (2) et ses progrès rapides
à l'incendie de 1812, lequel, en supprimant pour un
temps la concurrence des fabriques, détermina la croissance de ces petites entreprises manufacturières que la
langue russe compare à des arbrisseaux.

Ailleurs encore, à Maloiaroslavez (dans le gouvernement de Kalouga) et à Egorievsk (dans le gouvernement
de Riazan), la petite industrie trouva son berceau dans la
grande. La fabrique de cotonnades fondée par Goubin
à Maloiaroslavez en 1830, dut, à la distance de vingt années d'exercice, interrompre son fonctionnement, grâce
à la concurrence des tissages villageois. La fabrique de
Chloudov à Egorievsk n'eut pas le même sort, mais elle
devint également le foyer d'où sortirent les tissages domestiques très répandus dans son voisinage.

Ainsi le tarif, d'abord prohibitif, puis simplement
protecteur, détermina l'ouverture des premières filatures
et des premiers tissages mécaniques. Il fut la cause du
développement rapide d'abord de la grande, puis de la
petite industrie du coton. Cette dernière prend de l'éten-

(1) « Le rôle historique du capital dans le développement de la petite industrie » (*La Parole Nouvelle*, revue dirigée par M. Strouve,
avril 1897, p. 14)

(2) Un ouvrier travaillant au siècle dernier dans une manufacture de
cotonnades à Schlusselbourg et qui était originaire d'Iwanov pénétra
le secret de la confection des couleurs nécessaires aux teintures et, une
fois rentré chez lui, il créa la première industrie d'indiennes.

due grâce à la médiocrité des profits dont se contente le paysan agriculteur et à la cherté relative de la main-d'œuvre dans un pays de servage, d'attachement forcé du villageois au sol qu'il cultive. Aussi n'est-il pas étonnant qu'après un changement radical dans notre milieu social, changement dont l'origine remonte à l'émancipation des serfs, la petite industrie devienne incapable de soutenir la concurrence de la grande, car cette dernière dispose à l'heure qu'il est non seulement d'un outillage perfectionné, mais encore, comme nous le verrons dans la suite, d'un personnel nombreux de prolétaires ne demandant qu'à vendre le travail de leurs bras à n'importe quel prix.

Au début de ce chapitre, j'avais promis de faire connaître la façon dont le système protecteur a encouragé le développement de notre industrie. J'ai tenu en partie mon engagement en parlant des progrès rapides de l'industrie du coton sous le règne de Nicolas Ier. Mais je puis également citer à l'appui de ma thèse des faits beaucoup plus récents. Je n'en connais point de plus concluants que ceux que présente le développement de notre industrie du fer et de la fonte. Elle n'a pris un élan sérieux que dans ces dernières années, depuis l'élévation des droits d'entrée sur les métaux de provenance étrangère. Le tarif de 1850 avait mis fin à la défense de les introduire par mer, ainsi qu'à l'imposition d'un droit d'entrée s'élevant à 1 rouble 30 kopecks par poud sur la fonte qui nous arrivait par terre. On ne préleva désormais que 50 kopecks d'un poud de fonte, puis, à partir de 1857 15 kopecks seulement et enfin dès 1868 5 kopecks. En même temps on abaissait les droits d'entrée sur le fer de 49 kopecks à 35. Pour encourager la création de nouvelles fabriques de machines, on alla même jusqu'à permettre en 1861 de recevoir directement le fer et la fonte de l'étranger sans payer aucun droit d'entrée. Aussi la construction de nos chemins de fer, de nos bateaux à vapeur, de nos machines et de nos canons se fit-elle surtout avec du métal de provenance étrangère. En 12 ans, à partir de 1868 et jusqu'en 1880, on introduisit plus de 435 millions de pouds de ce métal, tantôt sous forme de fonte, tantôt sous celle de fer et d'acier, tantôt enfin sous celle de machines. M. Mendeleïeff déclare que la valeur totale de cette marchandise s'éleva à un milliard cent mille roubles papier, ce qui fait qu'annuellement la Russie, dans le même espace de temps, dépensait à peu près 100 millions de roubles pour l'achat d'un produit dont elle est fort riche elle-même. Pour se procurer les fonds nécessaires à cette dépense, l'État contracta durant la même période une dette étrangère de 1.600.000.000 de roubles dont, par conséquent, un tiers seulement a servi à d'autres besoins que ceux de l'extension du réseau de nos voies de communication, de la construction de nos fabriques et de l'agrandissement de notre artillerie. Durant les mêmes années, la balance commerciale, sans parler de la balance économique, nous fut constamment contraire, la différence entre les entrées et les sorties s'élevant à 70 et même à 151 millions de roubles (années 1873 et 1875).

Mais déjà en 1877, les droits d'entrée sur le fer et la fonte furent élevés par le seul fait qu'on obligea à les payer non en billets de crédit, mais en or. En 1881, on les augmenta encore de 10 0/0 et depuis leur accroissement est devenu constant. En 1882, un poud de fonte était déjà imposé de 6 kopecks or, en 1884 de 9 kopecks, en 1886 de 15 kopecks, en 1887 de 25 kopecks, en 1890 de 30 kopecks. Les mêmes droits ont été maintenus par le nouveau tarif, celui du 1er juillet 1891.

De pair avec cette augmentation des droits d'entrée se développait l'industrie nationale du fer.

En 1884, alors que le poud de fonte étrangère payait

6 kopecks or, les fabriques de Iouse dans le gouvernement d'Ekaterinnoslav et celles situées en Pologne ne livraient annuellement que 4.500.000 pouds de fonte, tandis qu'en 1887, quand les mêmes droits d'entrée s'élevèrent à 25 kopecks par poud, les seules fabriques de Iouse suffirent pour assurer le même rendement. En 1888, le chiffre de leur production annuelle s'éleva à 5 1/2 millions de pouds, et en 1889, à 8.500.000 pouds. Nous constatons les mêmes progrès en Pologne. D'abord en 1887, 3 3/4 de millions, puis 4 3/4 et 5 1/2 millions de pouds (1).

Nous avons vu que le développement rapide de l'industrie du coton, grâce à l'élévation des droits d'entrée, n'a servi en définitive que les intérêts de la petite industrie. En a-t-il été de même quant à l'industrie du fer? Nullement, car les temps ont changé ; le machinisme est arrivé à un degré de perfectionnement qu'il n'avait pas atteint il y a un demi-siècle. Le salaire a diminué grâce à la formation d'un prolétariat nombreux et inconnu jadis ; le paysan communiste est tombé dans maintes provinces dans un tel état de misère qu'il ne peut plus considérer l'exercice de l'industrie domestique comme un simple appoint à ses revenus agricoles. Il n'arrive à suffire, et encore maigrement, à ses besoins quotidiens, qu'à la condition de travailler un nombre d'heures dépassant d'un quart et même d'un tiers celui des ouvriers de fabrique, et ses bénéfices restent tout de même au-dessous des salaires reçus par le manœuvre exécutant les travaux les plus grossiers et les moins bien rémunérés.

Nous aurons lieu de nous en convaincre en étudiant l'état actuel d'une des industries domestiques les plus répandues, celle des cloutiers.

Ce métier s'est développé dans le nord de la Russie,

____

(1) Mendeleieff, *Le tarif raisonné*, vol. I, p. 94-99.

notamment dans le gouvernement de Novgorod à Ouloma. De là, il a été importé dans les districts limitrophes des gouvernements de Tver et de Iaroslav. Il fut un
temps où les paysans d'Ouloma comptaient parmi eux
20.000 forgerons occupés à la confection des clous et où
la valeur de leur marchandise s'élevait au chiffre de
3 millions et quelques centaines de mille roubles par
an. Cette industrie s'est développée, grâce à la présence,
aux environs d'Ouloma, du minerai de fer ; on le tire
des marais et on le dégage en brûlant la terre qui le
contient. On reçoit la fonte dans des récipients de forme
ronde et ayant un diamètre de 6 verschok, le quart
d'une aune. C'est là le genre de matière brute qui sert
à Ouloma à la confection des clous ; on met également
à profit le rejet des forges. Ainsi le petit industriel villageois a le moyen de se procurer le fer à bon compte ;
c'est la seule raison pour laquelle il a pu pendant de
longues années vendre sa marchandise à un prix plus
bas que celui des fabriques. Malheureusement la quantité de fer dont on dispose est insuffisante. Aussi, fut-on
forcé de recourir aux marchands nomades qui en font le
trafic. Ceci créa des liens de dépendance entre les cloutiers et ces petits commerçants. Car le villageois est
rarement en état de disposer en temps dû de la somme
nécessaire à ses achats ; il doit, en définitive, se faire
prêter par le marchand la matière brute qui lui manque,
sauf à le payer plus tard en produits de son industrie.
Je n'ai pas besoin de dire que dans de pareilles opérations l'intermédiaire garde à son profit la part du lion.
Aussi, tout compte fait, et malgré un travail de 14 à 16
heures par jour, travail auquel toute la famille prend
part, le petit industriel recueille à peine quelques dizaines
de kopecks. Ce sont là les chiffres que donne l'enquête
sur les industries domestiques ou « koustarniia pro-

misli » (1), enquête entreprise par les Conseils généraux de nos provinces. Les profits du petit industriel ne représentent qu'une faible part des bénéfices que le cloutier retirait avant 1865-70, époque à laquelle commença la terrible concurrence du clou fait à la machine. Ce dernier est à l'heure qu'il est moins coûteux et possède une élégance et une solidité qu'on chercherait vainement dans un clou fait à la main. Il suffit en effet d'une minute de temps pour fabriquer à la machine une cinquantaine de clous, de sorte qu'en un jour on arrive au chiffre prodigieux de 57.000 clous, tandis que dans le même espace de temps, un artisan cloutier, travaillant à l'aide de l'enclume et du marteau, ne peut en produire que mille. Encore faut-il que son travail dure 18 heures par jour (2).

Ce n'est que grâce à l'introduction tardive du machinisme dans cette branche d'industrie (cette introduction ne remonte chez nous qu'à 1840 et les fabriques de clous n'ont été fondées en nombre suffisant qu'après la révision du tarif dans un sens protectionniste) que l'artisan villageois a pu longtemps garder un rôle prépondérant dans la production des clous. En 1860 il gagnait encore 1 rouble 50 kopecks par semaine, 16 ans plus tard, à peine le tiers de cette somme, et maintenant de 25 à 43 kopecks par jour (3). Aussi le nombre de personnes qui trouvent leur gagne-pain dans ce genre d'industrie domestique a-t-il sensiblement diminué. En 1850 il était encore de 20.000. A l'heure qu'il est, il n'atteint pas même le chiffre de 10.000.

Il n'en a guère été autrement dans les districts de Tver, de Biejeczk, de Vesiegonsk, de Nijni-Novgorod et d'Arsamas, ou encore dans celui de Iaroslav, partout enfin où

(1) 1re livraison, p. 52.
(2) Voyez Fomin : *Esquisse d'une histoire de l'industrie du clou en Russie*, Kharkov, 1897, p. 25.
(3) *Ibid.*, p. 18.

le villageois avait l'habitude de doubler son revenu par l'exercice du métier de cloutier. Sans atteindre l'importance qu'elle eut naguère à Ouloma, la clouterie fut florissante parmi les villageois de ces régions dans la première moitié du siècle. Rien que dans les trois districts du gouvernement de Tver nommés plus haut, on trouvait 6.000 personnes engagées dans l'exercice de ce métier. Chacune gagnait en moyenne 90 kopecks par semaine et les plus habiles arrivaient même à un revenu d'un rouble 50 kopecks. La production avait pris une telle extension qu'on ne pouvait plus se passer d'auxiliaires et qu'on embauchait des aides et des apprentis aux gages de 20 à 30 roubles par saison d'hiver. C'était d'ailleurs la seule époque à laquelle se fit ce genre de travail, l'été étant consacré régulièrement aux soins agricoles. Ainsi, durant 27 semaines de l'année, le paysan était en état de doubler ses bénéfices par l'exercice d'une industrie domestique et qui à la longue seulement est devenue un rouage dépendant de la production capitaliste. A l'heure qu'il est, le cloutier de Tver, comme son collègue à Ouloma, reçoit ses commandes non de clients, mais de petits négociants nomades qui lui livrent la matière brute et lui font des avances d'argent, sauf à se rattraper sur le bas prix de la marchandise qu'ils lui achètent. On aurait tort de voir dans le cloutier villageois moderne autre chose que le représentant de cette forme intermédiaire entre la petite et la grande industrie qui consiste à faire travailler l'ouvrier chez lui, mais au profit de l'industriel ou négociant capitaliste. C'est là ce que les économistes allemands avec M. Bücher en tête appellent du nom de « système des avances » et les Anglais de « domestic system of grand industry ». Ce n'est là qu'un acheminement vers l'industrie capitaliste et s'exerçant au sein de la fabrique.

La majeure partie des métiers domestiques ou « koustarniia promisli » en sont arrivés là, et si quelques économistes russes, notamment MM. Vorontzov et Iarotzky comptent encore de 7 à 8 millions de personnes exerçant quelque petite industrie comme supplément à leur travail agricole, il ne faut point perdre de vue que la majeure partie de ces personnes ne travaillent plus que sur commande et que ces commandes partent de marchands ou de gros entrepreneurs.

On a cru relever la petite industrie en lui appliquant le principe de l'association, principe qui apparaît dans nos « artels » ou encore en la faisant bénéficier d'un crédit à bon compte, crédit dont elle a été privée jusqu'ici. Sans me prononcer d'une façon définitive sur le sort réservé à l'industrie domestique, je me crois en droit d'affirmer que jusqu'ici toutes les mesures prises à son égard n'ont guère porté de fruits de quelque importance. C'est ainsi que les artels des cloutiers dont la création a été encouragée par les conseils généraux de Tver et leurs commissions exécutives n'ont fait que gaspiller sans profit l'argent que ces mêmes conseils leur avaient prêté.

La concurrence des machines est trop forte pour permettre la réussite d'une industrie n'admettant que le travail des bras. Aussi, après un essai de quelques années, l'administration provinciale élective s'est-elle vue forcée de ne plus exiger des 10 artels qu'elle avait jusque-là soutenues de son crédit les 3 mille et quelques centaines de roubles auxquelles arrivait le montant de leur dette (1.

Dans quelques autres branches de la production manufacturière, l'industrie familiale parvient encore à se maintenir. Ce sont généralement celles où la matière

______

(1) *Ibid.*, 67.

première se trouve en abondance presque sous la main
des producteurs, et les objets qu'ils façonnent sont en
même temps très demandés dans le milieu villageois.
Tel est le cas des menuisiers et des carrossiers de campagne, comme aussi de tous ceux qui font avec la tille
des arbres des nattes et de gros souliers connus sous le
nom de « lapti ». Ces industries domestiques prospèrent
surtout dans les régions boisées du nord et du nord-
ouest. D'autre part, les potiers et les briquetiers qui
ont eu la chance de trouver la terre glaise à leur portée,
gagnent dans quelques districts du gouvernement de
Kiev par exemple 40 à 50 roubles par an, notamment dans
ceux de Tchiguirine, de Kanev et d'Ouman (1). On
compte également au nombre des petits métiers villageois la fabrication d'assiettes, de cuillers et de broches
en bois, d'ustensiles de ménage, de corbeilles, etc. Seulement les métiers pareils à ceux que je viens d'énumérer ne procurent du travail qu'à la minorité des foyers
villageois, le plus grand nombre étant occupés à exécuter
des commandes d'un tout autre genre, telles que couture de gants, dont les paysans n'ont évidemment que
faire. Aussi ceux qui y prennent part ne sont plus que
les organes subalternes de la grande industrie capitaliste.

M. Charizomenov a établi le nombre d'industries
villageoises ayant encore gardé des rapports directs
avec les clients et de ceux qui ne travaillent plus que sur
commande d'intermédiaires, de fabricants ou de négociants. Il ressort de son exposé que 72 0/0 des industries
villageoises et 86 0/0 des marchandises produites par
elles appartiennent déjà à cette dernière catégorie. C'est
du moins le cas du gouvernement de Moscou où Cha-

____

(1) Mozgovoi. « L'industrie domestique » dans le gouvernement de
Kiev », Kiev, 1887, p. 4 et 6.

rizomenov a puisé ses renseignements (1). Il est évident
que le crédit à bon compte qu'offrent aux artels ou associations de petits industriels de campagne les conseils
généraux ne pourront relever que ceux des métiers villageois dont l'existence n'a pas été atteinte par les progrès du machinisme ou qui ont profité eux-mêmes de
ces progrès en se les appropriant.

Nous en trouvons la confirmation manifeste dans ces
artels ou associations pour la production des fromages
qui, grâce à l'initiative de quelques patriotes éclairés,
notamment de M. Vereschaguine, se sont formées dans
les gouvernements de Novgorod, de Tver et de Iaroslav. Les conseils généraux de ces provinces et leurs
commissions exécutives permanentes ont plus d'une fois
contribué au succès de ces entreprises par des avances
d'argent, souvent gratuites (2).

§ 2. Si notre grande industrie est restée jusqu'ici le
produit artificiel d'une politique foncièrement protectionniste, il ne s'ensuit guère qu'il en sera également
ainsi dans l'avenir. Je constate déjà dans son évolution
récente quelques symptômes du contraire : ainsi, une
tendance au déplacement vers les régions où la matière
brute qui sert à l'alimenter se trouve en grande abondance. Pendant plus d'un demi-siècle l'industrie s'est
concentrée à Moscou et dans les provinces du centre ;
maintenant elle émigre vers le sud, en partie parce que
le sol et le climat y sont plus favorables à la culture de
la betterave, en partie aussi parce que la terre contient
dans ses entrailles la houille et le fer.

Aussi longtemps que le nord de la Russie fournissait
en abondance et à vil prix le bois de chauffage, l'industrie avait toutes les raisons imaginables de se concen-

(1) « *Journal juridique* », nov. 1883, p. 43.
(2) VV. Artelnia Natchinania rousskago obschestva, p. 21-42.

trer dans une région relativement peu fertile, mais reliée par un réseau de chemins de fer aux villes commerçantes et aux provinces les plus éloignées. Tel était précisément le cas de Moscou, à laquelle vint aboutir sous le règne de Nicolas le premier chemin de fer et qui fut régulièrement choisie pour point de départ de tous ceux qu'on construisit depuis. Mais le transport des marchandises par voie ferrée est relativement coûteux, et c'est peut-être là le secret des progrès récents faits par l'industrie de St-Pétersbourg, un peu au détriment de la vieille capitale russe. Car la houille de provenance étrangère n'ayant point été imposée jusqu'à ces dernières années d'une façon sensible, Pétersbourg a plus de facilité que Moscou à s'approvisionner d'un combustible peu coûteux. Il a en plus l'avantage d'être relié avec le Dnieper et le Volga par des canaux. Le jour où le gouvernement se décidera à entreprendre les travaux coûteux qu'exige la régularisation du cours du Dnieper, les ports de la Baltique pourront recevoir le combustible même à meilleur marché que de nos jours, car il leur arrivera d'Ekaterinoslav, le centre de notre région houillière.

Ce que Moscou est pour la Russie, Lodz l'est pour la Pologne. Or, il est difficile de trouver un centre manufacturier plus mal choisi. Tout lui manque : l'eau et les moyens de transport qu'offre l'existence de fleuves navigables, la houille et le bois de chauffage qui abondent pourtant dans d'autres provinces polonaises, le fer dont les gisements se trouvent également ailleurs. Aussi la grande extension prise par l'industrie de Lodz ne s'explique que par des causes purement fortuites. Avant 1850, alors que la Pologne était séparée de la Russie par des douanes intérieures, ses fabriques et ses usines ne pouvaient écouler leurs produits dans le vaste empire auquel son sort avait été lié. Cela explique la raison pour laquelle des 132 fabriques qu'on comptait dans le royaume en 1887 et dont le nombre s'est accru depuis, il n'en existait en 1850 que le cinquième (24 en tout). Mais le grand élan pris de nos jours par l'industrie polonaise ne remonte même pas aux vingt années qui ont suivi la suppression des douanes intérieures et la création de ce réseau de chemins de fer qui depuis 1862 a relié Varsovie non seulement à la capitale russe, mais encore aux provinces du centre, à la Lithuanie et à la Petite Russie. En effet, dans ces vingt années le chiffre des fabriques s'est à peine accru de 27, tandis que depuis, rien qu'à la distance de 16 ans, ont été fondées 81 fabriques nouvelles. Aussi comment expliquer ce fait autrement qu'en l'attribuant à l'augmentation des droits d'entrée, augmentation qui a forcé les industriels allemands et anglais à passer la frontière afin de tirer profit de la prime offerte par le gouvernement. Ce passage n'exigeait de leur part qu'une petite augmentation de dépenses pour le transport à quelques dizaines de verstes de la matière brute de provenance étrangère. Les droits d'entrée dont les produits manufacturés ont été frappés finissent même par être d'un grand secours au progrès de cette industrie, plutôt cosmopolite que nationale, et employant un nombre d'ouvriers étrangers dont on se rend difficilement compte (1). Comme le tarif douanier atteint surtout les produits manufacturés et non la matière brute ou les produits à demi-manufacturés, les propriétaires de fabriques situées au delà de la frontière s'empressèrent d'ouvrir des succursales en Russie, dans l'intention avérée de toucher la prime offerte par

(1) Dans le district de Sosnovizi les trois quarts des ouvriers employés aux fabriques étaient en 1887 de provenance étrangère. A Lodz les étrangers ne formaient plus que 8 0/0 du chiffre total (Ianschul : Esquisse historique du développement de l'industrie manufacturière en Pologne, p. 62).

le gouvernement aux produits de l'industrie russe. Aussi toute la frontière occidentale du royaume de Pologne est parsemée de nos jours de ces nouvelles annexes souvent établies par des sociétés d'actionnaires dont le siège est à Vienne ou à Berlin. C'est dans les districts les plus voisins de la frontière, ceux de Lodz et de Sosnovizi, que le mouvement a été le plus prononcé. Aussi voyons-nous Lodz devenir dans ces dernières années, de petite bourgade qu'elle avait été dans la première moitié du siècle, la première ville de la Pologne après Varsovie et la cinquième de tout l'empire russe.

Tout de même on constate dans ces dernières années dans le domaine de l'industrie polonaise un changement très considérable et fait pour nous convaincre que les causes naturelles qui assurent son développement finiront par prendre le dessus, autrement dit que l'extension et la multiplication de ses fabriques et usines ne seront pas toujours dues à la seule élévation des droits d'entrée.

Le district de Sosnovizi, riche en houille, commence à tenter de plus en plus les fabricants étrangers. Il les attire par l'attrait d'un combustible bon marché, ainsi que par sa situation presque limitrophe. Déjà en 1887, le professeur Ianschul, qu'on avait chargé d'étudier les causes qui déterminent le développement de l'industrie polonaise, constatait que nulle part ses progrès n'avaient été plus rapides que dans cette région voisine de la frontière. On peut juger de l'élan pris par l'industrie de Sosnovizi par les chiffres suivants : avant 1870, le nombre de ses fabriques n'arrivait pas même au cinquième du chiffre atteint en 1887. La majeure partie de ces établissements industriels est située à 7 ou 8 kilomètres de la frontière. Rien que dans l'espace de dix ans, de 1877 à 1887, on procéda à la création des 3/5 des fabriques du district.

Un mouvement analogue, mais sur une échelle beaucoup plus grande, se produit de nos jours dans le midi de la Russie. Non seulement les gouvernements de Kiev et de Charkov sont à l'heure qu'il est les deux centres principaux de l'industrie du sucre, grâce à la bonne réussite de la betterave dans ce climat plus doux et sur ce sol plus fertile (1), mais le gouvernement d'Ekaterinoslav tend également à devenir un des grands foyers de notre industrie minière. Cette dernière progresse d'une façon rapide et ininterrompue depuis que le nouveau tarif, celui de 1891, a élevé, ainsi que nous l'avons vu plus haut, les droits d'entrée sur le fer et la fonte.

En effet, d'après des statistiques récentes, la production de la fonte, du fer et de l'acier en 1895 a déjà atteint le chiffre énorme de 88.785.000 pouds. Elle est de 7 à 8 millions de pouds plus grande que l'année précédente, laquelle elle-même l'emporte sur sa devancière de 3 1/2 millions de pouds. Quelque considérable que soit ce nombre, il ne suffit pas aux besoins de notre industrie, ce qui fait que nous continuons à importer 47.602.000 pouds de fer et d'acier.

Si nous nous demandons maintenant d'où proviennent notre fer et notre fonte, nous arrivons à la constatation de ce fait que le midi de la Russie, notamment la même région que celle de la houille, région qui s'étend sur les deux rives du Donetz, affluent du Don, en produit la majeure partie, tandis que naguère encore le premier rang dans cette industrie revenait à la région de l'Oural. La différence entre ces deux régions n'est pas d'ailleurs bien sensible ; le midi nous livre 39 millions

(1) En 1896/7 le nombre de sucreries dans tout l'Empire était de 235, cinq en plus de ceux qui fonctionnaient l'hiver dernier et 8 en plus de ceux de l'année 1894/5 ; parmi elles, 202 ne faisaient que des grains de sucre et 33 seulement étaient comptées au nombre des raffineries. Quant à l'extension des plantations de la betterave, on peut en juger par ce fait que l'année dernière elle occupait 323.722 dessiatines — 5000 dessiatines en plus qu'en 1895 et 16.000 en plus de l'année 1894 (Voir le *Courrier des finances*, a. 1897, n° 6).

de pouds de fonte en chiffres ronds et l'Oural 35 millions.

Mais, notons ce détail, tandis que l'Oural produit 17 3/4
millions de pouds de fer, le midi nous livre presque autant d'acier (15.680.000), ce qui prouve que c'est ici que
sera ou qu'est déjà le centre de la métallurgie russe ; les
fabriques de Iousovka et du Krivoy-Rog en sont devenues le principal organe (1).

Le même déplacement peut être constaté dans la production du charbon de terre. Elle s'est élevée en 1895 à
555 millions de pouds, 28 millions en plus de l'année
précédente. Cette masse énorme de produits provient
d'une double source. Les 4/7 à peu près du chiffre total reviennent à la région du Donetz, et les 3/7 restants
se partagent entre la Pologne, l'Oural et la région moscovite, ou plutôt celle de Toula de la Kalouga. Ainsi,
la grande Russie ne contribue que pour une partie minime à la formation de ce total. En dehors des 555
millions de pouds de charbon qui proviennent de nos
propres houillères, nous avons encore consommé en
1893, 117.680.000 pouds de charbon étranger. Ce chiffre
est de 3 millions inférieur à celui de l'année suivante
(1894). Ainsi le besoin de nos fabriques en combustible
minéral croît plus vite que l'utilisation de nos richesses

(1) Ces chiffres sont donnés par le *Courrier des finances* du 23
février (n° 8). Dans le n° 21 du même journal nous lisons : en 1896
le nombre total de pouds de fonte a été 98.414. Dans ce chiffre l'Oural entrait pour 35 millions et demi et le sud et sud-ouest de la Russie pour 39 millions, les provinces polonaises pour 13 millions et
demi, la zone centrale pour 8.226.000, la Finlande pour 1.271.000 et
la Sibérie pour 539.000 pouds.

La production du fer présente les chiffres suivants :

Année 1894. Total 30.573.000. Dans ce chiffre l'Oural entre pour
17.753.000 et le midi de la Russie pour 2.526.000 pouds.

Production de l'acier : Année 1894. Total 42.921.000 pouds, dont
l'Oural, 5. 333.000 et le midi, 15.680.000.

Production du cuivre. Année 1895. Total, 340.000 pouds, dont le naturelles, laquelle, par conséquent, doit être activée.

Il importe en ce moment de signaler le fait que c'est le midi de la Russie et notamment le gouvernement d'E-katerinoslav qui tend à devenir le chef-lieu de l'extrac-tion tant du fer que de la houille. Or ces deux produits sont précisément ceux qui ont fait du sud-ouest de l'An-gleterre le principal centre de l'industrie mondiale. On s'explique par conséquent que des naturalistes émi-nents, tels que M. Mendeleieff, prédisent le même ave-nir à la région du Donetz. Une accumulation de plus en plus rapide d'usines et de fabriques de tout genre commence déjà à se produire dans ces provinces où, il y a 50 ans, la population était encore clairsemée et la terre coûtait à peine une trentaine de roubles la dessia-tine. De petite localité de 20 à 30 mille habitants qu'il avait été dans la première moitié du siècle, Ekaterinos-lav est devenu une ville de plus de 120.000 âmes et il continue de croître avec une rapidité étonnante. Le prix du sol sur toute l'étendue de la province a depuis long-temps dépassé 100 roubles (1) la dessiatine.

Je dirai en quelques mots quelles sont les espérances qu'entretiennent quant à l'avenir de notre région houil-lère les protectionnistes les plus intransigeants, et parmi eux ce prince de la science qu'on appelle Mendeleieff.

Ce chimiste célèbre se déclare partisan d'une aug-mentation des droits d'entrée sur le charbon de terre de provenance étrangère, ainsi que de la régularisation du cours du Donetz et du Don, régularisation qui permet-trait le transport peu coûteux de ce combustible dans la

Causase, 166.552 et l'Oural, 160.608. Citons encore les chiffres de l'ex-traction du fer en 1895 : 143.650.000 pouds, dont 61.000.000 dans l'Oural, 59.000.000 dans la zone méridionale et 20.000.000 dans l'ouest (en Pologne).

(1) En 1889 la moyenne était de 86 roubles la dessiatine. *Recueil de données sur la situation économique des divers gouvernements de la Russie d'Europe.*

région moscovite. « La houille, dit-il, est appelée à remplacer les combustibles végétaux, parce qu'il faut brûler deux fois et demi plus de bois pour produire la même chaleur. Aussi peut-on exporter la houille à une plus grande distance et à moins de frais que le bois, mais encore faut-il que le transport se fasse par eau ; or pour cela notre charbon est forcé de faire le tour de l'Europe. Ce n'est qu'ainsi qu'il peut aboutir aux ports de Libava, Revel et Petersbourg. Par conséquent il est important qu'un poud de charbon russe, dont grâce aux frais d'extraction le prix sur place s'élève déjà à 3 et 4 kopecks, puisse soutenir la concurrence de la houille étrangère, même après avoir accompli le long voyage circulaire qu'exige son transport des stations de la mer d'Azov dans celles de la Baltique. On ne peut arriver à ce résultat qu'en élevant les droits d'entrée sur le charbon de provenance étrangère. D'ailleurs il serait encore plus avantageux de diminuer les frais qu'exige le transport de ce combustible en établissant les nouvelles fabriques dans la région même où se trouvent les gisements de la houille. L'industrie russe, déclare Mendeleieff, ne pourra concourir avantageusement avec celle de l'Europe que si elle renaît sur les bords du Donetz, dans le voisinage de la houille, de la mer, de la terre noire et du Caucase. Dans toute l'Europe, on ne peut trouver une combinaison de circonstances plus heureuses, plus favorables à l'épanouissement de l'industrie. Si l'Angleterre est redevable à la houille de l'élan pris par ses fabriques et ses mines dans le courant de ce siècle, la Russie lui devra tout son avenir, car nous possédons une quantité de charbon de terre non moins considérable. Il n'est point de pays plus à même de devenir le centre de la production industrielle que celui dont le sous-sol est occupé par la houille. Seulement pour activer son extraction, il faudrait déclarer le sous-sol propriété nationale, sauf à admettre les particuliers à l'exploitation des richesses qu'il contient » (1).

Si l'avenir de notre industrie gît dans le sud, son état présent est déterminé par les progrès accomplis par elle à Pétersbourg, dans la région moscovite, dans celle de l'Oural, ainsi que dans les provinces occidentales de la Pologne. On en peut juger par les chiffres suivants : des 2 milliards de roubles auxquels s'élève le total des marchandises produites par nos usines et nos fabriques, presque la moitié revient aux fabriques de tissus de laine, de lin et de coton.

Or ces fabriques sont situées en partie à Pétersbourg, en partie dans le cercle manufacturier central, à Moscou, à Vladimir, à Tver, etc., en partie enfin dans les provinces polonaises. Il y a bientôt 15 ans que les marchandises produites par ces fabriques forment juste la moitié du revenu total de l'industrie russe, ce dernier s'élevant déjà en 1882 à 848 millions de roubles dont 419.500.000 étaient le produit de la vente de toiles, de draps, de cotonnades et d'étoffes de soie. Depuis, ces deux chiffres ont progressé de la façon suivante : année 1890, total : 1064 millions de roubles ; toiles, cotonnades, lainages et soieries, 518.700.000 roubles ; année 1892, total 1.266 millions ; cotonnades, lainages, soieries, 580 millions.

Après la production des tissus l'industrie la plus importante est la métallurgie ; son rendement équivaut à peu près au cinquième du revenu total de nos fabriques et de nos usines. Puis vient l'industrie du sucre à laquelle nous devons tous les ans à peu près la sixième partie de nos produits manufacturés. La métallurgie se concentre dans la zone moscovite, ainsi que dans le nord-ouest. On pourra juger de ses progrès par les chiffres suivants :

(1) *Tarif raisonné*, a. 1892, vol. II, p. 35-370

En 1880, elle nous donnait un revenu de 115.600.000 roubles.

En 1890, ce revenu atteignait le chiffre de 148.800.000 roubles et en 1892, 240.000.000 roubles (1).

Quant au nombre d'ouvriers qui trouvent leur gagne-pain dans le travail des mines, il s'élevait en 1893 à 465.000 hommes, dont plus de la moitié (212.000) étaient employés dans l'Oural, 68.000 dans la Russie méridionale, 52.000 en Sibérie, 33.000 en Pologne, 29.500 dans la zone centrale (2).

Passons à l'industrie du sucre. Des 235 sucreries qui ont fonctionné pendant l'hiver de 1896-1897, 160, c'est-à-dire presque les 2/3, reviennent aux seuls gouvernements de Kiev (62), Podolie (46), Kharkov (23), Koursk (17) et Volhynie (12) ; en dehors de cette région, la Pologne en possède le plus grand nombre (44) et le seul gouvernement de Varsovie la moitié (20). Le reste, c'est-à-dire à peine 31 usines, sont réparties entre les diverses provinces situées au sud de Moscou et à l'est, jusqu'à Samara inclusivement (3).

Abstraction faite des industries qui opèrent avec les matières filandreuses, les métaux et le suc de betterave, les autres ne produisent annuellement que pour quelques dizaines de millions de roubles. La principale de ces manufactures secondaires est celle des cuirs. Le centre de la tannerie russe est Pétersbourg. Il possédait déjà, en 1880, 41 fabriques, avec un personnel ouvrier de 1.514 personnes et un rendement annuel de 4.572.000 roubles.

(1) Article de M. Mendeleieff dans le recueil intitulé : *L'industrie manufacturière en Russie*, p. 57.

(2) Dans le chiffre total figurent pour la somme de 53 millions et demi de roubles les produits livrés par les fabriques mécaniques. Leur valeur s'est accrue de plus de la moitié dans le courant de ces 25 dernières années, c'est-à-dire en partant de 1870. V. *Les forces productives de la Russie*, recueil de V. Kovalevsky, p. 58.

(3) *Courrier des finances*, 1897, N° 6.

Dans la zone centrale, les gouvernements de Tver et de Moscou produisaient en 1890 des cuirs pour la somme de 5 millions et demi de roubles (dont 3.800.000 revenaient au seul gouvernement de Moscou). Le nombre d'ouvriers occupés dans la tannerie était, dans cette dernière province, de 2.770 personnes, et dans celle de Tver de 1.222. Puis viennent les provinces de l'est et, entre autres, celle de Viatka, avec ses 3.300.000 roubles de produits annuels, et les trois provinces de l'ouest et du midi, Kiev, Tchernigov et Kherson. Chacune d'elles produit pour plus d'un million de cuirs par an.

La Pologne joue un rôle important dans le domaine de la tannerie, avec ses 210 fabriques, dont le rendement annuel s'élève à 6.660.000 roubles. La Sibérie et, en proportion moindre, le Caucase et le Turkestan, sont également au nombre des pays où la tannerie est une des sources de revenus.

Sans entrer dans de plus amples détails, nous dirons que dans ce domaine la petite industrie a su encore sauvegarder ses intérêts. Seulement la diminution du nombre total de bêtes à cornes a pour suite la pénurie de nos classes agricoles qui provient de ce que, loin de croître, l'industrie du cuir baisse de plus en plus tous les ans. On en trouve la preuve dans les chiffres suivants :

Année 1880, rendement total de l'industrie du cuir, 42 millions de roubles.

Année 1890, 35 millions de roubles.

Année 1892, 32 millions de roubles (1).

Tout autre est le spectacle que présente la fabrication des produits chimiques, l'industrie du papier, la céramique, la verrerie et la fabrication du ciment; toutes

---

(1) Chiffres donnés par le Recueil de V. Kovalevsky, section IX, p. 166. L'exportation des cuirs diminue en proportion : année 1890, 7,400,000 roubles ; année 1894, 4,100,000 roubles.

ces industries se concentrent plus ou moins dans les
environs des deux capitales, ou encore en Pologne.

On peut juger de leurs progrès récents par les chiffres qui suivent :

En 1880, la fabrication des produits chimiques ne
s'élevait qu'à 15 millions et demi de roubles ; 10 ans
plus tard, son rendement était double, et il a encore augmenté depuis de presque dix millions, dans l'espace
de deux ans (1892). Cela n'empêche pas que l'importation étrangère des produits chimiques atteint encore
12.791.000 roubles par an (1).

Quant à la céramique, la verrerie et la fabrication du
ciment, M. Mendeleieff évalue le total de leurs produits
à 27 millions en 1880 et à 32 en 1890 et 1892. Les principales fabriques de verreries sont celles de Maltzeff,
dans les gouvernements d'Orel, de Kalouga, de Kazan et
de Riazan. La céramique fleurit dans le gouvernement de
Moscou, à Gjelle, où la terre glaise est néanmoins apportée de Glouchov (dans la province de Tchernigov). On
trouve aussi des usines de faïence à Tver et Iaroslav,
ainsi qu'à Novgorod et en Finlande.

Dans ces dernières années la céramique manifeste
la même tendance à se déplacer, à émigrer vers le
le sud, que celle qui est propre à toutes les manufactures exigeant le voisinage de la matière première et
d'un combustible bon marché. De petites fabriques de
porcelaine et de faïence se sont établies en Petite Russie et dans l'Ukraine, ainsi qu'à Ekaterinoslav, Kherson et
dans la Crimée. Le nombre total des fabriques de céramique était en 1890, dans la Russie d'Europe, de 37, en
Pologne de 7, en Sibérie de 3 ; total 47 ; le nombre des

____

(1) « Les forces productives de la Russie, » section IX, p. 15 et 16.
et l'article de Mendeleieff dans « L'industrie manufacturière russe »,
p. 57.

ouvriers, occupés à les fabriquer, était de 7.526, hommes et femmes.

Cela n'empêche pas qu'en 1844 le chiffre des importations en porcelaine et en faïence s'élevait encore à 986 millions de roubles et celui d'autres objets de céramique, tels que tuyaux, à 629.000 roubles (1).

Passons à l'industrie du ciment. La première fabrique de ciment a été fondée à Pétersbourg en 1851 ; plus tard cette industrie s'est développée en Pologne et dans les provinces baltiques, à Riga et dans les environs de Narva (année 1867). Ainsi que la céramique, cette industrie pénètre de plus en plus dans le midi et nous la trouvons déjà à Kerch, aux bords de la mer d'Azov, et à Novorossiisk, aux bords de la mer Noire, ainsi qu'à Koutaïs, au Causase. Le gouvernement de Moscou, notamment les environs de Kolomna, et celui de Kharkov (Novii Vodolagi) possèdent aussi des fabriques importantes de ciment, dont le nombre augmente d'une façon rapide surtout depuis 1883. En dehors des 14 millions de pouds de ciment produits en Russie, nous importons encore de l'étranger à peu près 1 million et demi de pouds (2).

Reste à dire deux mots sur les industries qui consistent à travailler le bois. Elles portent encore en majeure partie le caractère d'industries domestiques et s'exercent souvent par des associations, ou artels de charpentiers. Le chiffre des boisures, exportées à l'étranger, a diminué considérablement, à partir de 1889. La valeur totale de ces exportations était encore cette année de 55 millions de roubles. Elle n'était plus que de 39 millions en 1893. Quant aux importations en boisures, leur nombre augmente au contraire de pair avec les progrès du luxe, mais

(1) Kroupski, dans le recueil : « L'industrie manufacturière russe. L'industrie de la céramique en Russie » (p. 292 et suiv). Du même, « La verrerie russe, » p. 276.

(2) Kroupski, Ibid., p. 320.330.

d'une façon peu sensible. En 1889 il était de 700.000 roubles et en 1893, de 757.000. Les scieries de bois portant le caractère de grande industrie n'alimentent que la moitié de nos exportations en boisures (leurs produits s'élèvent à 20.000 roubles). le reste provient de la petite industrie domestique. Ce n'est qu'en Finlande que les scieries mécaniques ont pris une grande extension. Leur rendement annuel est de 12 millions de roubles. En dehors de matériaux de charpenterie, la petite industrie produit encore pas mal d'objets de menuiserie, ainsi que d'effets fabriqués avec l'écorce du bois, entre autres les nattes. Cette dernière industrie est très répandue dans le nord-est, à Viatka, Kostroma, Oufa. Mais on la trouve également établie dans les provinces du centre, notamment dans le gouvernement de Moscou, où elle rapporte d'ailleurs fort peu tant à l'ouvrier qu'à sa famille et exige de leur part des efforts surhumains (un travail de 16 à 18 heures). La fabrication de corbeilles faites avec l'écorce de bois est répandue tant dans les provinces du nord, à Tver et à Kazan, que dans celles du sud-ouest, à Kiev et en Crimée. Le gouvernement de Novgorod produit beaucoup de copeaux, servant à l'éclairage des izbas paysannes ; le district de Toula, beaucoup d'harmonicas et celui de Nijni, des tables et des cassettes en bois. Il est difficile d'énumérer tous les objets manufacturés faits avec le bois et l'écorce d'arbre. Les principaux sont les assiettes, cuillers, couteaux, fourchettes, les ustensiles domestiques et les instruments aratoires, les chariots, les traîneaux, etc. Toutes ces marchandises sortent régulièrement non de la fabrique, mais de ces ateliers improvisés dont plusieurs familles d'un même village, et quelquefois des associations ou artels, ont été les fondateurs (1). C'est là le champ

(1) Presse. *L'industrie du bois* (dans L'industrie manufacturière russe, p. 125 et suiv.)

réservé à la petite industrie, à ces « koustarnia promisli »,
dont il est si souvent question dans les écrits des patriotes
russes. Ces industries ne demandent que le souffle vivi-
fiant du crédit pour permettre aux paysans des provinces
riches en forêts d'occuper utilement leurs longues veillées
et de combler le déficit que crée dans leur budget une
mauvaise récolte. On ne saurait trop insister sur la nécessité de créer à cet effet des banques villageoises et
des sociétés de crédit mutuel, car il est difficile de
prétendre que les conseils généraux électifs soient les
organes les plus appropriés à ces genres d'opérations
fiduciaires.

Nous terminerons cet exposé rapide du sort fait à notre
industrie par le régime protecteur, en déclarant que tout
artificielles que furent ses origines, elle commence à
pousser des racines solides dans le sol. Aussi se trans-
porte-t-elle dans des régions où la matière première se
trouve en abondance et où le combustible est à bon marché. Dans cette nouvelle patrie, elle se sent plus à son
aise et lutte efficacement contre la concurrence étrangère,
réduite d'ailleurs à de faibles proportions grâce aux tendances sinon prohibitives, du moins protectionnistes de
notre tarif douanier. Un autre fait qui démontre que notre
grande industrie est en bonne voie est le sort réservé à
ces métiers domestiques qui, dans la première moitié du
siècle, ont eu maintes fois le pas sur elle. La production
capitaliste les relègue de plus en plus au second plan ;
elle ne leur permet de continuer une existence de plus en
plus précaire que dans le cas où elles ont pour but de suffire aux besoins peu compliqués du peuple des campagnes.
Quant aux autres, elles n'arrivent à se maintenir qu'en devenant des rouages subalternes de la grande industrie.

Si les fabriques et les usines se multiplient à vue d'œil,
si leur revenu annuel croît dans une proportion extra
ordinaire, si, enfin, elles éliminent sans difficulté la con-

currence qui leur est faite par le petit industriel et le
forcent à un travail entièrement disproportionné à ses
bénéfices, c'est que le machinisme s'est développé, et
que l'industrie des fabriques ne revêt plus guère ce caractère de manufacture qui lui avait été propre à l'origine. C'est aussi parce que, ainsi que nous le ferons voir
dans notre prochain chapitre, la classe ouvrière a fini
par se constituer d'une façon définitive, en rompant les
liens qui longtemps l'avaient rattachée au sol.

CHAPITRE VI

§ 1. Lorsque de 1853 à 1855, M. Tengoborsky faisait paraître en français ses *Études sur les forces productives de la Russie*, il se croyait en droit de dire qu'une des causes de l'infériorité de notre industrie devait être cherchée dans ce fait que l'ouvrier russe reste encore à moitié agriculteur. Ceci, à son avis, ne permet à nos usines et à nos fabriques de fonctionner d'une façon régulière que pendant l'hiver ; en été tout le monde quitte le métier pour récolter ses foins et ses blés. Dans ces conditions le fabricant ne dispose point d'un personnel ouvrier possédant l'habileté technique voulue et qui ne s'acquiert que par de longues années d'exercice ; ceci, bien entendu, a pour résultat que le travail est moins productif en Russie, que dans les pays d'Occident. Ajoutez à cet inconvénient celui que présente le fait du chomage obligatoire de la fabrique pendant quatre mois de l'année. Durant ces mois le capital engagé dans les machines ne rapporte aucun intérêt, mais le propriétaire de la fabrique continue à supporter tous les frais de la direction. Les considérations dont je viens de faire part étaient au nombre de celles qui forçaient notre éminent économiste et statisticien à reconnaître que l'agriculture devait rester pour le moment la principale occupation du peuple russe.

Je me demande si les faits signalés par M. Tengoborsky se produisent encore de nos jours, autrement dit, si notre industrie ne dispose que du travail supplémentaire du peuple des campagnes. A en croire nos fabricants, ce serait encore le cas. L'année dernière, la section moscovite de la Société impériale pour l'encouragement de l'industrie et du commerce se déclarait opposée à l'interdiction du travail de nuit et à la limitation de la journée ouvrière, demandées toutes deux par les fabricants de la Pologne et notamment ceux de Lodz. Le type prédominant de nos entreprises industrielles, déclarait la docte société, est celui de fabriques de petite dimension possédant un personnel variable, car en été le paysan qui travaille à la fabrique demande à reprendre les travaux des champs. Aussi, afin de ne pas perdre ses ouvriers à l'approche du printemps, les fabricants se voient forcés d'augmenter leur salaire. Cette surcharge considérable pèse sur nos chefs d'industrie de Pâques à octobre, c'est-à-dire une bonne moitié de l'année. D'ailleurs, même par ce sacrifice, il ne leur est pas toujours aisé de retenir leur personnel. Comme la classe ouvrière se recrute régulièrement parmi les agriculteurs, il est impossible d'espérer que le travail fait à la fabrique devienne plus efficace à condition d'être moins long. Toute diminution obligatoire des heures de travail portera par conséquent un réel préjudice à notre industrie. Les petits établissements auront le plus à pâtir, car les grands disposent de moyens suffisants pour assurer à leurs ouvriers des avantages qui leur permettent de rompre entièrement avec l'agriculture et de s'établir à demeure fixe dans les environs de la fabrique. Ainsi l'équilibre sera rompu au profit de la grande industrie.

Demandons-nous ce qu'il y a de juste dans ces récriminations de la bourgeoisie moscovite et de son organe scientifique, la Société pour l'encouragement de l'industrie.

Commençons par reconnaître que les petites fabriques et usines sont encore nombreuses en Russie, mais empressons-nous de dire en même temps que le nombre de personnes qui y travaillent est relativement restreint et ne forme que la huitième partie de toute la classe ouvrière. Les statistiques officielles nous apprennent en effet qu'en 1892 les établissements dont la production dépassait annuellement mille roubles étaient au nombre de 17.947, et leur personnel ouvrier se chiffrait à 519.686 hommes, 177.092 femmes et 22.761 mineurs des deux sexes, tandis que les petites fabriques dont le rendement était inférieur à mille roubles atteignaient le nombre de 56.692 et disposaient d'un personnel de 95.673 ouvriers (1). Mille roubles de produits n'est pas une forte somme et le fait seul de l'avoir choisie pour faire la départition des fabriques suffit pour reconnaître que la majorité de ces dernières est loin d'égaler les fabriques monstres de l'Occident. Mais si tel est le cas dans toute la Russie d'Europe, il n'en est guère ainsi dans le cercle manufacturier dont Moscou forme le centre. Ici nous nous trouvons en présence de fabriques occupant un personnel de quelques centaines et même de quelques milliers d'ouvriers ; tel est, par exemple, le cas de cette célèbre fabrique de cotonnades, dont la famille Morosoff est propriétaire dans le gouvernement de Tver, ou encore de cette autre fabrique également de cotonnades, qui est située dans le district de Bogorodsk. En 1886, elles possédaient déjà à elles deux un personnel de 8.148 hommes, 5.107 femmes et

____

(1) Recueil de données statistiques publiées par ordre du comité des ministres. Table 9.

630 personnes des deux sexes n'ayant pas atteint l'âge de
16 ans (1). Selon la judicieuse remarque de l'inspecteur
des fabriques, M. Dementiev, partout où le machinisme
s'est développé, la population ouvrière devient sédentaire;
le paysan quitte le village avec sa femme et ses enfants
et choisit sa résidence au chef-lieu de la fabrique ; fort
souvent il s'établit dans une de ces énormes casernes que
le propriétaire de la fabrique élève dans son voisinage
direct afin d'offrir un gîte aux ouvriers qu'il emploie (2).
Plus on introduit de machines et plus diminue le nombre
d'ouvriers qui quittent la fabrique à l'approche du printemps ; la population ouvrière devient sédentaire et rompt
visiblement tout rapport avec la campagne. Cette évolution n'a pas été créée seulement par les progrès du
protectionisme. Son point de départ a été la formation
du prolétariat au sein même de nos campagnes, formation
dont l'origine remonte au fait de n'avoir donné aux anciens
esclaves ou serfs attachés à la personne du maître aucune dotation en terre, d'avoir forcé les membres du
mir, dont les arriérés devenaient excessifs, à céder de
gré ou de force leurs lots à des voisins plus fortunés et
d'avoir enfin, par la voie des partages entre familles et
individus, réduit les lots des paysans communistes à n'être
plus que l'ombre d'eux-mêmes et, par conséquent, incapables d'assurer l'existence de ceux qui les possèdent.

D'ailleurs, sans être trop peuplée, la campagne russe
contient à l'heure qu'il est un nombre de travailleurs
qui dépasse ses besoins. Ils commencent à se sentir à
l'étroit et ne demandent qu'à émigrer. D'après des calculs
officiels faits en 1894 et qui se rapportent à la région qui
s'étend au nord de Moscou, un seul laboureur est à

____

(1) Rapport de l'inspecteur des fabriques du district de Moscou,
M. Ianschul, 1886, Table N 2, A (p. 15).

(2) *La fabrique, ce qu'elle donne au peuple et ce qu'elle lui
prend*, 1897, p. 11, 17, 26.

même de fructifier de son travail quatre dessiatines et demie par an. Dans la zone moyenne, grâce au remplacement de la faucille par la faux, un seul laboureur suffit pour une exploitation agricole composée de six dessiatines. Dans les steppes méridionales enfin, où la bonne saison dure plus longtemps qu'ailleurs, on compte qu'il suffit d'un garçon de ferme pour 8 dessiatines de terrain. En partant de ces calculs, les statisticiens russes arrivent à cette conclusion que le nombre de laboureurs nécessaires aux travaux agricoles dans les 50 départements qui composent la Russie d'Europe ne devrait point dépasser 13.481.864 individus. Or, on y trouve établis plus de 15 millions et demi. L'excédent est par conséquent de 2.074.756. Le nombre de bras inoccupés est considérable d'abord dans la zone manufacturière grâce à une population relativement dense. Il équivaut ici au quart du nombre total des habitants. Puis viennent les provinces de la terre noire et notamment les trois gouvernements de l'est : Kazan, Nijni, Simbirsk. Ici les statistiques officielles évaluent le nombre de personnes incapables de trouver leur gagne-pain dans les travaux des champs aux 15 0/0 de tous les habitants de la province de Nijni ; aux 14 1/2 0/0 de celle de Kazan ; aux 20 1/2 0/0 de celle de Simbirsk.

Les statistiques provinciales témoignent du même fait, en indiquant que le nombre de paysans qui ne possèdent aucune dotation en terres forme dans le gouvernement de Kazan 3 0/0 et dans 4 districts seulement de Nijni 15 1/2 0/0 de la population totale.

Quant aux 7 gouvernements : Pensa, Orel, Tambov, Tchernigov, Riazan, Toula et Koursk qui constituent la zone septentrionale du tchernozem ou de la terre noire, leur excédent en laboureurs s'élève à plus d'un demi-million ou à 20 0/0 de la population totale. Aussi le chiffre du prolétariat agraire arrive-t-il à représenter dans ces provinces tantôt 3,7 0/0 (c'est le minimum atteint dans le gouvernement de Tambov), tantôt 5 et 6 0/0 (à Koursk, Tchernigov, Riazan).

En Ukraine, dans les gouvernements de Kharkov, de Voronej et de Poltava, le nombre de bras inoccupés représente 24 0/0 de la population totale, et dans les trois provinces petites-russiennes situées sur la rive droite du Dnieper (Kiev, Podolie, Volhynie) on évalue leur nombre à 386,000. Ainsi c'est surtout la zone la plus fertile, le grenier d'abondance de l'Empire qui, à l'heure qu'il est, contient le chiffre le plus considérable de désœuvrés cherchant du travail au dehors. On l'évalue en bloc à 1.500.000, c'est-à-dire aux 3/4 de tout l'excédent des travailleurs agricoles.

Une partie de ce nombre est formée de paysans dont la dotation en terres ne dépassait pas une dessiatine par contribuable. Dans la région du tchernozem, abstraction faite des steppes de la Nouvelle Russie, on en comptait déjà en 1878, un demi-million, autrement dit, les 2/3 du chiffre total. Très considérable est aussi dans cette région le nombre de personnes n'ayant aucune possession immobilière. Il est de 37.500 individus dans le gouvernement de Koursk, de plus de 20.000 dans celui de Poltava et ainsi de suite (1).

La Russie d'Europe possède par conséquent à l'heure qu'il est un nombre de prolétaires plus que suffisant pour constituer le personnel ouvrier nécessaire à ses usines et à ses fabriques. En effet, d'après des données officielles et qui remontent déjà à plusieurs années, notamment à 1892, le chiffre total des personnes employées dans l'industrie arrive à peine à un million cent trente deux mille dans la Russie d'Europe. Ce million se départit de la

(1) Recueil de données statistiques sur la situation économique du peuple des campagnes, publié en 1894 par ordre du comité des ministres.

façon suivante : 1° en Pologne, 150.000 ; 2° dans les usines et les fabriques russes dont le rendement annuel dépasse 1000 roubles, 519.686 ouvriers et 177.092 ouvrières, enfin, 22.761 mineurs n'ayant pas atteint l'âge de 16 ans ; 3° dans les autres usines et fabriques, également russes, qui produisent pour une somme moindre, 95.673 ouvriers des deux sexes ; 4° dans les entreprises industrielles dont les produits servent d'assiette à l'impôt (à l'accise) tels que spiritueux, bières, tabacs, 148.860 personnes, et 5° dans l'industrie minière, 131.592 individus.

Ainsi l'industrie manufacturière n'occupe jusqu'ici que la moitié des bras dont l'agriculture ne sait que faire, et tous les inspecteurs de fabriques s'accordent à dire que l'offre du travail dépasse régulièrement la demande qui en est faite. Il ne saurait d'ailleurs en être autrement, car les salaires, ainsi que nous le ferons voir dans la suite, arrivent à peine à couvrir les frais de l'entretien, ce qui n'aurait certes pas lieu si le nombre d'ouvriers avait été insuffisant.

Si nous nous sommes arrêté longuement sur la question de savoir quel est à peu près le nombre de travailleurs dont l'industrie pourrait disposer, c'est que, ce point une fois éclairci, nous pourrons nous prononcer en connaissance de cause sur maintes questions qu'on agite de nos jours et qui toutes concernent le sort fait aux ouvriers par les patrons. Ces derniers plaidaient encore naguère la cause de la non-intervention de l'État dans leurs rapports avec les salariés, en donnant pour prétexte la grande difficulté qu'ils avaient à lutter avec l'industrie étrangère, grâce à l'absence de travailleurs sédentaires. C'est là ce qui les forçait, disaient-ils, à employer un nombre relativement considérable de femmes et de mineurs, à faire marcher leurs fabriques de nuit comme de jour et à augmenter le nombre des heures du travail, car, n'ayant d'autres ouvriers que des culti-

vateurs qui tous les ans quittent la fabrique pour vaquer
pendant quatre mois aux soins agricoles, il leur est impossible de suffire à la besogne autrement qu'en mettant à profit
les longues nuits d'hiver et en demandant à leurs travailleurs le maximum d'efforts dont ils sont capables. Car
c'est seulement ainsi qu'ils arrivent à prendre la revanche
du manque d'habileté et de savoir-faire qui caractérise
leur personnel ouvrier, composé qu'il est de paysans à
peine arrachés à la charrue.

Toutes ces récriminations tombent d'elles-mêmes une
fois que nous avons le moyen de démontrer : 1° que
l'industrie ne souffre plus du manque de bras, et 2° que
partout où le travail exige l'emploi de machines, on
trouve des ouvriers spécialistes exerçant de père en
fils le même métier. Arrêtons-nous encore à établir
ce dernier fait. Il a été on ne peut mieux élucidé par
M. Dementiev.

Cet écrivain essaie de prouver que dans quatre gouvernements, ceux de Moscou, de Toula, de Riazan et de
Kalouga, 55 0/0 des personnes employées aux fabriques
sont nés de parents ayant exercé le même métier qu'eux,
dans l'industrie du coton, le chiffre d'ouvriers nés de
parents ouvriers est d'un tiers plus grand, et il en est de
même dans l'industrie du lin et de la soie, car ici la
spécialisation est encore plus nécessaire. Dans les teintureries et les blanchisseries, toujours pour la même
raison, les deux tiers du personnel ouvrier est composé
de gens, dont les parents étaient des ouvriers comme
eux (1).

D'ailleurs, dans le cas où les récriminations des fabricants eussent été fondées, ils n'auraient certes pu, sans
pertes considérables, se plier aux exigences de la ré-

_____

(1) Voyez le Tableau XXIII de son travail intitulé : *La Fabrique,
ce qu'elle donne au peuple et ce qu'elle lui prend,* p. 45.

cente législation ouvrière. Tous les inspecteurs de fabriques sont unanimes à signaler ce fait, qu'afin d'éviter tout conflit avec les autorités, les directeurs d'usines et de fabriques ont préféré renoncer complètement au travail des mineurs et les ont sans peine remplacés par des ouvrières et des ouvriers ayant atteint l'âge légal. Écoutons ce que dit à ce propos M. Ianschul qui avait été chargé de surveiller l'exécution de la nouvelle loi dans les provinces manufacturières du centre.

En 1884, c'est-à-dire deux ans après la publication de la loi, les jeunes gens et les jeunes filles qui n'avaient pas atteint leur quinzième année formaient à peu près 10 0/0 du nombre total des ouvriers, du moins dans les 158 fabriques visitées par l'inspecteur dans le gouvernement de Moscou (1).

L'année suivante, lors d'une nouvelle tournée, le même inspecteur pouvait se rendre compte de la facilité avec laquelle nos patrons trouvent le nombre de travailleurs voulu, en constatant que presque partout les mineurs avaient cédé la place aux femmes. Au lieu de former, comme il y a un an, 10 0/0 de la population des fabriques, ils n'étaient plus qu'au nombre de 3 0/0. La loi n'avait pas exigé un pareil sacrifice. Elle n'avait éliminé que le travail des enfants en bas âge. A 12 ans, on était admis à la fabrique, mais à condition de n'y travailler que huit heures par jour et pas plus de quatre heures d'une façon consécutive. Le travail des mineurs ne devait se faire que de jour. Quant aux ouvriers qui sont entrés dans leur seizième année, ils sont assimilés aux autres travailleurs. La loi déclarait en outre certains métiers nuisibles à la santé des mineurs et les leur interdisait en conséquence. Elle imposait égale-

(1) *Le régime des fabriques dans le gouvernement de Moscou*, 1884, p. 5 et 6.

ment au fabricant l'obligation de veiller à l'instruction
des jeunes gens qui travaillaient à sa fabrique et de
leur permettre de fréquenter l'école primaire au moins
trois heures par jour ; dans le cas où cette école serait
trop éloignée du chef-lieu de la fabrique, le propriétaire
devait en fonder une à l'usage de ses ouvriers. Le fabricant moscovite eut le choix, ou de se plier aux exigences du législateur, ou de renvoyer tous les mineurs qui
travaillaient chez lui. Il prit ce dernier parti et n'eut
aucune peine à occuper la place ainsi rendue vacante
par des ouvriers et des ouvrières adultes (1).

Tout aussi réalisable nous paraît être une autre réforme, celle qui consiste à réduire la journée ouvrière.
Les fabricants eux-mêmes l'entendent ainsi, et c'est de
leur propre milieu qu'est sortie en 1883, la demande
d'une loi générale, fixant la matière d'une façon uniforme
pour tous les genres d'industrie. Ce que redoutent
surtout les partisans de la diminution des heures de travail, c'est de rester seuls dans la bonne voie. En ce
cas ils seraient forcés de courir tous les risques d'une
concurrence formidable de la part de fabriques ayant
gardé à la journée ouvrière la même durée qu'auparavant
et capables, pour cette raison, d'offrir au public les mêmes
marchandises à des prix plus bas. Quant à prétendre
que l'offre de travail serait insuffisante pour permettre
une pareille diminution de la journée légale, personne
n'ose le dire, — fait significatif et qui confirme on ne
peut mieux ce que nous avons signalé plus haut, c'est-à-
dire la formation d'une classe ouvrière nombreuse et de
plus en plus détachée de celle des cultivateurs du sol,
classe qui ne demande qu'à vendre son travail aux entrepreneurs d'industrie. Pour le dire en un mot, à côté

____

(1) Compte rendu de l'inspecteur des fabriques Ianschul pour l'année 1885, p. 50.

des paysans communistes et des petits propriétaires s'est formé le prolétariat tant rural qu'urbain. Son nombre va en croissant et dépasse déjà à l'heure qu'il est la demande de travail faite par l'agriculture et l'industrie.

Cela explique bien des choses et avant tout ceci : nulle part en Europe les salaires ne sont aussi bas qu'en Russie. Les inspecteurs des fabriques, notamment MM Ianschul et Dementiev ont essayé d'établir leur corrélation avec ceux des travailleurs anglais et américains. Ils ont passé en revue les principales branches d'industrie, calculé dans chacune le nombre d'heures de travail imposé par l'usage ou la loi à l'ouvrier russe, américain et anglais, établi le taux moyen de la rémunération que l'ouvrier reçoit par heure dans les trois pays respectifs et la quantité de denrées alimentaires que, vu la différence des prix, on peut se procurer avec ces salaires. De toutes ces confrontations souvent fastidieuses s'est dégagé le même fait qui est que l'ouvrier anglais, ainsi que l'ouvrier américain, gagnent 2 et 3 fois plus que l'ouvrier russe. En effet, dans les filatures et les tissages la proportion est la suivante : là où l'ouvrier américain gagne 60 roubles et l'ouvrier anglais 43 roubles 75 kop., l'ouvrier russe ne recueille que 19 roubles 25 kop. Si le taux des salaires est peu élevé de nos jours, il l'était encore moins il y a trente ans, mais pour une raison particulière. Dans les années qui précèdent ou qui suivent de près la réforme de 1861, l'ouvrier des fabriques était infiniment plus lié au sol qu'il ne l'est de nos jours. Le salaire qu'il recevait n'était qu'un supplément aux profits que lui donnait la possession d'un lot dans les champs communs. Aussi conçoit-on pourquoi, ainsi qu'il résulte de données publiées par les annuaires statistiques de quelques-unes de nos provinces, le salaire mensuel d'un simple manœuvre ne s'élevait dans la première moitié du siècle qu'à trois ou quatre roubles, en

dehors de la quantité de farine de seigle, de gruau et de
sel, dont l'ouvrier avait besoin pour son entretien et qui
lui étaient avancés par le patron. Chaque fois pourtant
que l'exercice du métier exigeait un détachement complet des travaux agricoles, ainsi que certaines connaissances techniques et l'habileté qu'on n'acquiert que par
un exercice assidu, le prix de la main d'œuvre s'élevait
à 15,18 et même 25 roubles par mois. Cela avait lieu,
par exemple, dans les fabriques de câbles qui fonctionnaient à Jaroslav en l'année 1863, ou encore dans les
filatures de la même ville (1).

En confrontant ces chiffres avec ceux qui indiquent la
moyenne des salaires reçus de nos jours par les cordiers
et les fileurs, nous arrivons à la conclusion que leur travail n'est guère mieux rémunéré maintenant qu'il y a 30
à 35 ans. En effet, l'inspecteur des fabriques du cercle manufacturier de Moscou, M. Ianschul, nous donne pour
les années 1884 et 1885 les moyennes suivantes. Le salaire des fileurs est de 16 roubles (2) ; dans 20 autres industries il est de 18 roubles 50 kopecks (3).

M. Dementiev diminue même ces chiffres de quelques
roubles et prétend que la moyenne des salaires dans
toutes les fabriques visitées par lui dans le gouvernement de Moscou ne dépasse pas 16 roubles 24 kop. (4).

Ainsi, il ne peut être question en Russie du renchéris-
sement de la main-d'œuvre, pour cette seule raison que
l'offre du travail dépasse la demande. On pourrait

(1) Voyez les chiffres indiqués dans la « Pamiatnaïa knijka » du
gouvernement de Amara, pour l'année 1864, et celles de Jaroslav
pour l'année 1863. M. Flerovsky en a publié des extraits dans sa monographie sur la « Situation de la classe ouvrière en Russie ». Pétersbourg, 1869, p. 366 et 367.
(2) Rapport présenté en 1884, p. 110.
(3) Rapport présenté en 1885, p. 60.
(4) « La fabrique, ce qu'elle donne au peuple et ce qu'elle lui prend »,.
p. 130.

même prétendre que, loin d'augmenter, les salaires ont diminué, car dans les années qui ont suivi de près la réforme de 1861 le taux du change des roubles-papiers était plus élevé qu'en 1884 et on pouvait, par conséquent, se procurer avec la même somme d'argent plus de marchandises. Je n'y vois d'ailleurs rien qui puisse me surprendre, vu que en 1863, par exemple, c'est-à-dire deux ans à peine après l'émancipation, le paysan communiste détenait encore entre ses mains la totalité de son lot, le prolétariat agraire était inconnu et l'offre de travail faite eux entrepreneurs d'industrie était, par conséquent, moindre que de nos jours.

§ 2. Entrons maintenant dans le détail de l'existence journalière de nos ouvriers, demandons-nous quel est le nombre relatif d'hommes et de femmes qui prennent part aux travaux industriels, dans quel ordre s'accomplit la tâche quotidienne, à quel chiffre s'élève le nombre de fêtes et d'heures de repos dont l'ouvrier a la libre disposition, enfin quels sont ses droits et ses devoirs vis-à-vis du patron.

Les rapports des inspecteurs de fabriques, rapports dont une bien faible partie a été publiée, nous apprennent qu'un grand nombre de travaux industriels est fait par les femmes. Nous avons vu déjà que ce sont elles qui ont remplacé en majeure partie les mineurs, du moins dans le région manufacturière moscovite. En 1885, le nombre des ouvrières formait à peu près dans cette région la moitié de celui des ouvriers, autrement dit, il équivalait à 31 1/2 0/0 du chiffre total des travailleurs industriels (1).

Les femmes se trouvaient en plus grand nombre dans les manufactures textiles, dans les fabriques de tabac, d'allumettes, de boutons, de chandelles, dans les pape-

____

(1) Rapport de M. Ianschul, p. 49.

teries, les confiseries, les chapelleries, les passementeries : elles ne trouvaient presque aucun emploi dans la fabrication des produits chimiques, dans les distilleries, les brasseries, ainsi que dans tous les travaux dont l'accomplissement exige une force musculaire considérable ou des connaissances techniques. Tel est le cas des fondeurs, des étameurs, des constructeurs de machines, de voitures, etc. (1).

Quant à la rétribution du travail des femmes, elle est d'un tiers et même de la moitié inférieure à celle des hommes. Ainsi, d'après les chiffres relevés par M. Ianschul, dans les filatures de coton, l'ouvrier est payé en moyenne 17 roubles par mois et l'ouvrière 8 roubles et demi ; dans les tissages de coton, les hommes reçoivent 15 et les femmes 10 roubles ; dans les teintureries, les hommes 16 et les femmes 7 roubles, dans les tissages de laine la différence est celle de 9 roubles 50 kopecks à 6 1/2 roubles, dans la fabrication des étoffes de laine de 13 à 9, dans la fabrication des étoffes de soie de 21 à 11, dans les chapelleries de 20 à 11, etc. (2).

M. Dementiev admet l'existence de la même proportion entre le salaire des ouvriers et des ouvrières moscovites, lorsqu'il déclare que la moyenne des salaires mensuels payés à un homme est de 16 roubles 21 kopecks et à une femme, de 7 roubles 22 kopecks.

Quant aux mineurs ayant atteint l'âge de 15 ans et comme tels admis à l'exercice de travaux qui ne sauraient être nuisibles à leur santé, leur travail, depuis l'application de la loi protectrice de l'enfance, est rémunéré un peu moins bien que celui des femmes, tandis qu'avant cette époque on ne leur accordait généralement que les deux tiers du salaire payé aux femmes (3).

(1) *Ibid* , p. 48.
(2) Rapport de 1885, p. 59.
(3) Ianschul. Rapport de 1884, p. 113.

Les ouvriers ne sont pas toujours payés à la journée ;
il y en a qu'on engage au mois et à l'année, ou plus
souvent encore de l'automne à Pâques et de Pâques à
l'automne. Ainsi que le montre fort bien M. Dementiev
le taux des salaires est plus ou moins le même, quelle
que soit la façon qu'on choisisse pour les établir : appointements annuels, rémunération journalière ou mensuelle. On peut en dire autant de la proportion gardée
entre le salaire des hommes, des femmes et des mineurs.
Mais il n'en est plus de même quand l'ouvrier est payé
à la pièce. Ses salaires sont en ce cas généralement inférieurs à la moyenne de ceux que ses compagnons reçoivent en travaillant à la journée ou au mois. Au lieu
d'avoir 16 roubles 21 kopecks en moyenne, l'ouvrier
n'aura plus que 12 roubles 45 kopecks. Aussi le voyons-
nous souvent peiner durant plusieurs heures supplémentaires afin d'arriver aux mêmes salaires que le
journalier. D'ailleurs, la proportion qui existe quant à
la rémunération entre le travail à la journée et à la
pièce n'est pas toujours gardée ; les femmes par exemple paraissent gagner même davantage en travaillant à
la pièce (10 roubles 82 kopecks en moyenne au lieu de
7,22). Aussi M. Dementiev se croit autorisé à dire que
de quelque façon que se fasse le payement des salaires,
leur taux reste plus ou moins le même (1).

Étudions maintenant la distribution des heures de travail. Il existe à cet égard une différence marquée entre
les fabriques et les usines polonaises d'un côté et celles
qui sont situées dans le cercle manufacturier central.
Cette différence provient en partie de causes physiques.
Dans la grande Russie, où les nuits d'hiver sont relativement très longues, il est plus difficile de prendre le
parti de ne faire travailler les ouvriers que de jour, tan-

(1) P. 131 et 132.

dis qu'en Pologne, et notamment à Lodz et Sosnovizi, cette pratique est depuis longtemps devenue coutumière.

Dans le tableau comparatif de la longueur de la journée ouvrière et de l'élévation des salaires dans les diverses parties de l'Empire, tableau dressé en 1896 sur l'ordre du ministère des finances (section du commerce et de l'industrie), nous trouvons entre autres les données suivantes.

De 827 fabriques qui fonctionnent dans le gouvernement de Varsovie et emploient 53.324 ouvriers, 74 seulement admettent le travail de nuit. Quant à la province de Petrokovsk, où sont situés les deux principaux centres manufacturiers de la Pologne, Lodz et Sosnovizi, le travail de nuit y a presque entièrement cessé. Il en est tout autrement des provinces russes et notamment de celles du centre, telles que Moscou, Tver, Vladimir, etc.

Exception faite pour les années qui suivirent de près 1880, la diminution du travail de nuit s'est produite à la suite d'une crise prolongée par laquelle notre industrie a dû passer, alors que partout dans la zone manufacturière russe et surtout à Moscou et dans ses environs, nous trouvons l'habitude d'employer deux équipes d'ouvriers ; elles travaillent à tour de rôle, tantôt d'une façon continue, tantôt de manière à faire marcher la fabrique 18 heures par jour. Dans les tissages, les filatures de coton et les teintureries, ces équipes se remplacent mutuellement deux fois durant 24 heures (1) ; l'une travaille de 6 heures du matin à midi et de 6 heures du soir à minuit, l'autre dans l'intervalle, et de minuit à 6 heures du matin.

On constate à peine çà et là quelques variations, celle, par exemple, qui consiste à faire commencer la journée

(1) Ianschul. Rapport de 1884, p. 42.

ouvrière tantôt à 7, tantôt à 8 ou 9 heures du matin. Les inspecteurs des fabriques s'accordent à dire qu'aucune distribution de la journée ouvrière n'est plus funeste à la santé, ainsi qu'à l'efficacité du travail, que celle qui a pour suite d'interrompre le sommeil de nuit. Elle l'est surtout dans le cas où le remplacement d'une équipe par une autre devient fréquent, se répète par exemple toutes les trois ou quatre heures. Or tel est justement le cas de plusieurs établissements industriels cités par M. Ianschul. Il s'agit entre autres d'une fabrique de nattes. Le travail y commence le dimanche soir à 9 heures. Mari, femme et enfants peinent ensemble jusqu'à 4 heures de la nuit; puis l'homme va se coucher, les autres membres de la famille continuant la besogne jusqu'à 7 heures du matin, moment où la femme prend un peu de repos à la place du mari. A 9 heures, c'est-à-dire après un sommeil de deux heures à peine, elle se lève pour céder le grabat commun aux deux petits dont l'un dort jusqu'à 1 heure de l'après-midi et l'autre jusqu'à 4 ; puis toute la famille se remet à travailler d'une façon continue jusqu'à deux heures de la nuit, pour se reposer ensuite de deux à 4 ou 5 heures du matin, et ainsi de suite. Cette façon on ne peut moins rationnelle de couper constamment le repos et le travail a pour effet d'épuiser les ouvriers qui la pratiquent au point qu'ils ne peuvent plus se tenir debout. « Le vent les balance », disait en parlant d'eux le propriétaire d'une de ces fabriques. Heureusement, à l'approche de l'été ils sont forcés d'interrompre ce genre d'existence pour reprendre les travaux des champs. C'est là leur planche de salut (1).

Dans la majeure partie des établissements industriels moscovites le travail se fait par deux équipes et dure

(1) Ianschul. 1er rapport, p. 44.

18 heures. Cela fait pour chacune des équipes 9 heures par jour La besogne n'est interrompue régulièrement que de minuit à 6 heures du matin. Mais on trouve des fabriques qui, vu le caractère de leur machinerie et plus particulièrement des poêles qui leur sont propres, ne peuvent fonctionner que d'une façon consécutive. En ce cas on travaille jour et nuit à l'aide de deux équipes. Dans le gouvernement de Vladimir, à la grande fabrique de cotonnades dirigée à Nikolsk par Sava Morozoff, on a avec succès remplacé le travail de 24 heures par celui de 18 heures, travail exécuté par deux équipes. Au dire des personnes qui administrent la fabrique, le travail n'en est devenu que plus efficace. En une heure de temps, l'ouvrier produit plus qu'il n'en avait la coutume auparavant. Dans le gouvernement de Tver, le travail des deux équipes n'est pas d'égale durée, l'une peine 12 heures, mais de jour, et l'autre 6 heures, mais la nuit. Des 11.688 fabriques qu'on compte dans les limites de la seule province de Moscou, 4.548 encore naguère fonctionnaient de nuit comme de jour.

Dans le gouvernement de Pétersbourg, 81 0/0 de tous les ouvriers dont le nombre total est de 101.000, ne travaillent plus la nuit. Quant aux autres provinces de la Russie, citons encore l'exemple de Kharkov où, sur 26.000 ouvriers, 15.309 peinent jour et nuit (1). Tous ces chiffres proviennent de rapports officiels faits au ministre des finances par les inspecteurs des fabriques. Il se dégage de l'ensemble des faits recueillis par eux que la journée ouvrière est moins longue en Pologne qu'en Russie. En effet, dans le gouvernement de Varsovie, le travail dans les sucreries est de 11 heures et demie à 12 heures et demie ; dans les distilleries, de 7 à 9 heures ;

_____

(1) Compte rendu publié par ordre du ministère des finances et intitulé : « La longueur de la journée ouvrière dans les 20 gouvernements industriels de la Russie d'Europe », 1896.

dans l'industrie métallique, de 10 heures et dans celle des mines, de 10 à 12 heures (dans 60 0/0 du nombre total des mines il est de 11 à 12 heures et dans 40 0/0, de 10 à 10 heures 1/2).

Quant aux filatures, tissages et autres fabriques de Lodz et Zgerj, situées toutes deux dans le gouvernement de Pétrokovsk, la journée ouvrière dans 43 d'entre elles est de 10 heures à 10 heures 1/2, dans 288, de 11 1/2 à 12 heures et dans 245, de 12 1/2 à 13 heures. Ces chiffres seraient prodigieux, si le travail effectif ne durait pas 1 ou 2 heures de moins, car on l'interrompt à deux reprises, pour le déjeuner et le dîner. Dans 57 0/0 des fabriques textiles, occupant à elles seules 83 0/0 de tous les ouvriers, le travail ne dure que 11 heures, de 6 h. du matin à 7 h. du soir, avec interruption de 2 heures pour les repas.

Dans la région manufacturière russe le travail est généralement plus long. Dans la majorité des fabriques du gouvernement de Moscou il dure de 5 heures du matin à 8 heures du soir, avec interruption d'une heure et demie à deux heures ; cela nous donne 13 à 13 heures et demie de travail effectif. La journée est moins longue partout où règne la coutume d'avoir deux équipes et de les remplacer l'une par l'autre. En ce cas, il n'est souvent que de 12 et même de 9 heures. Chez les ouvriers typographes le travail dure 12 ou 13 heures avec interruption pour le déjeuner et le dîner, et 11 heures sans interruption. Dans les fabriques de métaux, la journée ouvrière est de 11 heures et demie. Ces chiffres sont extraits des derniers rapports présentés au ministre des finances par les inspecteurs des fabriques. Ils se rapprochent d'ailleurs de ceux que donnait en 1884 et 1885 M. Ianschul. En effet, nous trouvons chez cet écrivain les renseignements suivants. De 217 fabriques, 151 faisaient travailler leurs ouvriers de 11 à 14 heures par jour. Dans le filage et le tissage de la laine, du coton et de la soie, ainsi que dans les manufactures de papier peint, les clouteries, verreries et parfumeries, on arrivait souvent à un maximum de 13 heures, 13 heures et demie et même 14 heures. On dépassait ce maximum dans la fabrication des nattes, mais on descendait à 11 ou 12 heures de travail effectif dans les typographies, les fabriques de machines, les orfèvreries, les manufactures de faïences, ainsi que dans celles de tabac.

Le gouvernement ne pouvait rester à tout jamais indifférent au spectacle d'une exploitation aussi illimitée de l'homme par l'homme. Il s'en occupa surtout depuis que les médecins attachés au service sanitaire eurent constaté, à diverses reprises, que la vie moyenne des ouvriers russes était moins longue que celle des individus appartenant aux autres classes de la société et que les jeunes générations à qui les familles ouvrières avaient donné le jour possédaient en moyenne une taille moins élancée et une poitrine plus rétrécie (1). Notre législation ouvrière est d'origine assez récente. Il est vrai que déjà au siècle dernier on s'était occupé du sort des artisans en limitant pour eux la journée ouvrière à 12 heures, mais la pratique avait passé outre à ces défenses et on avait l'air de considérer les prescriptions de la loi comme surannées. Ce n'est pas que le législateur ne trouvât bon de les rappeler de temps en temps, par exemple en ce qui concerne les ouvriers travaillant aux mines d'or de la Sibérie. En 1838 il fut notamment défendu de prolonger leur journée au delà de 8 heures du soir ou de la faire commencer avant 5 heures du matin. Un intervalle d'une ou de deux heures était accordé pour le repas. Le législateur voulut en même temps garantir aux ouvriers une certaine indépendance matérielle vis-à-vis de leurs patrons, en défendant à l'entrepreneur de vendre aux mi-

(1) Démentiev, p. 245 et suiv.

neurs des objets de luxe, des habits trop riches et en désaccord avec l'état de leur fortune, surtout de leur verser des arrhes, dont le montant fût égal au salaire d'une année entière, car un pareil procédé devait nécessairement avoir pour suite de leur enlever de fait le moyen de passer librement d'un entrepreneur à un autre. En 1862 on prit des mesures encore plus efficaces en faveur de tous les ouvriers des mines. On défendit d'employer à ces sortes de travaux les enfants n'ayant pas atteint l'âge de 12 ans. On retira aux femmes la permission de descendre dans les mines ou d'y travailler la nuit. La même défense fut étendue également aux jeunes gens n'ayant pas atteint leur seizième année. Quant aux ouvriers des usines et des fabriques, ils restèrent longtemps exposés à l'arbitraire le plus absolu de la part des entrepreneurs, sous le prétexte fallacieux que leurs rapports réciproques étaient réglés par la coutume et empreints d'un caractère patriarcal. On trouve encore l'écho de ces appréciations on ne peut plus optimistes dans une circulaire récente du ministre des finances M. Witte, circulaire adressée aux inspecteurs des fabriques. On recommande à ces employés de prêcher aux ouvriers la soumission aux patrons. « Notre industrie, déclare le ministre, a gardé aux rapports mutuels des deux classes un caractère familial. Ceci apparaît, continue M. Witte, dans les soins que le fabricant prend du bien-être de tous ceux qui sont à son service et les efforts louables qu'il apporte au maintien de la bonne entente avec ses ouvriers, dans la simplicité et l'équité qui caractérisent ses relations avec eux. Quand la loi morale et des sentiments vraiment chrétiens forment la base des relations réciproques de patron à ouvrier, conclut le ministre, il est inutile d'avoir recours à la loi écrite où à la coercition » (1).

(1) Circulaire du ministre des finances aux inspecteurs de fabriques, avril 1896.

Examinons à quel point les faits correspondent à la bonne opinion que M. le ministre s'est faite de notre monde industriel. Fidèles au principe de ne puiser nos renseignements qu'aux sources les plus autorisées, nous demanderons aux inspecteurs de fabriques, créés par la loi de 1882 et mis à la tête de régions entières, de vouloir bien nous renseigner sur la façon d'agir de nos chefs d'industrie à une époque antérieure à l'intervention de l'Etat dans les rapports de patron à ouvrier. L'article 167 du statut organique des fabriques et des usines a consacré une vieille coutume qui consistait à délivrer aux ouvriers des livrets, contenant l'énoncé des conditions auxquelles s'est fait leur engagement. Nous ferons bien de consulter quelques-uns de ces livrets. Rien ne pourrait mieux nous renseigner sur les devoirs et les droits des deux parties contractantes. L'inspecteur des fabriques de la région moscovite, M. Ianschul, cite tout au long le texte de l'un d'eux. Nous y puisons les renseignements suivants.

Le fabricant garde le droit de renvoyer l'ouvrier avant le terme convenu pour non-exécution des travaux qui lui ont été confiés, ainsi qu'en cas de mauvaise conduite. On entend sous ce nom la paresse, l'ivrognerie, le manque d'obéissance, la grossièreté et, en général, tout ce qui empêche la bonne exécution de la tâche journalière (1).

Il serait difficile de donner une expression plus large à l'arbitraire du patron. A chaque moment ce dernier pourra mettre à la porte un travailleur qui le gêne, en prétextant tantôt son manque d'obéissance, tantôt son inconduite, tantôt l'opinion simplement désavantageuse qu'il a de ses services.

Mais continuons l'étude de ce document curieux. Chaque fois que l'ouvrier interrompra son travail pendant

(1) Ianschul, 1er rapport, p. 71.

une journée entière, le patron aura le droit de lui retenir le salaire de trois journées. « Néanmoins, pour nous conformer à la loi, déclare le livret au nom du fabricant, nous ne diminuerons point la paye mensuelle de nos ouvriers d'une somme dépassant le salaire de neuf journées de travail, même dans le cas où leur absence se serait prolongée plus de trois jours. » Ailleurs les exigences des patrons étaient encore plus grandes. Dans le district de Serpouchov on retirait à l'ouvrier qui demandait à partir avant le terme convenu le salaire de 6 à 12 journées de travail. M. Ianschul cite des cas où le fabricant a poussé ses retenues jusqu'à enlever au travailleur la paye pour tout un mois de service.

Cette façon d'agir n'était possible que grâce à l'habitude de régler les comptes des ouvriers uniquement les jours des grandes fêtes. Cela permettait également au fabricant de lever sur l'ouvrier qui se retirait avant le terme des amendes considérables et s'élevant parfois au cinquième de la somme qu'on lui devait (1).

Au dire des inspecteurs des fabriques, nos chefs d'industrie ont souvent eu recours aux retenues de salaires pour toutes sortes de peccadilles. M. Ianschul cite des cas comme le suivant : le 4 août 1883 on a prélevé dans une teinturerie 5 roubles d'un ouvrier qui « à 9 heures et demie du soir, chantait dans la cour de la fabrique. » Le 3 juin 1881, dans un tissage, on publia l'ordre suivant :« Quiconque apportera à la fabrique du thé, du sucre et du pain, payera une amende, et cela afin de prévenir la multiplication des rats ». Des amendes ont été également prélevées sur ceux qui s'étaient lavé la figure au puits de la fabrique, sur ceux qui avaient chanté en travaillant, sur ceux qui avaient couvert les murs d'inscriptions faites au crayon ou à la craie (2). Les retenues étaient généralement assez fortes. On n'aurait pu autrement

(1) *Ibid.*, p. 79.
(2) *Ibid.*, p. 87.

arriver dans une seule manufacture de Bogorodsk à la
fin d'une année d'exercice (1881-82) au chiffre considérable de 5.702 roubles d'amendes.

Il y a 10 ans, alors que j'occupais encore ma chaire
de droit à l'Université de Moscou, le directeur d'une des
fabriques les plus importantes du gouvernement de Vladimir s'était plaint hautement en ma présence de son chef,
en déclarant que ce dernier l'invitait à combler le déficit
occasionné par la crise passagère dont l'industrie avait
à souffrir par des retenues sur les salaires.

Ne voulant point régler sa conduite sur de pareils ordres,
mon ami préféra se retirer. Il le fit à temps, car bientôt,
n'en pouvant plus, les ouvriers de la fabrique entraient
en grève et le gouvernement envoyait des soldats pour
les mettre à la raison.

A côté des amendes arbitraires, il faut placer au nombre
des abus les plus criants le droit du patron de vendre
aux ouvriers des objets de consommation dans des boutiques expressément établies à cette fin et connues en
France sous le nom d'économats. Les inspecteurs des fabriques ont établi, chiffres en main, que les denrées s'y
vendaient souvent à 10 et même 15 0/0 plus cher qu'ailleurs (1), qu'on forçait souvent les ouvriers à s'approvisionner exclusivement dans ces boutiques en ne réglant
leurs comptes qu'à des termes beaucoup trop longs et
en les autorisant à prendre à crédit dans ces économats
les effets dont ils pouvaient avoir besoin. En un mot,
c'est le « truck-system» dans toute son horreur et qui
certes n'a rien de commun avec cet échange de services
gratuits entre parents qu'on trouve sous le régime patriarcal. La loi de 1882 a sagement interdit de pareilles pra-
tiques en n'autorisant que l'ouverture de boutiques appartenant à des sociétés coopératives formées par les
ouvriers eux-mêmes. Malheureusement le manque de

(1) *Ibid.*, p. 87.

moyens force ces derniers à recourir souvent à des intermédiaires, tels que ces chefs d'artels qui se chargent de l'entretien journalier de leurs camarades, leur servent le boire et le manger, à condition de prélever à leur propre profit un tant pour cent sur le prix des denrées qu'ils avancent. Aussi ne peut-on assez insister sur la nécessité de forcer le patron à effectuer le payement des salaires à des termes fréquents. Les inspecteurs des fabriques ont plus d'une fois réclamé une loi qui réglât la matière ; elle seule pouvait à leur avis libérer l'ouvrier de la dépendance dans laquelle il se trouve vis-à-vis des usuriers de toutes sortes qui rongent son salaire. Nous verrons dans la suite que ce vœu a été exaucé ; il n'était que temps, car jusqu'au jour où le patron fut autorisé à retenir la paye pendant des mois et l'ouvrier réduit à la nécessité de prendre tout à crédit, ses dépenses dépassaient régulièrement ses moyens et s'élevaient à un quart et même à un tiers au-dessus du prix marchand des objets dont il avait besoin. Aussi quand venait le jour du payement, l'ouvrier ne recevait de son patron que l'assurance que son salaire lui avait été versé intégralement et par anticipation sous forme de vivres et de spiritueux. L'épargne devenait impossible. A l'échéance du contrat de louage, l'ouvrier manquait de fonds et retombait, par conséquent, sous la dépendance du patron qui pouvait l'embaucher de nouveau à n'importe quelles conditions. On peut se demander après cela si les grèves, même dans le cas où elles eussent été autorisées par la loi, pourraient être d'un grand profit à l'ouvrier russe. Toute grève, en définitive, se réduit à la lutte de deux capitaux, dont l'un est formé des épargnes ouvrières et des subsides accordés par les syndicats. Or, d'épargnes il n'en existe guère entre les mains de nos travailleurs, et quant aux syndicats ouvriers la loi les interdit.

Et tout de même les grèves deviennent de plus en plus

fréquentes en Russie. Elles tendent tantôt à une diminution de la journée ouvrière, tantôt à la suppression de l'arbitraire dans le prélèvement des amendes, tantôt à une augmentation des salaires, etc. Rien que dans l'espace des deux dernières années, nous avons été les témoins d'une série de démarches collectives faites auprès des patrons d'une ou de plusieurs fabriques et suivies d'une interruption de travail plus ou moins longue. En novembre 1894 une grève éclatait à la fabrique de lainages appartenant à Pétersbourg à un Anglais, M. Tornton. Le patron s'empressa d'acquiescer aux demandes qui lui avaient été faites. Presque en même temps 1.500 ouvriers de la fabrique des tabacs Laferme cessèrent de travailler en protestant contre les retenues de salaire. Les instigateurs, au nombre de 30 personnes, furent expulsés de Pétersbourg, et on s'empressa en même temps d'exaucer les vœux dont ils avaient été les porte-voix. L'inspecteur des fabriques de la capitale lança à ce propos une circulaire dans laquelle il rappela aux patrons qu'ils ne pouvaient point disposer des fonds des amendes autrement que du su de l'inspecteur et uniquement au profit des ouvriers de leurs fabriques.

Au mois de décembre de la même année 1894 des grèves de courte durée se succèdent tant à Pétersbourg qu'à Orel.

Au printemps dé l'année 1895 une grande fermentation règne parmi les employés des chemins de fer et dans le tissage des Prochorov à Moscou. On demande, mais on n'obtient pas l'augmentation des salaires ; les cosaques et la police font rentrer tout dans l'ordre en arrêtant 18 individus. On a recours au même procédé pour mettre un terme au mécontentement des ouvriers de la fabrique de M. Mazurine à Kouskovo, près de Moscou.

Bien plus sérieux est le mouvement qui porta les 5000 ouvriers de la fabrique de cotonnades à Teikovo près d'Ivanovo Vosnesensk à commettre une série de désordres, au milieu desquels fut tué le directeur de la fabrique, d'origine anglaise. A la distance de quelques semaines survient à Iaroslav une nouvelle grève. 7579 ouvriers y prennent part. Elle se produit à la filature de coton des Korsinkine. Les ouvriers, organisés en deux équipes, y travaillaient jour et nuit 24 heures durant. On ne les payait qu'à la pièce, la direction exerçant avec rigueur le droit de faire des retenues pour malfaçon. Le grief des grévistes était d'une part l'abus qu'on faisait de ce droit, et de l'autre, la diminution inopportune du salaire payé à la pièce. En l'absence du directeur, les autorités subalternes de la fabrique donnèrent leur acquiescement aux revendications des ouvriers. Mais comme on tardait à leur tenir parole, ils entrèrent en grève. Les femmes continuant à travailler dans une dépendance de la fabrique, on décida qu'on les induirait à conformer leur conduite à celle de leurs maris et de leurs frères. Dans cette intention, les grévistes se dirigèrent en masse vers la maison qu'elles occupaient, mais ils la trouvèrent gardée par la troupe. Celle-ci fut d'abord refoulée, mais bientôt un nouveau bataillon venant au secours des soldats sur lesquels le peuple avait eu le dessus, une mêlée sanglante se produisit dans laquelle plusieurs hommes, femmes et enfants furent tués et 20 personnes blessées. L'affaire fut plus tard portée devant les tribunaux, 15 ouvriers furent condamnés à un emprisonnement de 2 ans.

Dans les provinces lithuaniennes les grèves furent très fréquentes. En 1895, 26.000 ouvriers prirent part à celle de Bielostock, mais ils finirent par reprendre le travail faute de moyens d'existence ; 56 grèves se produisirent également dans les divers métiers de Vilna. Les demandes des grévistes portèrent sur l'augmentation des salaires et la diminution de la journée ouvrière. Dans 43 cas ces vœux furent exaucés.

L'année 1896 joue un rôle important dans l'histoire des grèves russes. Bientôt après les fêtes du couronnement, 35 mille ouvriers employés à 17 fabriques de cotonnades à Pétersbourg entrèrent en grève et exigèrent la limitation de la journée ouvrière à 12 heures, avec interruption d'une heure et demie pour les repas. Ils demandaient également que le samedi le travail cessât à 2 heures et que le salaire leur fût intégralement payé pour les jours de chômage obligatoire occasionné par les solennités qui venaient d'avoir lieu dans l'ancienne capitale des tzars. La presse socialiste, surtout en Allemagne, s'est beaucoup occupée de cette grève, y voyant le signe précurseur de l'entrée des classes ouvrières russes dans l'arène des conflits internationaux du travail avec le capital. Et en effet, à quelques mois de là, M. Plekhanov se présentait au congrès de Londres avec des pleins pouvoirs tout à fait en forme et qui permettaient de le considérer comme le porte-voix des ci-devant grévistes. Ainsi ce mouvement, d'ailleurs tout à fait pacifique, témoignait en faveur de l'existence parmi les ouvriers de la capitale d'une certaine organisation que les journaux berlinois attribuaient volontiers à l'influence de la propagande clandestine menée par les travailleurs allemands exerçant leur métier à Pétersbourg. On jugera de l'effet produit par la grève — ou plutôt les grèves de Pétersbourg, car la cessation du travail se produisit dans un ensemble assez considérable de fabriques et d'usines, — par ce seul fait que les chefs d'industrie de la capitale, probablement sous l'impulsion qui leur fut donnée par le ministère des finances, firent des démarches dans le but avéré d'obtenir une loi générale fixant le nombre des heures de travail par semaine à 70, autrement dit à 12 par jour.

Comme les grèves s'étaient produites cette fois dans les fabriques de cotonnades, ce furent ces dernières qui prirent l'initiative des nouvelles démarches et il ne fut question dans leurs suppliques que de limiter la journée ouvrière dans cette seule branche d'industrie. Ils prétendirent avec raison que la réforme ne pouvait se faire par initiative privée, qu'il fallait une mesure égale pour tous, autrement la concurrence de ceux qui auraient conservé une journée plus longue finirait par tuer l'industrie des autres. La majorité des pétitionnaires se déclara prête à accepter une journée légale de 11 heures 1/2, ou encore un travail de 18 heures exécuté par deux équipes. Quelques autres industriels vinrent appuyer ces demandes en insistant sur la nécessité d'interdire le travail de nuit.

Ainsi les grèves qui s'étaient produites à Pétersbourg au mois de mai de l'année 1896, devinrent le point de départ d'une nouvelle législation ouvrière. Comme le gouvernement tardait à faire paraître la nouvelle loi si impatiemment attendue, entravé qu'il était dans ses actes par l'opposition sourde des fabricants moscovites, les grèves reprirent de plus belle et s'étendirent cette fois non seulement aux villes de provinces, mais encore à la vieille capitale des tzars. Ce furent les employés du chemin de fer de Koursk-Moscou qui le 3 juin entrèrent les premiers en lice, au nombre de 100 à peine. Ils demandèrent, entre autres réformes, celle d'être payés pour les journées de chômage obligatoire occasionné par les fêtes du couronnement. La fermentation gagna peu à peu les ouvriers des lignes Moscou-Riazan, Moscou-Smolensk, etc. L'administration paraissait acquiescer aux réclamations qui lui étaient faites. A la fin de l'année 1896, comme en janvier 1897, les grévistes commencèrent à insister de plus en plus sur la journée légale de 10 et même de 9 heures. Des demandes identiques furent formulées

dans des provinces aussi éloignées du centre que l'est
celle de Kostroma, où les tisserands de la fabrique des
frères Zotov se mirent en grève au mois de septembre
et se déclarèrent partisans de la journée de 9 heures,
journée déjà introduite dans une filature voisine, celle
de Sidorov.

Je n'entretiendrai point le lecteur de faits plus récents
dont je suis moins bien informé, et je me contenterai de
dire que le mouvement continue (1), et que les mesures
législatives prises récemment par le ministre des finances ont particulièrement en vue d'apaiser les esprits et
de rétablir la bonne entente des patrons et des ouvriers
dont, au dire de M. Witte, « notre jeune industrie pourrait se passer moins que toute autre ».

§ 3. Je me propose de soumettre maintenant à un examen très succinct la récente législation ouvrière. C'est au
ministre des finances, M. Bounge, que revient l'honneur
d'avoir remis en vigueur et quelque peu remanié les anciennes lois concernant le travail de la femme et des enfants dans les mines. En 1882 la protection de l'Etat fut
étendue aux ouvriers des fabriques et des usines : on pro-
hiba, comme je l'ai dit plus haut, l'embauchage des
enfants n'ayant pas atteint l'âge de 12 ans. Quant aux
jeunes ouvriers de 12 à 15 ans, ils ne purent désormais
être occupés que 8 heures par jour et seulement 4 heures
d'une manière continue.

Jusqu'à 15 ans les jeunes gens ne doivent pas être
astreints au travail de nuit, excepté dans les verreries.
Dans les mines la défense s'étend pour les mineurs
jusqu'à l'âge de 17 ans. Quant aux femmes, il est également interdit de les occuper la nuit.

Le repos du dimanche n'est imposé qu'aux enfants au-

____

(1) Le lecteur trouvera des détails nombreux sur les grèves qui se
sont produites cette année dans les numéros de mars et d'avril du
« Devenir Social. »

dessous de 15 ans ; la loi de 1890 admet d'ailleurs une large exception, dans le cas notamment où leur travail serait reconnu « indispensable ». Le chômage n'est obligatoire pour les fabriques, que les jours de grandes fêtes, trente environ par an. En y adjoignant les dimanches, nous arrivons à un total de 80 jours de repos.

La loi principale qui règle les rapports des patrons et des ouvriers est celle du 3 juillet 1886. Elle crée une autorité dite d'inspection des fabriques et un comité provincial, composé du gouverneur de la province, du procureur de justice, du chef de la police, de l'inspecteur des fabriques et des membres de la municipalité et du zemstvo ou commission exécutive, choisie par le conseil général de la province. Le comité est autorisé à prendre des dispositions relatives à la protection de la vie et de la santé des ouvriers et à examiner les plaintes portées contre l'inspecteur. Il peut également infliger aux patrons des amendes ne dépassant pas 100 roubles. Dans des cas plus graves l'inspecteur doit recourir aux tribunaux ordinaires. L'inspecteur et le comité sont directement soumis au ministre des finances.

La même loi dispose que les engagements des ouvriers, au moment où ils sont conclus, devront être inscrits dans un livret de compte. Ce livret contiendra les conditions du louage, les payements faits et les amendes infligées pour chômage et dégâts causés au patron (art. 7). Il reste entre les mains de l'ouvrier. L'art. 9 établit que le louage personnel se fait : 1° pour un temps déterminé, 2° pour un temps indéterminé et 3° pour un travail déterminé. Dans tous les cas de louage pour un temps indéterminé, chacune des deux parties peut rompre le contrat en prévenant l'autre deux semaines à l'avance. Avant l'expiration d'un contrat à terme il est interdit de réduire le salaire, en établissant de nouvelles bases de calcul, en diminuant le nombre des jours de travail par semaine ou le nombre d'heures par jour, ou en changeant les règles du travail à la tâche. De leur côté les ouvriers ne peuvent, avant l'expiration du contrat, réclamer des modifications (art. 11).

L'ouvrier peut être congédié sans notification préalable quand il s'absente 3 jours de suite sans justification suffisante, en cas d'inconduite ou de maladie contagieuse ; mais dans ce dernier cas, il a droit à un dédommagement. L'ouvrier, d'autre part, peut quitter son patron en cas de mauvais traitements, de non-observation des clauses relatives à son entretien, ou encore si le travail qu'il fait présente un danger réel pour sa santé, si quelque décès est survenu dans sa famille ou s'il est forcé d'entrer à l'armée.

Pour les engagements de courte durée le payement des salaires se fait deux fois par mois. Au cas où cette prescription ne serait pas suivie, l'ouvrier peut réclamer la résiliation du contrat et un dédommagement s'élevant à 2 ou 3 salaires hebdomadaires. Quant aux engagements de longue durée, le législateur russe a tenu à assurer à l'ouvrier le recouvrement de son salaire au moins tous les mois. « La paye doit avoir lieu, déclare l'art. 12 du statut organique de l'industrie, au moins une fois par mois si le louage est fait pour un terme de plus d'un mois, et deux fois au moins par mois si le louage est fait pour un terme indéterminé » (1). Le législateur russe défend également de payer les ouvriers en produits (art. 1359 du Code pénal), ou même en coupons de valeurs mobilières (art. 14 de la loi sur l'industrie, de 1886). Cette pratique qui avait été assez répandue pendant un certain temps occasionnait la perte d'une partie du salaire, car

_____

(1) Le lecteur français trouvera des détails nombreux sur la législation ouvrière russe, tant dans les rapports des consuls français et anglais que dans le livre de M. Lambert, *La protection du salaire.*

il fallait payer un escompte assez élevé pour pouvoir encaisser les coupons. La paye ne se fait donc plus qu'en argent et les inspecteurs des fabriques sont chargés de veiller à l'exécution de cette loi comme de toutes celles que nous avons déjà passées en revue.

Ces mêmes inspecteurs sont investis d'une grande autorité pour tout ce qui concerne les règlements d'atelier ainsi que le prélèvement des amendes à la suite d'infractions faites à ces règlements.

La loi ne donne point aux ouvriers le droit d'intervenir dans la rédaction du règlement d'atelier, mais en même temps, elle soumet le règlement fait par le patron à l'examen et à l'approbation de l'inspecteur des fabriques. Cet inspecteur a même le droit d'en faire modifier les dispositions, droit qui n'est point reconnu aux pouvoirs administratifs ni en Suisse, ni en Allemagne et encore moins en France, où il n'existe pas même de loi relative aux règlements d'atelier (1).

Quant aux amendes dont les fabricants russes ont si étrangement abusé jadis et qui étaient devenues pour eux, comme nous l'avons dit, une source intarissable de revenus et même un moyen de compenser les pertes subies par la production (2), le législateur russe a coupé les racines du mal en déclarant que ces amendes ne pourront être infligées que dans certains cas prévus par la loi, que ce prélèvement sera fait au su de l'inspecteur des fabriques, que les ouvriers auront le droit de porter plainte entre ses mains en cas d'amendes illégales et de poursuivre le gérant coupable d'un tel abus devant les tribunaux, enfin que le patron n'aura pas le droit de s'attribuer le produit des amendes, mais est autorisé à

(1) Voyez Lambert, p. 207.
(2) Rapport du consul français à Moscou sur les conditions du travail en Russie, p. 29.

leur trouver, au su de l'inspecteur, un emploi profitable
pour les ouvriers (1).

Très hostile, comme nous le verrons dans la suite, au
droit de coalition et d'association, interdisant pour cette
raison toutes sortes de syndicats, même ceux formés par
les patrons, le gouvernement russe se charge d'assurer
la paix intérieure des fabriques et la bonne entente des
chefs d'industrie avec leurs ouvriers, en plaçant les uns

.(1) Voici d'ailleurs le texte précis des lois qui règlent cette question.
Il mérite d'autant plus d'attirer l'attention que rien de pareil, que
je sache, n'existe encore en France.

Des amendes peuvent être infligées 1° pour travail inexact, 2° pour
chômage et 3° pour atteinte à l'ordre. Aucune amende ne peut être
perçue pour un autre motif. Le travail inexact consiste dans la confection par négligence de produits de mauvaise qualité, la détériora-
tion des matières, machines et autres instruments de production. L'a-
mende est en ce cas proportionnée au degré de négligence. Est considéré comme chômage l'absence pendant une demi-journée au moins.
L'amende proportionnée au salaire de l'ouvrier et à la durée de chômage, ne peut excéder le salaire de trois journées de travail. — Elle
ne peut être infligée en cas de chômage par force majeure. — Est
considérée comme une atteinte portée à l'ordre toute inobservation des
règlements. L'amende pour chaque atteinte à l'ordre ne peut dépasser un
rouble (2 fr. 65 c.); chaque infraction passible d'amende doit être men-
tionnée sur des tableaux spéciaux avec indication du montant de l'a-
mende. Ces tableaux sont approuvés par l'inspection des fabriques et
exposés dans tous les ateliers. — Le total des amendes ne doit pas
dépasser un tiers du gain revenant à l'ouvrier à la date fixée pour le
payement. Toutes les amendes sont inscrites tant sur le livret de
compte de l'ouvrier qui y a été soumis que dans un registre particulier. Ce dernier doit être présenté à l'inspecteur des fabriques à première réquisition. — La décision du gérant de la fabrique en fait d'a-
mendes n'est pas susceptible de recours. Mais, si lors de la visite des
fabriques par les inspecteurs il est établi, par suite des déclarations
des ouvriers que les amendes leur ont été infligées illégalement, le
gérant peut être poursuivi. — Les amendes servent à former dans
chaque fabrique un fonds spécial qui ne peut être employé qu'avec
l'autorisation de l'inspection et seulement dans l'intérêt des ouvriers.

Autre point à noter. Le législateur russe prévoit la possibilité
d'une interprétation frauduleuse du droit qu'il accorde aux patrons
d'infliger aux ouvriers des amendes pour le travail défectueux ou dé-
térioration des matières premières. Sous le nom d'amende le patron

et les autres sous la surveillance d'inspecteurs nommés par lui. Aucun changement ne peut être apporté ni au taux des salaires, ni à la distribution des heures de travail sans l'acquiescement préalable des inspecteurs. Aucun économat ne peut être ouvert à leur insu et aucune marchandise n'y peut être vendue qu'au prix, sinon fixé, du moins approuvé par l'inspecteur, et dans le cas seulement où cette marchandise figure dans la liste des objets dont la vente est permise dans ces économats par le même inspecteur. Quant aux retenues sur les salaires, la loi russe déclare que celles qui auront pour origine les avances d'argent faites aux ouvriers par les patrons ne pourront dépasser un tiers ou un quart des salaires, suivant que l'ouvrier est célibataire ou marié. Aucune retenue n'est permise pour dettes contractées par l'ouvrier vis-à-vis du patron, et ces dettes ne donnent point lieu au prélèvement d'intérêts. Cette mesure ne coupe pas d'ailleurs dans la racine les abus qu'on comprend sous le nom de système du « truck », car la loi déclare formellement : « Ne sont pas considérés comme dettes à ce point de vue les comptes ouverts par l'administration de la fabrique à l'ouvrier pour l'avoir nourri et lui avoir fourni des magasins de la fabrique les objets de première nécessité » (1).

La loi russe est également hostile aux retenues des salaires servant à alimenter les caisses de secours en cas de maladie. Le statut organique de l'industrie déclare d'une façon formelle (art. 17) qu'il est défendu de faire payer aux ouvriers les secours médicaux, ces derniers incombent ainsi exclusivement au patron. Les

pourrait bien prélever dans des cas pareils une indemnité personnelle. Aussi la loi le lui défend-elle d'une façon formelle en déclarant que toute indemnité pour malfaçon ne peut être réclamée que par voie judiciaire.

(1) Lambert. *Essai sur la protection du salaire*, p. 56.

inspecteurs du gouvernement sont autorisés à veiller à
ce que dans les fabriques d'une certaine importance,
employant par exemple cent ouvriers, il y ait un hôpi-
tal de plusieurs lits entretenu au frais du patron. Je n'ai
pas besoin de faire remarquer que ce ne sont là que des
vœux dont l'exécution se fait attendre.

Le seul avantage assuré à l'ouvrier par l'intervention
de l'État dans la question des retenues est de laisser
entre ses mains une certaine partie du salaire, partie
relativement considérable, car elle n'est pas inférieure
aux deux tiers de sa paye. En cela la législation russe
se rapproche de celles de la Belgique et de la France.
De même que cette dernière, la Russie n'admet pas le
droit de faire des retenues pour les institutions de pré-
voyance, pour l'assurance contre les accidents malheureux.

Quant à la responsabilité des patrons en cas d'accident, cette matière est encore régie par le droit commun,
résultant des lois générales sur la responsabilité civile
et fondé sur le principe que quiconque a occasionné un
dommage à autrui par sa faute est tenu de le réparer.
En vertu de ce principe, l'ouvrier victime d'un accident
de travail ou ses héritiers ont le droit de demander aux
tribunaux une indemnité, mais à la charge par eux de
prouver la faute du patron.

Quant au chiffre de la réparation, les tribunaux ont
admis la jurisprudence suivante : en cas d'incapacité
permanente de travail, le patron est tenu de servir à
l'ouvrier blessé une rente viagère, mensuelle ou annuelle, équivalente au montant de son salaire pendant
le dernier mois ; si la blessure reçue par l'ouvrier lui
permet de se livrer à quelque travail pour gagner sa
vie, les juges diminuent la pension et en fixent le quan-
tum selon les circonstances ; si l'accident a entraîné la
mort, le tribunal adjuge à la famille du défunt une

rente équivalente aux 2,3 ou aux 3/4 de son salaire (1).

Toutes les lois que je viens d'analyser ont été élaborées sous le ministère de M. Bounge. On avait également agité dans les dernières années de son passage aux affaires, la question de savoir si le gouvernement ne se chargerait pas de régler d'une manière uniforme la longueur de la journée ouvrière. Cette fois, ce furent les industriels de Pétersbourg qui, pour des raisons que j'expliquerai plus loin, se mirent à la tête du mouvement réformateur.

En effet, bientôt après que la loi de 1882 eût prohibé le travail des enfants en bas âge et eût retiré aux chefs d'industrie le droit de faire travailler plus de quatre heures les jeunes gens et les jeunes filles qui n'avaient pas atteint 16 ans et dépassé 12, plusieurs industriels de Pétersbourg présentèrent au gouvernement une pétition où je relève le passage suivant : « La diminution du nombre des heures de travail pour les enfants et les adolescents, poursuit le but d'améliorer les conditions d'existence de l'ouvrier ; le temps est venu par conséquent de fixer également par la loi la longueur de la journée ouvrière. Les fabricants de Pétersbourg sentent depuis longtemps les inconvénients de la situation qui leur est faite par l'usage des industriels de Moscou de faire travailler les ouvriers de nuit comme de jour, alors qu'à Pétersbourg les fabriques restent généralement closes pendant la nuit. » Les pétitionnaires demandaient que la journée légale fût de 12 heures et le travail de nuit interdit, qu'on n'autorisât point les patrons à astreindre les ouvriers à un travail supplémentaire dépassant une heure par jour, même dans le cas où, à la suite de quelque accident imprévu,

---

(1) Consulter les rapports des consuls français à Moscou et à Pétersbourg.

le travail aurait été interrompu pour un temps plus ou
moins long.

Il est évident que les industriels de Pétersbourg
trouvaient leur propre intérêt à la fixation légale de
la journée ouvrière à condition, bien entendu, qu'elle
fût généralisée à tout le pays, car une pareille mesure
devait à leurs yeux égaliser les conditions dans lesquelles s'exerce l'industrie tant à Pétersbourg qu'à
Moscou ou en Pologne, et enlever aux concurrents
moscovites l'avantage que leur donne une journée ouvrière plus longue.

Les fabricants de Pétersbourg avaient mal choisi leur
temps. Les industriels moscovites venaient de trouver
leur homme dans la personne du nouveau ministre des
finances M. Vishnegradsky. Ce dernier déclarait à quiconque voulait l'entendre que les lois protectrices de l'enfance étaient inopportunes, que les personnes chargées
de leur application et notamment l'inspecteur du cercle
industriel de Moscou, M. Ianschoul, faisaient l'affaire des
socialistes et que l'intérêt de l'État n'exigeait qu'une
chose, la protection à outrance des fabricants, tant contre la concurrence étrangère que contre les revendications de leurs ouvriers. Soutenus par M. Katkoff, le célèbre publiciste réactionnaire, de même que par un
journal créé par les grands industriels de Moscou dans
le but avéré de dénoncer les actes des inspecteurs
comme attentatoires aux prérogatives des chefs d'industrie et de provoquer tout particulièrement la destitution
de M. Ianschoul, M. Vishnegradsky manœuvra de façon
à rendre illusoire la protection promise aux ouvriers.
Ceux qui, comme M. Ianschoul, avaient vu le devoir de
leur charge dans une application rigoureuse de la nouvelle loi et n'avaient pas craint de citer devant les tribunaux les hommes les plus influents du parti bourgeois, furent mis en demeure de présenter leur démis-

sion ; on les remplaça par des individus possédant les bonnes grâces des fabricants moscovites. Dans ces conditions il était facile de prévoir que le gouvernement ferait la sourde oreille à la pétition qui lui avait été présentée quant à la fixation légale de la journée ouvrière. Non seulement on abandonna pour un temps toute idée de réglementation ultérieure des rapports de patron à ouvrier, mais on passa plus d'une fois outre aux défenses d'employer aux travaux de nuit les femmes et les adolescents.

Ce ne fut qu'à l'avènement au pouvoir de M. Witte, le ministre actuel des finances, que fut reprise l'idée de fixer par la loi, la longueur de la journée ouvrière.

Aussi protectionniste que son prédécesseur, M. Witte a sur ce dernier l'avantage de croire que les progrès de notre industrie doivent servir à relever le sort de l'ouvrier russe et que le moment est venu d'une intervention plus efficace de l'État au profit du travailleur. Tout en recommandant, ainsi que nous l'avons dit, aux inspecteurs des fabriques de ne point perdre de vue le « caractère éminemment patriarcal » des rapports qui en Russie ont existé de tout temps entre patrons et ouvriers, M. Witte a l'air de ne point attacher lui-même une grande importance à ce régime prétendu paternel et ne recule point devant la nécessité de sermonner vertement ceux des chefs d'industrie qui n'ont pas su éviter les dangers d'une grève par des concessions faites à temps.

Il se charge également de régler les questions qui naissent du choc des intérêts entre patrons et ouvriers par des dispositions administratives, sinon par des lois. D'ailleurs, on sait qu'en Russie la différence qui existe entre ces deux modes d'annoncer la volonté du maître souverain n'est pas bien sensible et qu'une circulaire ou encore une « instruction » ministérielle a de fait, sinon de droit, la même force qu'une ordonnance impériale.

Celle dont je vais donner l'analyse a été rendue dans les conditions suivantes. Bientôt après les fêtes du couronnement qui furent, on le sait, l'occasion d'un désastre encore plus grand que celui du Bazar de la Charité, des grèves éclatèrent à Pétersbourg. L'Empereur différa sa rentrée dans la capitale et son ministre, M. Witte, faisant venir chez lui les chefs des fabriques où la cessation du travail s'était produite, leur rappela en termes polis, mais énergiques, que les grands bénéfices qu'ils retiraient, provenaient du régime protecteur, dont ils étaient redevables au gouvernement, que ce dernier tenait à en faire bénéficier également les ouvriers et que par conséquent ils n'avaient qu'à céder aux instances des gens qu'ils employaient à leurs services.

A la suite de cette entrevue, les chefs des fabriques où les grèves venaient de se produire adressèrent au ministre une nouvelle demande où ils se prononcèrent encore une fois en faveur d'une réglementation législative de la journée ouvrière. Une autre pétition du même genre fut envoyée par les chefs d'industrie de Lodz en Pologne. Ces derniers insistèrent beaucoup sur la nécessité de défendre dans tout l'Empire le travail de nuit, lequel, disaient-ils, avait presque entièrement cessé en Pologne, alors qu'il était encore à l'ordre du jour dans la majorité des fabriques de la région industrielle dont Moscou forme le centre. Et en effet, ainsi que le constatent des statistiques officielles, le travail de nuit ne se rencontre plus en Pologne qu'à l'état de rare exception. Les fabriques qui l'admettent forment à Varsovie et dans toute la province dont la vieille capitale du royaume est le centre, à peine 9 0/0 de tous les établissements industriels. Quant à Lodz, leur nombre n'y atteint pas même 5 0/0. Les industriels polonais prétendent non sans raison que le travail de nuit est deux fois moins productif, qu'il est nuisible à la santé de l'ouvrier et qu'il rend moins efficace le travail du lendemain. Ils déclarent également que le travail de nuit est beaucoup plus périlleux, car un ouvrier à moitié endormi est généralement peu circonspect.

Les inspecteurs des fabriques russes partagent cette dernière opinion et citent volontiers à l'appui de la même thèse que le nombre d'accidents malheureux est relativement beaucoup plus grand parmi ceux qui peinent la nuit que parmi ceux qui travaillent de jour.

Le travail de nuit, quoique plus commun dans le cercle manufacturier de Pétersbourg qu'en Pologne, y est néanmoins peu répandu, surtout en comparaison de ce qui a lieu dans la région manufacturière centrale. A peine un cinquième des ouvriers dont le nombre total à Pétersbourg est de 101.151, sont forcés de passer une partie de la nuit à la fabrique ; ceci, d'ailleurs, ne se produit que là où l'industriel occupe deux équipes et fait marcher la fabrique 18 ou 24 heures de suite.

Quant à l'industrie moscovite, elle croit ne pouvoir se passer du travail de nuit, lequel, encore à l'heure qu'il est, occupe 35 0/0 de ses ouvriers. Ceux qui en prennent la défense prétendent que l'intérêt même des ouvriers exige le maintien du travail de nuit et la présence à la fabrique de deux équipes qui se remplacent périodiquement l'une l'autre. Car un pareil système est censé permettre à l'ouvrier, ainsi qu'à l'ouvrière, de vaquer certains jours de la semaine à leurs propres affaires, et cela pendant une série d'heures plus ou moins longue. En effet, l'usage exige que ceux qui sont restés à la fabrique de jour une douzaine d'heures ne soient appelés le lendemain qu'à un travail de nuit ne dépassant pas 6 heures et ainsi de suite.

Les fabricants de Moscou déclarent que leurs confrères de Pologne n'agitent la question de la réglementation de la journée ouvrière que pour leur faire échec sur

l'une des questions vitales pour leur industrie. A les entendre, il leur serait difficile sinon impossible de soutenir la concurrence de l'industrie polonaise, mieux outillée et possédant un personnel d'ouvriers stable, une
fois que l'interdiction du travail de nuit lesaura mis dans
l'impossibilité de faire marcher leurs fabriques d'une façon ininterrompue, car, disent-ils, à tort à mon avis, les
ouvriers que nous employons nous-mêmes sont, dans la
grande majorité des cas, des laboureurs à peine arrachés
à la charrue et ne demandant qu'à y revenirau printemps.

Malgré ces protestations, ou plutôt dans l'espoir d'avoir gain de cause dans la question du travail de nuit,
les industriels moscovites ont fini par faire des concessions en ce qui concerne la longueur de la journée ouvrière. L'expérience faite par quelques fabricants de
Moscou, Tver et Vladimir ne laissait d'ailleurs aucun doute quant à ce fait qu'en passant d'une journée
de 13 ou 12 heures 1/2 à celle de 11 heures, on rendait
le travail plus productif, ce qui permettaità la fabrique de
ne point diminuer la somme annuelle de ses produits proportionnellement à la diminution de la journée ouvrière.

Aussi comprend-on la raison pour laquelle les trois
commissions formées au sein de la société moscovite pour
l'encouragement des manufactures, commissions représentant à elles seules les principales branches de l'industrie moscovite, se prononcèrent en faveur d'une journée ouvrière ne dépassant pas 12 heures par jour. Ayant
eu la maladresse de demander à la Société d'hygiène de
vouloir bien se prononcer sur la même question, les industriels moscovites entendirent de la part du président
de cette Société une condamnation formelle de leurs projets. Au nom de la science, la majorité des membres de
la Société se prononcèrent nettement en faveur d'une
journée de 8 heures, comme aussi en faveur d'une interdiction formelle de tout travail fait la nuit, c'est-à-dire

de 8 heures du soir jusqu'à 6 heures du matin. Je n'ai pas besoin d'ajouter que ce conseil ne fut pas suivi et que, de concession en concession, on arriva à élaborer un projet de loi qui donnait gain de cause à la pratique existante et non aux exigences d'une saine hygiène.

En effet, la nouvelle loi, telle qu'elle est sortie des débats d'une commission nommée par le ministre des finances et composée des principaux industriels moscovites et pétersbourgeois, ainsi que de quelques employés supérieurs, se prononça en faveur d'une journée ne dépassant pas 11 heures et demie et admettant le travail de nuit, mais à condition que ce travail ne se prolongerait pas au delà de 10 heures. La mesure peut-être la plus efficace parmi celles qu'a édictées la nouvelle loi est celle qui, tout en admettant la possibilité d'un travail supplémentaire, le fait dépendre d'une entente préalable entre patrons et ouvriers, et déclare que ce travail ne pourra ni dépasser 120 heures par an, ni avoir lieu que dans le cas où des causes de caractère technique le rendraient urgent.

Les 11 heures 1/2 réglementaires correspondent plus ou moins aux habitudes des fabriques polonaises, ainsi que d'un certain nombre de vastes établissements industriels situés dans la région manufacturière de Pétersbourg et de Moscou.

Une journée plus longue ne se rencontre généralement que dans les fabriques de moindre importance qui y voient un moyen de lutter avec la grande industrie. Quant à cette dernière, maintes fabriques avaient déjà fait l'expérience des avantages qu'assure un travail moins long et par cela même plus productif. Les établissements industriels qui, dans ces dernières années, ont diminué la journée ouvrière de deux heures, n'ont presque rien perdu de la masse des produits qu'ils livrent annuellement au marché. D'autres qui, au lieu de fonctionner 24 heures d'une façon consécutive, ne marchent plus que 18 heures en employant deux équipes d'ouvriers dont chacune travaille 9 heures, n'ont pas diminué leur revenu d'un quart mais seulement de 15 et même de 14 0/0. Cela s'explique d'abord par le fait que dans 1 heure de temps, le travailleur moins fatigué produit plus de marchandises, et, en second lieu, par les économies faites sur l'éclairage, le chauffage et les frais d'administration, économies qu'occasionne une journée moins longue et le chômage obligatoire pendant la nuit. On a fait cette remarque que c'est surtout dans les industries qui demandent à l'ouvrier un maximum d'attention et de soins que la diminution de la journée ouvrière n'a exercé presque aucune influence sur la somme des produits. C'est le cas des verreries, des fabriques de porcelaines, des fabriques de produits chimiques, des fabriques de machines, etc.

Au contraire, là où le travailleur n'a qu'à surveiller le fonctionnement d'une machine très perfectionnée les pertes ont été plus grandes. C'est le cas des filatures et des tissages. Car la productivité du travail à la suite d'une diminution de la journée ouvrière augmente dans les premières de 7 à 10 0/0, et dans les secondes à peine de 3 à 5 0/0.

Un des effets indirects de la nouvelle loi sera probablement d'introduire dans la majorité des fabriques, qui continuaient à marcher 24 heures durant, l'usage de deux équipes travaillant chacune 9 heures, car la loi ne permet à la fabrique qu'un travail quotidien de 21 heures et demie. Par conséquent, pour maintenir l'ancienne pratique, il faudrait augmenter le nombre des équipes d'une troisième, ce qui serait, bien entendu, trop coûteux. Aussi y a-t-il lieu d'espérer qu'à la longue le triomphe sera assuré à l'usage de faire marcher la fabrique pendant 18 heures, en y employant deux équipes dont chacune travaillerait 9 heures. Plus d'un établissement industriel appartenant à la région centrale est déjà entré résolument dans cette voie.

Est-il permis d'espérer que la nouvelle loi mettra fin aux grèves devenues très nombreuses dans ces cinq dernières années ? J'ai peine à le croire, car elle n'apporte qu'un remède insuffisant et qui, d'ailleurs, ne vise qu'un des côtés de la question ouvrière. Mais il en est maints autres dont le législateur russe ne s'est guère occupé jusqu'ici. Non seulement nous n'avons rien qui corresponde aux caisses de secours et de retraite qui existent en Allemagne ou à la responsabilité des patrons en cas d'accidents malheureux, mais encore notre classe ouvrière est privée de cette liberté élémentaire qu'on appelle le droit d'association et de coalition, le droit de constituer un syndicat ou d'interrompre le travail en masse.

L'article 1358 du Code pénal menace les ouvriers, en cas de grève faite dans le but d'obliger les patrons à relever les salaires ou à modifier les autres conditions du louage avant l'expiration du contrat, d'un emprisonnement de 4 à 8 mois (s'il s'agit d'instigateurs) et de 2 à 4 mois (s'il s'agit de complices). Seuls les ouvriers qui reprendront le travail à la première réquisition de la police sont exemptés de toute peine. Les grévistes coupables d'attentats à la propriété ou de violences vis-à-vis des employés de la direction, dans le cas où ces violences ne constituent pas un crime de gravité plus lourde, sont passibles : les meneurs d'un emprisonnement de 8 mois à 1 an, les complices, d'un emprisonnement de 4 à 8 mois ; la même peine est infligée à ceux qui, par violence ou menaces, ont obligé les autres ouvriers à quitter le travail ou les ont empêchés de le reprendre.

Les circulaires adressées de temps en temps par le ministre de l'intérieur aux autorités locales recommandent une grande sévérité vis-à-vis de tous ceux qu'on suppose être les instigateurs de la grève. Dans celle notamment qui a été expédiée le 12 août dernier, on appelle l'attention des préfets ou gouverneurs sur les menées socialistes. On attribue aux agitateurs une large part dans le mouvement gréviste. « A l'exemple de Pétersbourg et de Moscou, des sociétés secrètes, déclare le ministre, se sont formées dans les principales villes de l'Empire et les chefs-lieux des fabriques ; la jeunesse des écoles y prend part dans le but avéré de soutenir les grèves qu'on considère à tort comme ayant été le point de départ de la législation ouvrière récente. Au sein des travailleurs des fabriques, on constate également la formation d'autres groupements connus sous le nom de « milices de combat ». En recourant aux menaces et aux voies de fait, leurs membres forcent les ouvriers paisibles à se rattacher à eux au moment d'une grève ou les empêchent de reprendre du travail chez le fabricant. »

Le ministre invite la police à livrer aux gendarmes les agitateurs sortis des classes éclairées, à saisir toutes les brochures et proclamations qu'ils feraient circuler parmi les ouvriers et à mettre aux arrêts tous ceux qu'on soupçonne de fomenter la grève. M. Goremikin, tel est le nom du ministre actuel, se rend compte qu'une pareille pratique est contraire à la loi qui n'enjoint pas au juge d'instruction de soumettre les gens inculpés de fomenter la grève à une privation provisoire de leur liberté. Mais, les grèves étant reconnues dangereuses à l'ordre public, il se croit autorisé à faire appel aux mesures préventives applicables en cas de désordres revêtant un caractère politique.

Si nous nous demandons pour conclure, de quel exemple s'inspire le législateur russe en soumettant les rapports mutuels du patron et de l'ouvrier à une surveillance active et minutieuse de la part des employés de la couronne, nous n'aurons pas de peine à reconnaître que c'est la

Prusse qui lui sert de modèle en ceci comme en tant d'autres matières de police et d'administration.

Il faut en effet remonter à cette vieille théorie du pouvoir autocratique paternel et providentiel qui se charge de tout et ne laisse rien faire aux personnes intéressées, pour comprendre comment il se fait que, tout en poursuivant les grèves et en empêchant la création de syndicats, le gouvernement russe prend les ouvriers régulièrement sous sa tutelle. C'est en Prusse que se sont le plus longtemps maintenues, que se maintiennent encore de nos jours la théorie et la pratique de ce gouvernement providentiel qui prévoit tout, règle tout et contrôle tout, en laissant à l'initiative des individus et des collectivités une sphère d'action on ne peut plus restreinte. Or, après la Prusse, la Russie est l'État le plus policier de l'Europe. Aussi la théorie formulée par les publicistes prussiens, théorie qui proclame le souverain et les bureaucrates employés à son service, arbitres naturels de tous les conflits latents entre le capital et le travail, est-elle on ne peut plus goûtée dans l'Empire des tzars. Les réactionnaires les plus avérés se déclarent en ce sens, et en ce sens seulement, favorables à l'intervention de l'État. Le tzar n'a-t-il pas, ainsi que le roi de Prusse, la haute mission de préserver le pays de la lutte funeste des classes ? En échange on demande aux deux parties en litige, tant aux patrons qu'aux ouvriers, de ne rien entreprendre à leurs propres risques et périls. Les syndicats des patrons, à moins d'être directement autorisés dans tel ou tel cas particulier, ou dans telle ou telle industrie (notamment celle du naphte) et les lock-outs sont tout aussi prohibés que les sociétés ouvrières et les grèves. Patrons et ouvriers sont également invités à se mouvoir dans les limites étroites qui leur ont été assignées par les gouvernants, à ne chercher aide et secours que parmi les autorités constituées, à lever constamment leurs yeux vers le tzar, le dispensateur suprême des biens d'ici-bas, le père de tous ses sujets soumis. Les fabricants ne se le font pas répéter deux fois et demandent presque journellement de nouvelles élévations des droits d'entrée sur les produits de l'industrie étrangère. Ils sont très sensibles également aux commandes de l'État, à l'élimination de nouveaux concurrents par la fixation légale du nombre des produits annuels de chaque usine ou fabrique (1) et aux primes accordées aux exportateurs des produits nationaux. Quant aux ouvriers, fidèles à l'ancien adage populaire qui dit : « Dieu est bien haut et le tzar bien loin », ils ne paraissent pas très persuadés des avantages de la tutelle qu'on leur offre. On a même lieu d'espérer que plus nos classes laborieuses deviendront éclairées, plus elles sauront se pénétrer de cette vérité qu'il vaut mieux faire ses affaires soi-même.

(1) Ceci a lieu notamment pour l'industrie du sucre.

CHAPITRE VII

DÉPLACEMENT PÉRIODIQUE DES OUVRIERS AGRICOLES ET ÉMIGRATION INTÉRIEURE

Dans les précédents chapitres j'ai passé en revue l'état actuel de notre agriculture et de notre industrie et j'ai dit quelles étaient les conditions d'existence du paysan et du noble, de l'ouvrier et du fabricant.

Le lecteur a pu se rendre compte de l'intensité de la crise que traversent nos cultivateurs et qui ne dépend pas exclusivement de la concurrence américaine, mais d'une série de causes plutôt sociales qu'économiques. J'ai fait connaître également le déclin de l'industrie domestique qui longtemps a été pour la majorité de nos villageois une source de revenus, secondaires il est vrai, mais suffisants pour combler le déficit qu'une mauvaise récolte et les exigences fiscales créaient dans leur mince budget. L'accroissement rapide de la population, loin de diminuer le malaise dont souffrent les classes productives, ne le rend que plus intense, car il n'a pas été suivi d'un développement corrélatif de notre agriculture. Quant à la grande industrie, comme elle absorbe de plus en plus les petits métiers paysans, on a le droit de dire qu'elle s'est implantée parmi nous plutôt au détriment de la majorité de nos producteurs que dans leur intérêt. Plus la population augmente, plus s'accentue l'émiettement des lots dans les champs communs ; ces lots deviennent insuffisants, le paysan manque d'espace pour le parcours de ses bestiaux, de bois à bâtir, de combustible, de foin, car tout ce qui a pu être cultivé, même au détriment de l'élevage et du maintien des forêts, l'a été ou tend à l'être. En dehors du mir, la petite propriété cède le pas à la grande. L'endettement de la noblesse croît tous les jours et la bourgeoisie, sans prendre directement possession du sol, a déjà rendu sienne une bonne partie de son revenu par le moyen de banques hypothécaires, de dividendes et d'actions, garanties par le tiers des fortunes foncières de nos privilégiés.

Tout cet ensemble de circonstances est d'ailleurs favorable à ses intérêts. L'accroissement rapide du nombre des habitants, suivi de la formation d'un prolétariat agraire au sein même des communes villageoises, met à sa disposition un nombre de plus en plus grand de personnes qui cherchent à assurer leur existence en prenant à n'importe quel prix du travail à l'usine ou à la fabrique. En même temps, par son tarif d'abord prohibitif et puis simplement protecteur, le gouvernement assure aux industriels une forte prime et leur permet de maintenir leurs marchandises à un prix onéreux pour la masse des consommateurs, car toute concurrence de produits étrangers est nécessairement éliminée. Aussi les bénéfices de nos industriels, ainsi qu'en font foi les comptes rendus insérés dans le *Courrier des Finances*, dépassent souvent vingt, trente et même quarante pour cent, alors que le salaire reste stationnaire et le budget du villageois, se livrant en dehors de l'agriculture à l'exercice de quelque petit métier, tombe au chiffre de 20 à 30 roubles par an. — On aurait pu croire que le Trésor saurait du moins mettre à profit cette accumulation rapide de richesses, dont une bonne partie a été directement créée par lui. Mais il n'en est rien, et l'impôt continue à grever chez nous directement la masse des consommateurs. Les contributions indirectes pour l'année 1896 arrivent au chiffre de 517 millions, alors que les directes n'ont donné que 75 millions, dont 35 ont été payés par les classes agricoles. Cela signifie que notre bourgeoisie industrielle et commerciale ne fait participer l'Etat à ses bénéfices que pour la somme modique de **23 millions de roubles**, produit de diverses contributions dont l'une représente un chiffre fixe et invariable — c'est le « guïldeiskoïe » ou « promislovoïe svidetelsvo », autrement dit : taxe personnelle prélevée sur le commerçant ou le fabricant selon l'importance de son trafic ou de son industrie — et l'autre un chiffre variable et qui dépend du revenu annuel de l'entreprise ; on en prélève 5 0/0 au profit du Trésor. En dehors de ces deux impôts, la loi de 1885 en a créé un de répartition. On en établit le chiffre total par province pour trois ans; dans chaque province on le répartit d'abord entre les districts et puis entre les maisons de commerce et les entreprises industrielles, cette fois au prorata de leur situation économique effective, c'est-à-dire en prenant en considération même les difficultés passagères qu'elles traversent.

Tous comptes faits, l'imposition du commerce et de l'industrie est minime en comparaison de celle qui pèse sur l'agriculture, car cette dernière supporte non seulement le fardeau des contributions payées à l'Etat, mais encore les centimes additionnels au profit de la province. En dehors de ces impôts, les nobles contribuent à l'entretien des institutions nobiliaires, et les villageois payent les frais de leur administration élective.

Ajoutez à tout cela les versements faits au Trésor pour les passeports, sans lesquels nul déplacement n'est possible même à l'intérieur de l'Empire, les taxes en cas de transmission des biens fonciers, le timbre et surtout

le remboursement annuel des sommes avancées par l'E-
tat pour le rachat des services réels, jadis effectués par
les serfs — et vous arrivez à cette constatation que le
paysan et l'ouvrier ont plus de payements à faire que
de revenus à encaisser. Encore avons-nous fait abstraction de ce que nos classes inférieures versent à l'Etat en
tant que consommateurs, et ce n'est pas peu dire.
Car qui, sinon eux, paye la majeure partie des 262 millions dont l'alcool est imposé, des 7 millions prélevés
sur les allumettes, des 19 1/2 millions que produit l'impôt du tabac, des 19 autres millions que l'Etat retire
de l'impôt sur le pétrole ; je n'ose ajouter des 42 millions de droits sur le sucre, car la majorité de nos classes
productives n'ont guère le moyen de se permettre un
pareil luxe (1).

Quant aux rentiers possédant des titres émis par l'E-
tat ou les banques privées, ils ne sont assujettis qu'au
payement d'un impôt de 3 ou de 5 0/0 sur le revenu de
leurs valeurs. Encore en a-t-on exclu celles dont le capital est placé à perpétuité ou en emprunts extérieurs (2).
Quant aux prêts faits à des particuliers, ils échappent à
tout impôt. La somme totale de l'impôt sur le capital,
qui ne s'élève à 5 0/0 que pour les actions garanties par
l'Etat, n'a atteint en 1896 que 11.578.000 roubles.

Mon intention n'est pas, bien entendu, de faire ici un
exposé critique de notre système financier. Le peu que
j'en ai dit suffit pour faire voir à quel point l'inégalité
des fortunes, créée en partie par des causes naturelles,
dont le cours ne peut être arrêté, en partie par des
causes artificielles, notamment par le régime protecteur,
est directement encouragée par la façon dont le gouver-

(1) Consulter quant aux produits des principaux impôts en 1896 le
Courrier des Finances, 1897, n° 8.
(2) V. « Les principes fondamentaux de la science financière » du
professeur Ianschul.

nement répartit entre les diverses classes de la société le fardeau énorme des contributions. C'est par une réforme complète de notre système financier, fait pour un autre âge et, par conséquent, en opposition directe avec les progrès rapides du capitalisme, que devrait être continuée l'œuvre réformatrice entreprise par Alexandre II et subitement interrompue sous son héritier. Pendant quelque temps les ministres d'Alexandre III ont semblé pourtant se rendre à cette évidence. C'est ainsi que M. Bounge, par exemple, mettait fin à l'existence de la taille personnelle ou capitation, « podoushnaia podat », et son prédécesseur direct, M. Abaza (1), à la gabelle ou impôt sur le sel, ces deux contributions iniques et ruineuses, dont l'histoire fait partie du martyrologe des peuples. En même temps on augmentait l'impôt sur les successions, en l'élevant à 8 0/0 de la somme déclarée par le testateur ; on introduisait le nouvel impôt de répartition sur l'industrie et on grevait les capitaux du prélèvement de 5 0/0 sur les valeurs garanties par l'Etat et de 3 0/0 sur toutes les autres.

Mais depuis 1887, c'est-à-dire après que M. Bounge eût volontairement résilié ses fonctions (2), rien n'a été fait pour diminuer les charges du peuple par une répartition plus équitable de ses contributions. A peine si, sous le ministre actuel, on a trouvé bon de décharger les retardataires d'arriérés trop en disproportion avec l'état de leur fortune et par conséquent perdus d'avance. Ainsi, alors que l'industrie prenait cet élan prodigieux qui lui permet de compter à l'heure qu'il est 2 milliards de roubles de produits par an, et que le revenu de l'agriculture devenait d'abord stationnaire et éprouvait ensuite une baisse formidable, en partie à la suite de la guerre des tarifs déclarée à l'Allemagne par M. Vishnegradsky,

(1) Année 1881.
(2) Année 1885.

l'industrie et la haute banque continuaient à verser au
Trésor à peine 40 millions de roubles par an. On laissait
les industriels et les spéculateurs s'enrichir au détriment des propriétaires fonciers, de la masse de paysans
communistes et des prolétaires agricoles, réduits à la
dure nécessité d'accepter n'importe quel salaire pour un
travail de 13 et 14 heures. On leur offrait même la possibilité d'élargir leurs entreprises par des emprunts
faits à la Banque d'État dans des conditions on ne peut
plus avantageuses pour eux et sans garantie suffisante
pour la banque. Et tout cela afin de grossir la somme
des produits nationaux. On ne paraissait pas se rendre
compte de cette vieille vérité que le marché ainsi que la
valeur d'échange des marchandises sont créés par le
consommateur et que le paupérisme des masses populaires fait craindre que dans un avenir de plus en plus
proche nous ayons à souffrir d'une de ces crises dont une
jeune industrie, telle que la nôtre, a peine à se relever.
La crise sera d'autant plus aiguë que, contrairement à
l'exemple de l'Angleterre, de la France et de l'Allemagne, la Russie n'écoule la majorité des produits de son
industrie qu'à l'intérieur.

On a beau parler de la nécessité de créer de nouveaux
débouchés au dehors, en faisant preuve du même esprit
d'entreprise que celui dont les peuples occidentaux
nous ont donné l'exemple. Le nombre des débouchés est
nécessairement restreint et la plupart d'entre eux sont
devenus depuis longtemps l'apanage de l'Angleterre, de
la France ou de l'Allemagne. Ce n'est pas par la Corée
ou le Boukhara, quelque importants que soient ces débouchés pour une industrie qui en manque, que nous
arriverons à remplacer nos marchés indigènes. Ce qu'il
nous faut avant tout, c'est élever autant que possible le
bien-être de nos classes laborieuses et créer ainsi dans
leur milieu des besoins qui pour le moment dépassent

leurs moyens et suffiraient pourtant à eux seuls à fournir
du travail à un nombre de bras double de celui qu'emploient actuellement nos fabriques et nos usines.

Combien nous sommes encore loin de l'équilibre entre
le développement de l'industrie et l'élévation progressive du bien-être matériel au sein des classes populaires !
Si l'on excepte l'industrie de coton qui n'a pris de l'élan
que parce que le paysan appauvri a trouvé plus avantageux de se vêtir de cotonnades bon marché que de
toiles et de lainages, toutes nos autres industries ne sont
faites que pour suffire aux demandes de la minorité des
gens aisés. Aussi leur existence est-elle des plus éphé-
mères. On a lieu de se demander à quoi servent ces bro-
carts d'or et ces étoffes de soie si coûteuses qu'on fabrique à Moscou, sinon à alimenter le goût de la parure
dans les rangs de notre haute bourgeoisie et de l'aristo-
cratie des hauts fonctionnaires de l'Etat. L'une et l'autre pourraient d'ailleurs se les procurer à meilleur
compte à l'étranger, n'était le tarif aujourd'hui protecteur et jadis prohibitif. Ce tarif est la seule cause qui
ait permis à cette industrie si peu conforme aux produits
naturels de notre sol de prendre racine déjà sous Boris
Godunov, c'est-à-dire au XVIe siècle. Plante rare. fleur
artificielle que cette fameuse fabrique des Schadrin,
dont on a pu admirer les riches produits à l'exposition
de Nijni Novgorod. Ce n'est qu'au Caucase, dans les
provinces où pousse le mûrier, que pourra se développer un jour une production en masse des étoffes de soie,
lesquelles, depuis longtemps d'ailleurs, sont en usage
dans les familles arméniennes et géorgiennes tant soit
peu aisées. Aussi l'avenir appartient-il non aux fabriques de soie que possède Moscou, mais à ces petits établissements industriels qui depuis longtemps se sont
établis à Schemacha, par exemple, et sont arrivés de nos
jours à livrer au public des marchandises relativement

peu coûteuses et qui ne perdent rien à être comparées
aux étoffes légères d'origine italienne, sinon française.
Quant à l'industrie moscovite, elle ne saurait se maintenir qu'autant qu'elle produit le brocart d'or qu'on chercherait vainement à se procurer à l'étranger et dont les
familles riches font un grand emploi dans les cérémo-
nies funèbres. Ainsi nous sommes de nouveau ramenés
à la constatation de ce fait que, pour prendre de l'élan,
l'industrie russe ne peut compter que sur le consommateur indigène. Son avenir se rattache, par conséquent,
d'une façon directe au bien-être des masses populaires.

Or, pour juger de ce bien-être, nous avons un symptôme sûr et indubitable. Un homme qui prospère ne se
déplace pas volontiers. Cela est vrai surtout des profondes couches populaires où l'on est généralement attaché
au sol qu'on cultive, aux parents et aux voisins qu'on
fréquente. Voyez le paysan français. Il reste sa vie durant
sur le lopin de terre qu'il cultive et dont il est propriétaire. Je connais dans la rivière de Nice des gens du peuple qui, vivant dans le voisinage direct de cette ville,
ne se sont jamais déplacés pour la voir. Il n'en est guère
de même en Russie. Je puis citer l'exemple de provinces entières où régulièrement, d'année en année, le tiers
des villageois va chercher du travail à la distance de
quelques centaines de kilomètres, et cela au prix de
sacrifices infinis et uniquement afin de pouvoir vivre et
entretenir leurs familles. Dans ce cas se trouve la classe
la plus productive, des hommes arrivés à la maturité
de l'âge, ayant de 20 à 40 ans. Ils s'en vont le sac au dos
demander au hasard l'emploi de leurs journées. Des
jeunes filles nubiles suivent leur exemple et peinent avec
eux dans de longs voyages, aussi nuisibles à leur santé
que dangereux pour leur bonne renommée. C'est là
ce qu'on appelle chez nous « otchojii promisli ». C'est
pour moi le signe le plus manifeste de la grande misère

qui commence à envahir nos campagnes. On a beau dire que le Russe est naturellement porté à la vie nomade, que déjà au moyen âge les gens n'ayant point de fortune allaient volontiers à la recherche de quelque propriétaire qui, en échange de rentes annuelles, voulût non seulement leur confier une pièce de terre à aménager, mais consentît encore à leur avancer l'argent nécessaire pour sa mise en culture. Ces « serebrenniki » (du nom de « serebro », argent) devenaient à la longue des espèces de fermiers insolvables et attachés à la glèbe en raison de l'impossibilité où ils étaient de se libérer autrement des engagements pris envers les propriétaires. On voyait ainsi reparaître à là distance de mille ans les mêmes phénomènes économiques et sociaux que ceux qui, dans l'Empire romain, avaient fait du petit fermier libre le colon héréditaire du ${}_{IV}$e et ${}_V$e siècle.

Le seul énoncé de ces faits prouve que si le peuple de nos campagnes s'est souvent déplacé, même au xve siècle, ce n'était que parce qu'il était privé des instruments de travail nécessaires à son activité, nullement à cause de ses prétendus instincts de vagabondage.

Il en est de même de nos jours. La terre commençant à manquer, surtout dans la zone la plus fertile, celle du tchernozem, et le nombre des travailleurs agricoles dépassant de presque deux millions le strict nécessaire, le cultivateur robuste et aguerri quitte son foyer pour plusieurs mois de l'année et va prendre du service chez quelque grand propriétaire du midi ou de l'est. La zone où se produit tous les ans cet exode embrasse nos plus riches provinces : Kiev, la Podolie, la Volhynie, Poltava, Tchernigov, Kharkov, Koursk, Orel, Toula, Riazan, Nijni, Pensa, Voronej, Kazan, Simbirsk (1).

C'est là également la zone la plus peuplée, où la po-

(1) Prince Schachovsky. *Les otchojii Promisli.* p. 5, 1896.

pulation est la plus dense. Car à l'époque du servage,
c'était le foyer principal de la grande production agricole, le lieu de résidence de la noblesse terrienne. Formant depuis de longues années partie intégrante de
l'Empire et peu exposées aux invasions périodiques des
Tartares de la Crimée ou des peuples à demi-barbares de
la haute chaîne du Caucase, ces provinces avaient joué
pendant longtemps pour l'Empire, en partie aussi pour
l'Europe occidentale, le rôle de grenier d'abondance.

Des années avant l'émancipation le législateur avait
prévu le danger d'une dotation insuffisante des serfs
en terre et il avait tenu à la prévenir en menaçant de reprendre au seigneur ceux de ses mainmortables dont
le lot serait inférieur à 4 1/2 dessiatines. Or, la dotation,
reçue par les serfs de ces provinces en 1861, est loin d'atteindre ce chiffre. Cela permet de juger à quel degré de
parcellement est arrivée à l'heure qu'il est la terre communale et à quelles difficultés se heurte le paysan qui
voudrait vivre exclusivement du produit de son lot dans
les champs du village. Cette difficulté, ou plutôt cette
impossibilité paraîtra encore plus grande une fois que
nous nous serons rendu compte de ce fait que le nombre
de serfs ayant accepté des dotations minimes a été surtout considérable dans cette région et que c'est ici qu'on
trouve presque la totalité de ces « chetvertnii nadeli »
ou lots ne dépassant pas le quart de l'étendue qu'ils
avaient avant l'émancipation.

Aussi n'est-il pas étonnant que dans ce milieu le prolétariat agraire compte déjà un grand nombre de recrues.
Pour en juger nous possédons les chiffres suivants.

Des 750.000 paysans qui, en 1861, n'ont reçu en dotation qu'une dessiatine de terre, les 2/3 appartiennent
à cette région (1). Dans plus d'une province appartenant

(1) Recueil publié par ordre du comité des ministres.

à la même zone, et notamment dans celles de Podolie
et de Kiev, le paysan éprouve de la difficulté à se procurer le terrain nécessaire à son exploitation, même par
la voie du fermage, le sol étant en grande partie affecté
par ses propriétaires à la culture de la betterave ; on y
trouve encore moins de terres vierges (71 0/0 de la superficie totale ayant été remuées par la charrue). Quant
à l'achat des terres, il ne faut point y compter, car
les prix sont très élevés ; une dessiatine coûtait en
moyenne, déjà en 1889, 150 roubles en Volhynie, 189 en
Podolie et 196 dans le gouvernement de Kiev (1). Dans
ces conditions les 10.400 et quelque individus qui,
en 1877-78 ne possédaient qu'une dessiatine par couple
ne peuvent arrondir leurs lots. Le pays est relativement
très peuplé : la moyenne de la densité était dans ces
trois provinces, déjà en 1892, de 57 personnes par verste
ou kilomètre carré et le maximum atteint par quelques
districts s'élevait à 67 ou 68 personnes (2). Le grand
nombre de bras libres, ne trouvant point d'emploi
dans la culture de leurs propres terrains, fait baisser
le taux des salaires. Leur moyenne à l'époque des semailles est à peine de 30 kopecks par jour, ou un franc,
à celle de la fauchaison de 44 kop., et de 48 au moment
de la rentrée des blés.

Dans les provinces centrales de la même zone — celles
de Pensa, Tchernigov, Koursk, Toula, Orel, Riazan — le
prolétariat agraire formait en moyenne déjà, en 1877 et
78, 5 0/0 du chiffre total des habitants. Il s'élevait même à
6 0/0 dans le gouvernement de Riazan. A côté des prolétaires, ceux qui étaient sur le point de le devenir, c'est-à-
dire ne possédaient en moyenne qu'une dessiatine de terre

(1) « Svod dannich ob eckonomicheskom sostoïanii goubernii »
(Recueil de données sur la situation économique des provinces).

(2) Dans un district où les sucreries sont en grand nombre (celui de
Canev, gouvernement de Kiev) on compte même 80 personnes par
verste carrée.

par couple, étaient dans le « gouvernement » de Pensa
au nombre de 55.000 personnes, à Koursk de 32.000, à
Riazan de 26.000, à Tchernigov de 23.000, à Orel et
Toula de 16.000. Dans toutes ces provinces, prises dans
leur ensemble, 370.000 couples ne possédaient en 1877
que 2 dessiatines au plus. Cela porte le chiffre total de
villageois ne pouvant vivre exclusivement du produit de
leur sol à 520.000, c'est-à-dire au cinquième de tous les
habitants. Qu'on ajoute à cela une population relativement
dense (153 personnes par verste carrée), les prix élevés
auxquels la terre se vendait déjà en 1889 (de 70 à 100
roubles la dessiatine), l'impossibilité de la louer à moins
de 14 ou 16 roubles par dessiatine, enfin des salaires s'é-
levant rarement au-dessus de ceux dont j'ai parlé plus
haut, et l'on finira par se convaincre que le paysan
de ces provinces ne pouvait et ne peut encore, à moins
de se déplacer tous les ans à la recherche d'un travail
plus lucratif, faire face aux frais de son existence.

Il n'en est guère autrement dans les gouvernements de
Voronej, de Kharkov et de Poltava, où 141.000 couples
possèdent à peine une dessiatine et 394.000, de 1 à 2
dessiatines, les autres conditions étant plus ou moins les
mêmes et la moyenne des salaires s'élevant à peine à
33, 49 et 67 kopecks par jour, selon qu'on est aux semailles,
à la fauchaison ou à la récolte.

Restent les deux gouvernements de l'Est, situés sur le
cours du Volga et de son affluent la Kama. C'est Kazan
d'abord, avec 25.000 couples qui, en 1877, ne possédaient
qu'une dessiatine de terre par tête, et 19.000 autres dont
les lots ne dépassaient pas deux dessiatines. C'est ensuite
Simbirsk où le chiffre des premiers s'élevait à 41.000 et celui des seconds, à 34.000. La densité de la population n'est
pas ici bien considérable, il est vrai : elle est de moitié
moins grande que dans les provinces du tchernozem (40
personnes par verste carrée à Kazan et 38 à Simbirsk).

Ceci n'empêche pas qu'il ne reste presque plus de terres vierges à Kazan, 74 $^1/_3$ 0/0 de la superficie totale ayant été mis en culture et 82 $^1/_2$ à Simbirsk. Ainsi les désœuvrés, tous ceux dont la dotation en terres a été insuffisante, de même que les prolétaires qui forment déjà, dans le gouvernement de Kazan, 3 0/0 de la population totale, sont incapables de trouver du travail sur les lieux. Il ne leur reste, par conséquent, d'autre ressource que l'émigration (1).

On aurait tort de croire d'ailleurs que la région d'où sortent les sans-travail soit limitée aux provinces que je viens d'énumérer. Ainsi, Iaroslav n'en fait point partie, ce qui n'empêche pas que tous les ans de 11 à 20 0/0 de sa population adulte quittent le pays et se dirigent vers l'est et le midi, ainsi que vers le nord, à Moscou, où ils s'astreignent à toutes sortes de métiers. M. Svirschevsky, qui a consacré une étude spéciale à cette question, déclare que, quoique relativement peu dense, la population du gouvernement de Iaroslav l'est encore trop, vu le caractère extensif de son économie rurale. La dotation faite aux paysans y est insuffisante, toujours pour la même raison. L'industrie domestique baisse à vue d'œil et ne peut soutenir la concurrence des fabriques par manque de crédit. Enfin, et c'est là un point qui mérite d'être noté, car il se retrouve également ailleurs, le paysan de Iaroslav a pris l'habitude de ces migrations périodiques encore à l'époque du servage, les seigneurs ayant trouvé avantageux de remplacer la corvée par une rente en argent dont le taux s'élève de pair avec les bénéfices réalisés par le serf (2) en dehors du domaine.

Maintenant que nous avons étudié la condition écono-

______

(1) Les chiffres ont été donnés d'après une publication officielle, faite par ordre du Comité des ministres.

(2) *Description du gouvernement de Iaroslav*, publiée aux frais du Comité de statistique de cette province, opuscule 2, p. 186 à 193.

mique des provinces d'où sortent les sans travail, essayons de nous rendre compte de la situation qui leur est faite dans le ou les pays où ils se dirigent.

La zone qui réclame le plus de cultivateurs venant du dehors est située au midi de celle qui souffre du trop-plein de sa population agricole. Les provinces qui la composent sont celles de Kherson, d'Ekaterinoslav, la Tauride, la Bessarabie, le pays des Cosaques du Don, la partie septentrionale du Caucase, contenant le gouvernement de Stavropol et les deux régions occupées par les Cosaques de la Couban et du Terek. Puis, à l'est, les provinces situées sur la rive orientale du Volga, ainsi que sur l'Oural, c'est-à-dire Samara, Orenbourg, Oufa et l'Oural (1).

Les traits communs à ces provinces sont : une population faible, la prépondérance de la grande propriété et d'un système agricole encore plus extensif que l'assolement triennal. Dans certaines de ces provinces, comme à Oufa ou dans le pays des Cosaques du Don par exemple, on continue encore de nos jours à épuiser le sol vierge par une série de récoltes qui se suivent, puis on le quitte pour quelque autre défrichage où le même processus recommence. Ailleurs, l'assolement est biennal, le blé d'été ayant la préférence sur le blé d'hiver pour cette seule raison que sa culture ne demande qu'un certain nombre de mois et ne force point par conséquent à engager des laboureurs à l'année. C'est le cas de maints districts dans le gouvernement de Kherson. Ailleurs encore, par exemple dans le gouvernement d'Ekaterinoslav et dans les colonies allemandes de la Tauride, l'assolement triennal commence à gagner du terrain aux dépens non seulement des autres modes d'assolement, mais encore de l'élevage des moutons, ce qui fait que la demande du travail augmente d'une façon rapide et le

(1) Prince Schachovskoi. « *Otchojii promisli* », p. 5.

taux des salaires agricoles dépasse plusieurs fois celui qu'obtiennent les laboureurs travaillant plus au nord. Son seul tort est d'être incertain et de dépendre entièrement de la récolte, laquelle varie d'année en année selon qu'il y a eu plus ou moins de pluies au printemps. D'après les statistiques officielles, les écarts gardent la proportion suivante :

En Bessarabie, de 25 kop. à 3 roubles par jour.
A Kherson, de 30 » 5 roubles ».
En Tauride, de 40 » 4 roubles »
A Ekaterinoslav, de 25 » 5 roubles »

Dans le pays des Cosaques du Don, de 25 kop. à 5 roubles.

Dans un rapport fait à la Société d'agriculture de Pétersbourg, M. Korolenko a établi que le chiffre total des travailleurs dont les 5 provinces que je viens d'énumérer, ainsi que celles de Samara et d'Orenbourg, auraient besoin, n'est pas inférieur à 3 millions (1) ; dans les seuls quatre gouvernements qui forment la Nouvelle Russie (Bessarabie, Kherson, Tauride, Ekaterinoslav) on manque de 1.200.000 ouvriers agricoles (2). Bien inférieur à ces chiffres est celui des sans-travail allant chercher leur gagne-pain dans le midi et dans l'est, ainsi que celui de passeports délivrés dans les provinces d'où sort le plus grand nombre de ces émigrés périodiques. Le premier, d'après les calculs de M. Korolenko, est de 2.283.000 et le second, en 1891, était de 2.000.700 (3). En supposant qu'un tiers de ce chiffre trouve du travail dans les fabriques (4), nous arrivons à cette constatation

(1) Tesiakov. *Les ouvriers agricoles du gouvernement de Kherson,* p 16.

(2) Chiffre établi par la section de l'agriculture du ministère des domaines, section aujourd'hui érigée en ministère indépendant.

(3) Le chiffre d'ouvriers employés dans les fabriques, abstraction faite de ceux qui trouvent du travail dans les usines et les mines, arrive à peine à 800.000 (publ. du Comité des ministres, table 9.)

(4) Ce nombre n'est pas inférieur à 10.000 par an. Les moisson-

que l'agriculture dispose annuellement dans les provinces du midi et de l'est de presque un million et demi d'émigrés périodiques, autrement dit de la moitié du chiffre total de laboureurs qui auraient pu trouver l'emploi de leurs bras dans ces provinces. Arrêtons-nous à ce dernier fait. Il nous explique bien des choses : d'abord l'élévation extraordinaire des salaires, surtout dans les années où la récolte a été abondante, et ensuite l'accroissement ininterrompu du nombre de personnes prenant part à ces émigrations périodiques. Cet accroissement continue malgré le grand nombre de machines agricoles et notamment de moissonneuses mécaniques livrées tous les ans à bas prix par les fabriques de fonte récemment établies à Odessa et Nikolaiev.

Le seul effet de l'emploi des machines a été jusqu'ici de diminuer le taux des salaires, en partie aussi de produire un changement dans le personnel des ouvriers agricoles. Naguère encore on donnait la préférence à l'homme adulte arrivé à l'âge de la maturité (30 ans). La machine agricole permet de remplacer son travail par celui des femmes et des mineurs. Aussi constate-t-on, de pair avec un abaissement de la moyenne des salaires,

---

neuses sont du système de Leppe, système très apprécié de nos agriculteurs. Déjà en 1895, 1.100 machines de ce genre fonctionnaient dans les seules propriétés des Falzstein, lesquelles d'ailleurs occupent une étendue de 200.000 dessiatines. Dans le même gouvernement de la Tauride on comptait en 1895, 40.000 moissonneuses mécaniques. Moins répandues dans le nord du Caucase, elles s'y trouvent tout de même en grand nombre. En 1893 on en comptait 6.200 à Couban, et, déjà en 1888, 3420 à Stavropol (*). Dans le gouvernement de Kherson, elles permettent déjà aux grands propriétaires fonciers de cette province tels par ex. que le prince Pierre Troubezkoy, aujourd'hui maréchal de noblesse à Moscou, de rentrer leurs blés bon an mal an sans accorder aux laboureurs les salaires exorbitants de 4 à 5 roubles par jour que naguère encore ils étaient forcés de payer au risque de voir leurs récoltes périr dans les champs.

(*) Prince Schachovskoï, p. 100-102

une décroissance du nombre des ouvriers adultes. M. Tesiakov, déjà en 1895, se croyait autorisé à parler de l'augmentation du nombre des ouvrières. En 1889 on payait encore un ouvrier arrivé à l'âge de la maturité un tiers plus cher qu'une ouvrière et presque deux fois autant qu'un mineur (58 roubles pour le terme d'été au lieu de 37 et 32) (1). A l'heure qu'il est, les salaires des deux dernières catégories de personnes se sont élevés et ceux de la première ont baissé. Quant au chiffre des femmes prenant part à l'émigration, elles formaient déjà en 1895 dans le gouvernement de Kherson le quart, ou un peu moins du quart des émigrés venant des provinces de Kiev et de Poltava. Parmi les hommes les 3/5 étaient mariés, les 3/4 avaient atteint l'âge de 20 ans et n'étaient pas arrivés à celui de 40. Parmi les femmes, 86 0/0 étaient des filles et à peine 14 0/0 mariées (2). Il est facile de concevoir à quels dangers est exposée la moralité de ces jeunes personnes et on frémit en apprenant la prépondérance parmi elles de maladies infectieuses dues à la contagion sexuelle.

Les conditions dans lesquelles s'effectue le voyage nous font connaître la pénurie de ceux qui émigrent et le peu d'importance qu'ils attachent à la perte, sans profit, d'un temps, autrement précieux aux yeux des Anglais par exemple. Elles nous expliquent aussi la raison pour laquelle certaines maladies sont très répandues dans le milieu des émigrés, notamment les rhumatismes, les maladies de la peau, les bronchites, les fièvres, la dyssenterie. La majeure partie fait le voyage à pied, un moins grand nombre descend le cours du Dnieper, du Don ou du Volga en nacelles ou sur des bacs. Ces derniers gagnent pendant la traversée quelque mince salaire, car ils se chargent de surveiller la descente des bois par les

____

(1) Schachovskoï, p. 117.
(2) Tesiakov, p. 83.

fleuves. Fort peu d'émigrés disposent de moyens suffisants pour entreprendre le voyage en bateau à vapeur ou en chemin de fer.

On a calculé à quel chiffre se monte la perte de temps qu'occasionne ce voyage de quelques semaines, et l'on est arrivé à cette conclusion que pour ceux qui viennent tous les ans dans le gouvernement de Kherson et dont le nombre est de 125.000, elle équivaut à 12.500.000 journées ouvrières. Encore n'a-t-on estimé la longueur moyenne du voyage qu'à 10 jours. Que l'on compte que chaque journée aurait pu rapporter à l'ouvrier un minimum de salaire d'un quart de rouble, et l'on arrivera à cette constatation que le déplacement périodique des travailleurs du nord au midi représente pour le seul gouvernement de Kherson une perte de 4 millions de roubles par an (1).

Incapables de transporter eux-mêmes tous leurs effets, les ouvriers se forment en compagnies ou artels et louent à frais communs quelque charriot où ils entassent pêle-mêle tout ce qu'ils emportent. Ces compagnies sont souvent composées de personnes des deux sexes qui, de cette façon, sont placées dans la nécessité de mener une existence commune tout le temps que dure le voyage. Ceux qui manquent de moyens demandent l'aumône le long de leur parcours et passent, faute d'autre gîte, les nuits à la belle étoile, exposés ainsi au vent et à la pluie. Le voyage commence à la sortie de l'hiver, plus ou moins tard, selon la distance qui sépare l'émigré du lieu de sa destination. Comme le salaire est généralement plus élevé à l'époque de la fauchaison, tous tiennent à arriver à la fin de mai ou les premiers jours de juin. En ce qui touche la minorité des émigrés faisant le voyage en chemin de fer, ordinairement à prix réduits et dans les wagons de marchandises, il est fa-

(1) Tesiakov, p. 37.

cile de contrôler l'exactitude de ces détails, car les comptes rendus annuels des compagnies témoignent tous également de l'augmentation prodigieuse du chiffre des voyageurs dans la seconde moitié d'avril et surtout au mois de mai (1).

Les ouvriers trouvent sur leur parcours certains marchés locaux, qui servent habituellement de lieux d'embauchage. Ils s'y présentent en foule et restent des jours entiers dans l'attente d'offres émanant de propriétaires fonciers ou de leurs intendants. Un petit nombre seulement s'est fait engager avant le départ. Ce sont ordinairement ceux qui ont apporté des retards au payement de leurs impositions et que les autorités communales ont forcés pour cette raison à prendre du service en dehors de la commune, à condition que leurs appointements futurs serviraient au payement des arriérés. Ce sont aussi les gens dépourvus de tous moyens d'existence et qui se font payer d'avance quelques arrhes afin de pouvoir couvrir les frais du voyage. La majeure partie se déplace sans savoir au juste ce qui l'attend et à quel point il lui sera permis de trouver du travail dans telle ou telle localité. Elle court, par conséquent, tous les risques que présente la baisse des salaires provenant d'une sécheresse inattendue ou d'une offre de services dépassant la demande. Dans les lieux d'embauchage, des journées entières se passent à marchander. On élève les prix de la main-d'œuvre ou on les abaisse selon l'idée qu'on se fait de la récolte future, souvent sous l'impression de quelque averse venue à temps. Les erreurs de calcul sont fréquentes des deux côtés. Tantôt le propriétaire manque l'occasion d'engager les ouvriers à prix réduits et se trouve mis en demeure de payer 6, 7, 8 et même

(1) Schachovskoï, p. 71.

11 roubles par jour à ceux qu'il prend à son service au dernier moment. Tantôt les ouvriers élèvent leurs exigences à un taux que les espérances données par la récolte prochaine n'admettent aucunement. Quelques-uns n'ayant pas reçu pour cette raison l'engagement auquel ils s'attendaient, reviennent chez eux en demandant l'aumône.

Tout ne se passe pas d'ailleurs de la façon paisible que que je viens de décrire. On a vu plus d'une fois éclater des rixes entre les derniers arrivés et ceux qui avaient cherché et n'avaient pas trouvé de travail avant eux. Les journaux ont mentionné également quelques cas où la foule des émigrés s'était ruée sur les intendants et autres employés mandés pour recevoir des machines agricoles à la gare. Tous avaient fui à son approche, laissant sur place les moissonneuses mécaniques dont, je n'ai pas besoin de le dire, il ne restait bientôt que des débris.

Une fois engagés, les ouvriers ne se contentent pas toujours du salaire qui leur a été promis. Toute élévation du prix de la main-d'œuvre dans les environs du lieu où ils travaillent occasionne de leur part des demandes d'augmentation suivies quelquefois de grèves. Souvent ils délaissent le propriétaire qui ne veut pas se rendre à leurs exigences. Quant à ce dernier, de crainte d'avoir compromis son revenu par des salaires excessifs, il cherche à se rattraper sur la mauvaise nourriture offerte à son personnel ouvrier. Il diminue la portion de gruau et de graisse de porc qui forme la partie la plus attrayante du menu quotidien. Il fait écouler également son stock de farines mouillées, de pommes de terre ou de choux à moitié pourris dans les cuisines qui préparent le manger de ses hommes de service. La même raison le pousse à économiser sur les frais qu'exige l'établissement non pas de maisons ouvrières, mais de réduits en bois qui souvent ne sont pas même clôturés et ne protègent ceux qui

y passent la nuit que contre les averses. Le médecin
Tcsiakov qui s'est particulièrement occupé de la condition sanitaire des ouvriers agricoles constate ce fait que
des 30 colonies agricoles visitées par lui dans les districts
d'Elisavetgrad et d'Alexandrovsk en 1889 et 1890, 14
seulement avaient des espèces de casernes prêtes à recevoir le personnel des travailleurs. Ces derniers y
étaient d'ailleurs fort mal logés, car chacun n'y occupait qu'un réduit à peine suffisant pour placer sa cou-
che et cacher ses vêtements ; tous dormaient ainsi côte
à côte, les femmes à peine séparées des hommes par une
cloison en bois (1).

Veut-on savoir de quoi se compose la nourriture habituelle de l'ouvrier agricole et ce qu'elle coûte en
moyenne au propriétaire, le même auteur est prêt à nous
l'apprendre. On compte, dit-il, par tête d'homme et par
jour, 2 à 3 livres de pain bis, une demi-livre ou 1 livre
de farine de froment ou de blé sarrasin, servant à préparer des boulettes qu'on mange assaisonnées d'un peu
de graisse, d'une demi-livre ou d'une livre de millet qu'on
sert en gruau, d'un quarantième à un dixième d'une livre
de graisse de porc, d'un vingtième à un dixième de sel.
L'entretien de l'ouvrier revient en moyenne à 8 ou 10
kopecks par tête. L'ouvrier agricole demande à prendre
de la nourriture chaude au moins trois fois par jour. Ce
n'est qu'à cette condition que, privé de viande, il est
à même de soutenir un labeur qui dure du lever au coucher du soleil, avec une interruption de 2 h. 1/2 pour
les repas. Ainsi la journée ouvrière est, au bas mot, de
12 h. 1/2 et arrive quelquefois à quinze. Rarement, quand
le temps commence à manquer, on force l'ouvrier à travailler même une partie de la nuit à la lueur des flam-
beaux (2).

(1) P. 87.
(2) *Ibid.*, p. 92.

Quelques provinces, notamment celle de Kherson,
ayant institué des réduits nocturnes et des dîners à vil
prix pour les émigrés, et cela dans les principaux lieux
d'embauchage situés sur leur parcours, il a été possible
de les soumettre à un certain examen, de définir le caractère des maladies qui dominent dans leur milieu, de
fixer le nombre de lettrés et d'illettrés, l'âge et le sexe.
Un grand nombre souffre de la maladie des yeux, le
trachoma, maladie qui provient de la poussière à
laquelle ils sont exposés toutes les fois qu'il s'agit de battre le grain à la machine. En dehors de cette maladie,
toutes les autres proviennent non du travail qu'ils font,
mais des conditions défectueuses de leur existence, du
mauvais logement, de la mauvaise nourriture, enfin de
la promiscuité à laquelle ils sont exposés durant leur
voyage.

Fort instructifs sont également les chiffres qui indiquent le nombre de lettrés et d'illettrés qu'on rencontre
dans leur milieu. La presse russe agite depuis quelque
temps la question de l'instruction primaire obligatoire.
Ce fait seul permettrait de croire que le nombre d'écoles
et, par conséquent, de lettrés est très considérable parmi
nos paysans. Si on prend pour exemple des provinces
comme celle de Moscou, où les conseils généraux et leurs
comités exécutifs, ainsi que les sociétés créées pour l'encouragement des études primaires, enfin quelques patriotes éclairés, ouvrant des écoles à leurs frais, ont puissamment contribué à la diffusion des lumières, on sera
amené à reconnaître que le nombre des illettrés a considérablement baissé et que cette classe de personnes
tend de plus en plus à disparaître. Mais il n'en est guère
de même en province, et nous en trouvons la confirmation non seulement dans le petit nombre d'écoles créées
dans l'intérêt des mineurs qui travaillent aux fabriques,
mais encore dans ce fait que, parmi les ouvriers agri-

coles qui se rendent annuellement dans le gouvernement de Kherson, à peine 11 1/2 0/0 savaient en 1895
lire et écrire (1). Qu'on ne perde point de vue qu'il s'agit
de personnes relativement jeunes et parmi lesquelles,
pour cette raison seule, on espérerait trouver un plus
grand nombre de gens ayant passé par l'école primaire.

L'étude à laquelle nous venons de nous livrer nous
autorise non seulement à reconnaître le manque de
bien-être dont souffre une bonne minorité des paysans
russes dans la zone la plus fertile, mais encore l'insuffisance des moyens choisis pour relever leur niveau
matériel. En effet, l'émigration périodique se produisant chaque année, et à laquelle un million et demi de
travailleurs agricoles prennent part à la fleur de leur
âge, exige non seulement une grande perte de temps,
mais produit encore une diminution considérable du
nombre des naissances et une augmentation de celui
des décès. La remarque en a été faite par tous ceux qui
ont étudié la question au point de vue tant économique
que sanitaire. Il est reconnu que les districts où l'émigration périodique est la plus forte possèdent une nata-
lité relativement moins grande et que la mortalité est
plus considérable parmi les ouvriers agricoles venus du
dehors que parmi les indigènes. Le nombre de personnes atteintes par les fièvres est aussi d'un tiers plus grand
dans leur milieu (2), sans parler d'autres maladies qui,
comme les maladies infectieuses des organes génitaux,
abondent chez eux. Il est par conséquent fort heureux
que quelques-uns de ceux qui avaient participé à ces
migrations périodiques (3) aient pris la décision de se
fixer d'une manière définitive sur le sol, en louant la terre

(1) Tesiakov, p. 79.
(2) *Ibid.*, p. 146.
(3) M. Tesiakov nous apprend que les 30 0/0 du personnel des
ouvriers qui émigrent ne font que revenir sur les mêmes lieux.

aux propriétaires du voisinage pour un nombre d'années plus ou moins grand. D'ouvriers nomades qu'ils avaient été, ils deviennent fermiers. Chacun établit sa demeure sur quelque méchant lopin de terre acheté à la commune qu'on a choisie pour nouveau lieu de résidence.

Ce fait seul prouve, que tôt ou tard les déplacements périodiques du peuple des campagnes finiront par céder le pas aux émigrations, à ces « pereselenia » que la langue russe distingue on ne peut mieux des « otchojii promisli » ou changements de domiciles pour une saison tout au plus.

Cela nous amène à soulever cette autre question, on ne peut plus contemporaine et brûlante : quel est l'avantage et le danger de l'émigration intérieure qui s'accroît chez nous d'année en année et à quel point ce phénomène peut être envisagé également comme un symptôme du malaise ressenti par nos classes productives.

Je crois inutile d'entrer dans l'exposé des raisons qui militent en faveur de l'exode d'une partie de nos agriculteurs du centre, car elles sont les mêmes que celles qui produisent leurs migrations périodiques à l'approche de l'été. Ce qui confirme cette affirmation, c'est le fait que les deux genres d'émigration, celle qui est suivie d'un changement de résidence comme celle qui n'exige qu'un déplacement momentané, se produisent dans la même région. Ce sont les gouvernements plus riches en produits du sol, les plus cultivés, mais aussi relativement les mieux peuplés qui fournissent la majeure partie des émigrés des deux sortes. Le paysan commence à s'y sentir à l'étroit grâce à la diminution progressive de ses jouissances communales ; tout le sol apte à la culture a été plus ou moins soulevé par la charrue, les prix des terres sont élevés, les fermages coûteux et les bénéfiçes tirés de l'industrie domestique minimes, et cela grâce à la concurrence des fabriques.

La Petite Russie et l'Ukraine (gouvernements de la Podolie, de Kharkov et de Voronej) se trouvent dans le cas que je viens d'indiquer, comme aussi quelques provinces situées plus au nord, également dans la zone fertile du tchernozem (Koursk, Orel, Toula, Riazan).

C'est de ce grenier d'abondance et notamment de quelques districts de Tchernigov, que sont sortis les premiers colons dont le gouvernement a tenu à peupler une province conquise à la Chine en 1858. J'entends cette région montagneuse, mais voisine de la mer, en partie fertile, qu'on connaît sous le nom de pays d'Oussouri, car elle est située sur un confluent de l'Amour désigné de la sorte. Le froment n'y pousse que dans certaines vallées choisies pour lieu de domicile par les colons venus de la Russie d'Europe et transportés par mer aux frais de l'Etat. La majeure partie de ces colons est sortie de familles pauvres établies dans les districts de Souraj, de Mglinsk, de Tchernigov et de Sosnitzi. Au premier de ces districts reviennent les 3/4 des émigrés ; avec celui de Mglinsk, également situé dans la partie septentrionale et sablonneuse de la province de Tchernigov il a fourni au pays Ousouri les 5/6 des colons qui l'habitent. L'émigration n'a pas gagné les districts voisins situés plus au sud (1), malgré des offres très avantageuses faites aux colons par l'Etat. Ce dernier promettait à chaque individu de lui donner, en pleine propriété, 15 dessiatines de terre apte à la culture, à condition pourtant que la dotation d'une famille entière ne dépasserait pas 100 dessiatines. Il était néanmoins permis de s'arrondir, en achetant à vil prix (pas plus de trois roubles la dessiatine) les terres mises en vente par les indigènes.

En dehors des avantages que je viens d'énumérer, la

____

(1) *L'émigration des paysans par voie de mer dans la partie méridionale du pays d'Oussouri dans les années* 1883-1893, par Bousse. Petersbourg. 1896, p. 94

loi de 1861 assurait au colon une traversée gratuite d'O-
dessa à Vladivostok, un entretien également gratuit pendant 18 mois, une subvention en argent de 100 roubles
par tête afin de permettre la construction d'une demeure
fixe, une paire de chevaux ou de bœufs, des instruments
aratoires et des ustensiles de ménage, des semences de
blés et de légumes (1).

Tout cela n'a pas empêché que dans le courant de
10 années, de 1883 à 1892, le chiffre total des colons ne
s'est élevé qu'à 16.585 dont 12.705 proviennent de la
province de Tchernigov, 3.245 de celle de Poltava, 133
de celle de Kharkov et 121 du pays des Cosaques de la
Couban ; les autres provinces ont à peine donné chaque
quelques dizaines d'émigrés. De ces colons, seuls 2.300
ont entrepris le voyage à leurs propres frais ; quant aux
autres, ils ont profité des offres qui leur furent faites par
l'État. Ce fut le cas des plus malheureux et par conséquent des moins aguerris aux difficultés multiples qui
les attendaient à leur arrivée. Je compte au nombre
de ces difficultés le caractère à moitié sauvage des indigènes du pays, de ces « Goldi » et « Orochi » ou Tazi
qui restent encore de nos jours à l'état de peuples chas-
seurs et pêcheurs et commencent à peine à cultiver le
millet et les légumes; l'animosité lente des Chinois restés
dans la province après son annexion à la Russie et des
émigrés provenant de la Corée qui, longtemps empêchés
de quitter leur pays natal, ne commencèrent à passer la
frontière en nombre de plus en plus grand qu'en 1870.
Afin de peupler de blancs cette région limitrophe de la
Chine, le gouvernement russe avait, à deux reprises,
accordé son consentement à l'émigration d'abord de
« Chechs » non satisfaits du sort qui leur avait été fait
en Amérique, et plus tard d'Allemands, mais les uns et

(1) *Ibid.*, p. 33.

les autres demandèrent à garder une entière autonomie tant administrative que judiciaire, ce à quoi le gouvernement russe ne voulut point consentir. A la suite de quoi le pays resta et reste encore plus ou moins vide d'habitants. On ne trouve d'agglomérations villageoises considérables que le long du nouveau chemin de fer qui, après avoir passé l'Amour, suit sur un parcours de 400 verstes l'Oussouri, rivière qui forme la limite de la Russie du côté de la Chine. Cette partie de la route a été terminée en 1894 (1), ce qui probablement donnera un nouvel essor à la colonisation du pays.

Si l'émigration se fût arrêtée aux proportions mesquines qu'elle avait gardées durant tout le règne d'Alexandre II, et dont la colonisation de l'Oussouri nous présente le spectacle, il n'y aurait pas lieu de s'en préoccuper autrement. Mais sous le règne d'Alexandre III, alors que les espérances d'un partage supplémentaire du sol entre nobles et moujiks, espérances longtemps entretenues par nos paysans, tombèrent tout à coup, en partie sous l'influence de cet ordre formel de conformer leur conduite aux conseils des maréchaux de noblesse que le nouvel empereur avait donné aux starostas ou anciens des agglomérations villageoises réunies à l'occasion de son couronnement, le mouvement colonisateur acquit une intensité qu'il n'avait point eue jusque-là. On peut en juger par les faits suivants. La loi du 10 juillet 1881, complétée par celle du 13 juillet 1889, avait accordé aux émigrés qui en feraient la demande d'occuper « les terres appartenant en Sibérie à Sa Majesté Impériale » (Zemli kabineta Ego Velichestva). On avait à cette intention découpé 47.234 lots pouvant servir de dotations à des familles entières. De ces lots, 14.590 étaient situés dans

(1) Voyez une publication du ministère des finances intitulée : *La Sibérie et le Transsibérien*, 2e édition, 1896, p. 272.

les provinces de Tobolsk et de Tomsk. En 1881, 15 familles seulement présentèrent les demandes nécessaires à l'acquisition de ces lots ; l'année d'après, 33 autres familles s'associèrent à eux. En 1883, le chiffre de personnes ayant demandé à émigrer s'éleva déjà à 377, en 1884 à 550. Nous atteignons un nombre deux fois plus grand en l'année 1885 (1.277). Ce nombre quadruple en 1886 (5.490). Un nouveau doublement a lieu l'année suivante, 1887 (9.094.) Le nombre de colons augmente de moitié en 1888 et retombe à 2.002 en 1889, grâce à des mesures restrictives passagères prises par le gouvernement ; il s'élève subitement en 1890 et 1891 à 7.594 et 7.593 individus (1).

En 1892, le stock des lots réservés aux colons sur l'étendue des domaines impériaux est épuisé et le gouvernement agite sérieusement la question de savoir ce qu'on ferait de ceux qui voudraient émigrer à tout prix.

Quant au chiffre total des personnes qui se sont dirigées vers l'Oural et la Sibérie, il n'a commencé à croître d'une façon sensible qu'en 1887. En effet, cette année le gouvernement compta 4.567 familles d'émigrés.

En 1888.	. . .	5.851
En 1889	. . .	6.466
En 1890.	. . .	8.175
En 1891.	. . .	10.258

et dans la première moitié de 1892 12.444.

Total, 53.761 familles ou 323.962 personnes, ce qui donne plus de 6 personnes par famille d'émigrés, et 59.000 émigrés en moyenne par an.

Ces chiffres ne sont pas faits pour émouvoir, surtout si on se rend compte que l'émigration est intérieure,

(1) Chiffres officiels cités dans le Mémoire qui accompagne le rapport présenté par le ministre de l'intérieur et celui des domaines le 4 mai 1894, et portant le N° $\frac{5052}{475}$.

que les pays où elle se dirige en profitent, que les lieux
d'ancienne résidence ne perdent rien en écoulant le surplus de leur population et que la somme totale des émigrés ne représente pas la vingt-cinquième partie du chiffre auquel arrive l'accroissement annuel de la population
de l'Empire. On l'évalue en effet à 1.500.000 hommes.

Malgré toutes ces bonnes raisons, le gouvernement
s'émut. Le Trésor craignait de subir des pertes considérables dans la rentrée des impôts et de diminuer la solvabilité des communes ; les propriétaires fonciers pro-
testèrent d'avance contre l'élévation des salaires qui
devait avoir pour suite l'exode d'une bonne partie des
paysans de leur voisinage.

Nous avons une preuve évidente de la vive inquiétude
ressentie par le gouvernement et les classes dirigeantes,
dans la circulaire adressée par le ministre de l'intérieur
aux gouverneurs des provinces le 2 juillet 1894 (N° 34).

Le gouvernement définit son attitude vis-à-vis de
l'émigration, en déclarant qu'il ne l'encourage pas et
ne l'admet que dans la mesure des nécessités réelles.

En prenant un élan trop considérable, elle pourrait, à
son avis, ébranler les bases sur lesquelles repose l'existence économique de régions entières. Aussi avant
d'accorder les autorisations qu'on leur demande, les autorités locales devront s'enquérir dorénavant si les
paysans de tel ou tel village sont en effet astreints au
changement de domicile, et si le pays qu'ils quittent
ne pâtira pas de leur exode. Elles auront, par conséquent, à prendre des informations quant à la grandeur
moyenne des lots détenus par les villageois, le niveau
de leur bien matériel, et notamment le nombre de bêtes
de somme qu'ils possèdent, l'étendue de leurs fermages et le taux de la rente payée au propriétaire. Il n'est
pas indifférent d'acquérir également des données exac-
tes quant aux bénéfices que les paysans retirent de leur

industrie domestique, et à l'élévation de la somme de leurs arrérages en fait d'impôts. Il s'agit de se rendre un compte approximatif de la somme d'argent qu'ils pourront retirer de la vente de leur mobilier, d'établir au préalable quelle quantité de terrain reviendra au mir à la suite de leur départ et à quel point pourront être augmentés par là même les lots de ceux qui garderont leur domicile dans la commune. On ne doit accorder l'autorisation d'émigrer, ajoute le ministre, que dans le cas où à la suite de cet exode, les membres du mir ne détiendraient chacun qu'un nombre de dessiatines ne dépassant pas le maximmum de dotation foncière accordé par la loi émancipatrice du 19 février 1861.

Le ministre prévoit le cas où certaines personnes passeraient outre aux défenses des autorités et signale une pratique courante grâce à laquelle on arrive à éluder les mesures préventives du gouvernement : ceux qui veulent émigrer à tout prix se procurent des passeports valables durant une série de mois ; puis, sous le prétexte d'aller chercher du travail au dehors, ils se transportent avec leur famille au nouveau lieu de résidence qu'ils ont choisi. Des peines sévères sont édictées contre ces infractions à la loi. Non seulement les délinquants ne recevront aucune dotation en terres, mais on les renverra encore sous escorte (po etapou) sur les lieux qu'ils ont quittés clandestinement ou par fraude. Quant à ceux qui les ont poussés à entrer dans cette voie d'opposition aux ordres du gouvernement, ils seront mis aux arrêts pour un terme de deux semaines au moins et de trois mois au plus (1).

Il est évident que le document que nous venons d'analyser poursuit un but clairement défini et qui est celui

______

(1) Ministère de l'intérieur, section des Zemstvos, circulaire du 2 juillet 1894, portant le n° 34.

d'enrayer le mouvement qui porte le contribuable russe
à chercher un refuge contre les exigences du fisc dans
quelque coin de la Sibérie. Les journaux n'ont-ils pas
signalé maintes fois ce fait qu'au fond des forêts, on
avait découvert des villages entiers qui n'avaient jamais
payé d'impôts, le gouvernement ignorant jusqu'au fait
même de leur existence. C'est là ce qu'il s'agit de prévenir désormais à tout prix. Il est fort important aussi
de ne pas diminuer la solvabilité des communes en matière de contributions en leur enlevant des familles aisées et qui, jusque-là, n'ont pas figuré au nombre des
retardataires. Autre danger à éviter, c'est celui de ces
retardataires, prenant eux-mêmes la route de l'exil volontaire pour mettre fin aux exigences des autorités et
éviter les mesures de répression qui les menacent. Le
paysan est, pour ceux qui nous gouvernent, avant tout
et surtout, un contribuable qui répond non seulement
pour lui-même, mais aussi pour ses co-villageois. Qu'il
ne le perde jamais de vue et qu'il n'importune point les
autorités de demandes quant au changement de domicile,
alors que, en restant sur les lieux. il présente encore, aux
yeux du Trésor, une garantie suffisante de solvabilité.

Il est heureux que cette attitude du pouvoir vis-à-vis
de l'émigration intérieure ait été de courte durée. Les
nouvelles préoccupations causées par l'entreprise gran-
diose du Transsibérien mirent un terme à cette politique qui n'entendait que sauvegarder les intérêts du fisc,
au prix du bien-être des masses agricoles. La construction du chemin de fer reliant l'Europe à l'Asie, Tche-
liabinsk à Vladivostok, exigeait non seulement une
dépense de 350 millions de roubles. mais encore un
personnel ouvrier nombreux lequel, déjà en 1895, a
atteint le chiffre de 6 000 hommes (1). Le peuplement

(1) *La Sibérie et le Transsibérien*, p. 264.

de la Sibérie devient par conséquent une question de la plus haute importance, même à un point de vue purement fiscal.

Aussi voyons-nous un changement complet dans la politique du gouvernement quant à l'émigration intérieure. Dans les procès-verbaux de la commission placée à la tête de la nouvelle entreprise et dont le chef n'est autre que l'Empereur, nous trouvons, déjà en 1894, l'expression de vœux contraires à ceux dont le ministre de l'intérieur se faisait l'écho presque au même moment. Il faut encourager, lisons-nous dans ce protocole, l'émigration intérieure en assignant des subventions de 100 roubles à ceux qui voudraient s'établir dans les gouvernements de Tobolsk, Tomsk, Irkoutsk et Enisseïsk. Ces subventions peuvent être prélevées sur les fonds assignés pour la construction du Transsibérien. Il serait désirable que des personnes aisées se portassent à l'émigration de préférence aux hommes dépourvus de moyens. L'expérience faite dans le district d'Oussouri n'a pas été heureuse. Elle se prononce hautement contre l'idée de transporter aux frais de l'État des colons pauvres et indigents. Le pays n'a commencé à se peupler que depuis que des gens possédant une fortune de 800 à 1.000 roubles sont venus s'y établir, encouragés qu'ils furent par le gouvernement, ce dernier leur offrant en effet des avances suffisantes pour couvrir les frais du transport. L'émigration est utile non seulement à la Sibérie, déclare l'acte que nous analysons en ce moment ; elle l'est également aux provinces et districts d'où partent les colons, car les lots qu'ils abandonnent vont grossir ceux de leurs voisins. On en a fait déjà l'expérience dans divers districts des gouvernements de Tchernigov et de Poltava, districts délaissés par ceux de leurs habitants qui ont pris la route du pays d'Oussouri (1).

(1) Journal de la commission préparatoire près le Comité qui préside à la construction du Transsibérien.

Telle est la politique nouvelle préconisée par ceux à qui a été confié le soin de construire le Transsibérien. Nous en trouvons l'écho dans les mémoires des gouverneurs de provinces asiatiques. Voici, par exemple, ce que déclare le 28 août 1896, l'un d'entre eux (celui de Tobolsk, M. Bogdanovitch) : « La principale objection qu'on fait à l'émigration intérieure est qu'elle prive les provinces de la Russie d'Europe de bras utiles à l'agriculture et à l'industrie. »

C'est là, en effet, dirai-je à mon tour, une des plaintes qui reviennent le plus souvent dans les doléances des grands propriétaires fonciers, ainsi que l'attestent les communications verbales que quelques-uns d'entre eux ont bien voulu me faire. Le gouverneur de Tobolsk déclare que ces doléances manquent de fondement, car le nombre de colons qui s'en vont en Sibérie ne s'élève qu'à 100.000 hommes par an, chiffre qui, comme nous le ferons connaître plus loin, n'a été dépassé que tout récemment. Or, continue l'auteur du Mémoire, tous les ans la population russe s'accroît de 1.500.000 hommes, c'est-à-dire d'un nombre 15 fois plus grand. « L'émigration a pour cause des nécessités urgentes dont la source est dans la multiplication des familles et l'insuffisance des dotations foncières accordées aux paysans. On aurait tort par conséquent de faire repasser la frontière de la Russie d'Europe même à ceux des colons qui ont quitté leur pays natal sans permission préalable. Il suffirait de leur assigner des terrains plus difficiles à cultiver et choisis par les autorités locales (1). »

Sous l'influence de pareils conseils, le gouvernement a cru nécessaire d'envoyer en Sibérie le secrétaire d'État Koulomsin, de le charger de soumettre à une

______

(1) Mémoire du gouverneur temporaire de la province de Tobolsk du 28 octobre 1896.

enquête minutieuse la situation actuelle des colons et de
donner son avis personnel quant à la marche à suivre
dans la question de l'émigration intérieure. Voici les
conseils qu'une fois rentré de son voyage M. Koulomsin
se crut en droit de donner à l'Empereur. L'émigration
de l'année 1895 avait été supérieure à celle de toutes les
autres années. Rien que dans l'espace de 7 mois, 180.000
colons avaient pris la route de la Sibérie et le chiffre
total des émigrés pendant cette année n'a pas été inférieur à 300.000. Il s'agit, pour M. Koulomsin, de donner l'explication d'un pareil phénomène, qu'on considé-
rait à tort comme anormal. Ce n'est point là l'avis de
l'enquêteur impérial. Il croit que le mouvement qui
porte le paysan russe en Sibérie a pour origine une
dotation insuffisante accordée aux membres du mir. Le
paysan russe va chercher la fortune au loin parce que,
ainsi que disaient à M. Koulomsin les émigrés qu'il ren-
contrait sur sa route, « on ne récolte pas assez de blé
pour nourrir sa famille », ou encore « parce qu'on se
sent à l'étroit, le bétail manque de pâturages, on ne
trouve plus de bois pour se chauffer, on est assoiffé de
terres bonnes à cultiver », etc.

Ceux qui émigrent ne sont pas toujours des indigents ;
la majeure partie dispose d'une fortune moyenne et qui
lui permet de couvrir les frais du déplacement. En quit-
tant le pays, les paysans ne font courir aucun risque à
ses intérêts économiques. Rarement un village perd plus
de cinq à dix familles. Il faut que la localité soit bien
pauvre en terrains pour permettre l'émigration de la
moitié de ses habitants, mais ce ne sont là que des cas
isolés.

L'émigration s'accroît aussi en partie grâce aux bruits
qui circulent d'un appel fait par l'Empereur à tous les
gens de bonne volonté qui voudraient se faire colons.
Les paysans se croient directement sollicités par le gou-

vernement. « Notre petit père le tzar nous réclame », disaient à M. Koulomsin quelques émigrés de rencontre.

La diminution des frais de transport en chemin de fer explique également, du moins en partie, l'accroissement du chiffre total des colons. D'ailleurs, ceux qui restent ne perdent rien au départ de leurs voisins, car la commune rurale hérite de la terre des émigrés, tantôt gratuitement, tantôt à condition de payer une faible somme à ceux qui partent. Quelquefois seulement on leur permet de louer les parcelles qui composent leurs lots à des étrangers pour une période de 10 à 12 ans.

Afin de diminuer le nombre des émigrés, prétend M. Koulomsin, il n'est pas nécessaire de recourir à des mesures préventives. Il suffit pour cela de faire connaître par l'intermédiaire des autorités locales que les colons ne doivent guère s'attendre à trouver des terres faciles à cultiver, que dans la majorité des cas on ne pourra leur faire d'allotissement qu'au milieu de forêts, qu'ils auront à soulever de leur charrue des terrains vierges, que les dépenses qu'exige le défrichement du sol s'accroitront au fur et à mesure que les colons s'éloigneront de la frontière entre l'Europe et l'Asie, un cheval coûtant à Tomsk 25 à 30 roubles, alors qu'il ne vaut que 19 à 20 roubles à Tobolsk. Il en est de même du prix des bœufs et de celui des grains. A Tobolsk une vache coûte 10 à 12 roubles, à Tomsk, 15 à 20 ; une livre de froment est payée à Tobolsk 20 kopecks ; à Omsk, 30 et 35 ; à Tomsk, 40 à 45 ; à Kaïnsk, 60 k. ; à Atchinsk, 80 k. et à Kansk, 1 rouble.

La principale difficulté que soulève l'établissement de nouveaux colons provient de ce fait que la majeure partie des villages de la Sibérie Orientale admet encore l'appropriation illimitée du sol par les membres de la commune (1). Dans ces conditions il n'est pas aisé de trouver

(1) Voyez ce qu'en dit M. Kaufman dans son livre sur la commune agricole de la Sibérie.

dans les communes sibériennes la quantité de terrain suffisante à l'allotissement des 15 dessiatines, promises par le gouvernement à chaque colon. Dans les 4 provinces qui constituent la Sibérie Centrale, il ne reste plus de disponibles que 129.067 lots personnels. L'émigration de l'année 1897 ne devrait point par conséquent, estime M. Koulomsin, dépasser le nombre de 130.000 personnes, à moins qu'elles préfèrent se diriger vers la zone forestière connue sous le nom de « taïga » et où les nouveaux colons auraient de la peine à s'établir, surtout dans le cas où les anciens habitants du pays, plus experts de la façon dont se font les défrichages, ne voudraient ou ne seraient pas autorisés à se joindre à eux et à leur servir pour ainsi dire de pionniers (1).

Les lois et les règlements administratifs qui statuent à l'heure qu'il est sur le sort des colons (2), garantissent à ceux qui n'ont quitté leur pays natal qu'à la suite d'une permission expresse des autorités un allotissement de 15 dessiatines de terre bonne à cultiver et une avance d'argent de 60 à 70 roubles par famille ou foyer, avance qui leur est faite pour une durée de 3 ans. Le comité chargé de la construction du Transsibérien croit qu'il serait préférable de remplacer les subsides en argent par des subsides en nature ; notamment il s'agirait de fournir aux colons les instruments aratoires, le bois de construction, etc. Ces sages conseils n'ont pas encore été mis à profit. L'expérience a prouvé que la colonisation se faisait d'une façon plus rationnelle partout et toutes les fois qu'elle était précédée de l'envoi de « chodoki », c'est-à-dire de quelque personne de confiance choisie par ceux qui veulent émigrer et ayant pour charge d'étudier sur les lieux les conditions dans lesquelles devra se faire l'in

(1) Rapport du secrétaire d'etat Koulomsine, a. 1896.
(2) Consulter particulièrement la circulaire du ministre de l'intérieur du 13 octobre 1896 (269).

stallation des nouveaux colons. On a fait cette remarque que depuis que les émigrés ne vont plus au hasard et savent se rendre compte de ce qui les attend dans leur nouvelle patrie, le nombre de ceux qui repassent la frontière et rentrent dans leurs anciens foyers a sensiblement diminué. Il n'a jamais été d'ailleurs fort considérable et ne s'est élevé dans les cinq années antérieures au mois de juillet 1892 qu'à 17.098 personnes. Autre détail qui ne fait que confirmer ce que je viens de dire, c'est que des 253.174 personnes qui, pendant 10 ans, sont venues s'établir dans le gouvernement de Tomsk, 4.292 ont seules témoigné le désir de rebrousser chemin. Les 2/3 de ce nombre sont rentrés chez eux, 1/3 a trouvé de nouveaux gîtes dans telle ou telle province de la Russie d'Europe. On accorde maintenant aux émissaires envoyés par les colons le droit de retenir pour ces derniers le nombre de lots qui leur est nécessaire. Ce n'est qu'à la fin d'un terme de deux ans que les autorités ont le droit de disposer de ces pièces de terres au profit de nouveaux émigrés. Les colons forment des communes distinctes de celles qui existent déjà, 40 personnes étant censées suffire à l'établissement de nouvelles agglomérations villageoises. Ceux qui viennent s'y établir ensuite ne reçoivent l'allotissement que de la part de la commune et dans les limites qu'elle a bien voulu leur accorder.

Pour faire connaître de quelle partie de la Russie d'Europe provient la majeure partie des émigrés, je donnerai province par province le nombre total de ceux qui dans les années 1884 à 1893 sont allés s'établir dans le gouvernement de Tomsk. C'est là que se dirige le flot principal des émigrés. Dans l'espace de 5 ans, de 1887 à 1892, 323.962 personnes ont passé la frontière de la Sibérie, frontière formée par le fleuve Oural. Mais sur ce nombre 40.833 sont seules restées dans les gouvernements d'Oufa, Orenbourg et Tobolsk ; les autres sont allées plus à l'est ou ont rebroussé chemin. Dans le seul gouvernement de Tomsk se sont établies dans l'espace de 7 ans, de 1884 à 1890, 115.000 personnes, et dans l'espace de 10 ans, de 1884 à 1893, 253.174.

De ce nombre 7.769 sont sorties du gouvernement de Koursk, 4.140 de celui de Tambov, 2.164 de celui de Poltava, 2.116 de celui de Viatka et un chiffre ne dépassant pas 1000 à 1500 personnes de chacun des gouvernements suivants : Perm, Voronej, Tchernigov, Samara, Kharkov, Kazan. 13 autres provinces, dont la majeure partie appartient à la région de la terre noire, ont envoyé chacune plusieurs centaines de colons, le reste à peine quelques dizaines. Ainsi se confirme ce que nous avons dit plus haut. Ce n'est pas le nord ou l'ouest qui donnent le plus d'émigrés, ce n'est pas non plus le centre : c'est la zone qui s'étend au midi de Moscou jusqu'aux steppes de la Nouvelle Russie. En un mot, ce n'est pas l'industrie, mais l'agriculture qui souffre d'un trop grand nombre de bras et en cède une partie aux régions plus ou moins vierges de la Sibérie. Cela s'entend de soi-même d'ailleurs, l'industrie étant entrée dans sa période d'expansion et l'agriculture souffrant d'une crise qui se prolonge d'année en année et menace de devenir chronique.

CONCLUSION

Ma tâche est terminée. J'ai passé en revue, autant
qu'il a été en mon pouvoir de le faire au cours de ces quelques chapitres, la majeure partie des questions que soulève le régime économique russe. Je les ai étudiées en
sociologue, c'est-à-dire sans jamais perdre de vue l'ensemble de l'évolution sociale qui s'accomplit sous nos
yeux. Aussi me sera-t-il permis de donner comme conclusion mon appréciation personnelle quant à la singu-
larité du régime que je viens de décrire. Je voudrais
répondre à cette question souvent débattue : Sommes-
nous encore dans cette période d'évolution économique
que les Allemands appellent la Naturalwirthschaft et
qui pour moi est synonyme du régime de consommation
directe ? Quelques économistes russes ont l'air de le
croire. Ils répètent volontiers les paroles suivantes du
ministre des finances : « ce qui nous distingue de l'Europe occidentale — ce sont là les propres termes employés
dans le rapport présenté par M. Witte à l'Empereur au
mois de janvier 1897, — c'est l'existence parmi nous de
l'économie naturelle ». M. le ministre explique sa façon
de voir en disant qu'en Russie « les paysans cultivateurs dominent par leur nombre et la quantité de terrains
qui leur appartient, qu'ils produisent à peine assez de
blés pour suffire à leurs propres besoins, n'écoulent point

leurs produits au marché, en sont eux-mêmes les consommateurs. Les mêmes paysans qui, ne l'oublions pas, forment chez nous une majorité écrasante se procurent l'argent qui leur est nécessaire par l'exercice de quelque industrie domestique, ou en se procurant du travail au dehors ».

Mais si tel est le cas, comment se fait-il que dans le même rapport, M. le ministre des finances proclame hautement que la Russie n'est plus un État exclusivement agricole, mais plutôt manufacturier, car le rendement annuel de l'industrie dépasse d'un demi-milliard de roubles celui de l'agriculture ?

La contradiction paraît manifeste, et pourtant elle est non dans les paroles du ministre, mais dans les faits qu'il décrit. Oui, l'économie nationale russe présente un amalgame étrange du régime de consommation directe avec un capitalisme artificiel et créé à coups de tarif. Au lieu d'être naturel, ce système est tout ce qu'on peut imaginer de plus artificiel, car le gouvernement intervient en toute chose et fait prendre à nos producteurs l'habitude d'attendre de sa part les services les plus impossibles, tels que redressement des prix sur les grains, triomphe ou du moins maintien de la petite industrie villageoise, sauvegarde des intérêts d'une noblesse à moitié ruinée, extension de la propriété foncière des paysans, crédit à bon compte offert à toutes les entreprises agricoles, industrielles et commerciales, création de nouveaux marchés en Corée, en Chine, en Perse (1), etc. etc.

Le gouvernement lui-même a l'air de croire à son

(1) A la foire de Nijni-Novgorod en 1889 les marchands moscovites ont déclaré au gouvernement qu'ils s'attendaient à l'ouverture de nouveaux marchés à la suite de la construction du Transsibérien, le thé et les soies chinoises pouvant arriver plus rapidement en Europe par la voie de terre et en échange de nos cotonnades et des produits de notre industrie métallurgique (*La Sibérie et le Transsibérien*, p. 281).

omnipotence. En effet n'a-t-on pas agité tout récemment la question de savoir si on ne confierait pas à des employés payés par l'Etat le soin de choisir l'heure et de surveiller l'écoulement des produits agricoles par les propriétaires fonciers ? Et la Banque d'Etat se déclare prête à soutenir de son crédit toute entreprise industrielle avantageuse et qui, certes, peut se permettre un pareil luxe, car, entièrement à la discrétion du ministre des finances, elle n'aura qu'à couvrir ses avances par la mise en circulation de nouveaux billets de crédit, « ces billets ne devant servir, ainsi que le déclare le ministre, qu'à ses transactions commerciales ». A un gouvernement qui peut tout, on demande le plus possible. Aussi voit-on la classe la plus voisine du trône importuner l'Empereur de ses doléances. Elle accepte avec reconnaissance et sans se préoccuper autrement de son prestige les nouveaux délais de payement qui lui sont accordés pour ses emprunts à la banque de la noblesse, ainsi que les diminutions du taux de l'intérêt auquel ces emprunts ont été faits.

La bourgeoisie capitaliste ne tient pas à rester en arrière. D'année en année, elle demande la révision des tarifs, afin d'obtenir une nouvelle élévation des droits d'entrée sur les marchandises étrangères. Rachat des chemins de fer aux compagnies privées, établissement du monopole de l'alcool, création de banques d'Etat hypothécaires, offres de crédit à bon compte et à long terme aux fabricants, spéculation tantôt sur la hausse, tantôt sur la baisse des roubles, fixation arbitraire du cours du papier-monnaie, le gouvernement se charge de tout, fait tout et croit réussir en tout. Aussi passe-t-il, aux yeux de quelques ennemis personnels du ministre qui le guide, pour être socialiste. Il n'en est rien pourtant, et les idées dont s'inspirent ceux qui nous mènent proviennent de l'exemple donné par la Prusse et non des théories généreuses énoncées par les réformateurs français ou encore de la critique formidable faite du régime moderne par Karl Marx. La politique économique de la Russie, c'est la réalisation de cet idéal d'un Etat essentiellement policier et se mêlant de tout, que le publiciste prussien Stahl avait préconisé dans la première moitié du siècle et que Gneist modernisa en déclarant que le monarque est l'arbitre naturel entre les classes, celui qui les préserve d'un conflit fratricide (Retter der Gesellschaft von dem Klassen-Kampfe).

La misère du paysan russe, réduit à la nécessité de se déplacer périodiquement à la recherche d'un travail qui le fasse vivre, ou encore à transporter son domicile dans les steppes et les forêts de la Sibérie, le salaire insuffisant et le labeur excessif de l'ouvrier de nos fabriques, la ruine progressive de nos propriétaires fonciers, petits et moyens, permettent de juger des effets économiques de ce système.

Quant à d'autres points de vue, que je ne tiens point à envisager ici, je n'ai pas besoin de dire que son triomphe équivaut à la suppression de l'esprit d'initiative individuelle et à l'abrutissement progressif des masses populaires sous une tutelle constante et méticuleuse qui règle leur façon de penser aussi bien que leur façon d'agir. Car quelle est la sphère dans laquelle on pourrait se mouvoir sans crainte d'enfreindre les règlements et d'encourir les peines édictées par la loi et les décrets ? Peut-on fournir sa bibliothèque des livres de son choix ? Non, la censure y veille. Peut-on enseigner à lire et à écrire au peuple ? Non, car il faut pour cela une autorisation préalable et qu'on n'accorde qu'à des gens bien pensants. Peut-on prêter à ceux qui fréquentent les écoles des revues, même celles qui circulent librement au sein de l'Empire ? Non, car le ministère de l'instruction a dressé un nouveau *register librorum prohibito-*

rum et y a inséré toutes les publications périodiques qui ne sont pas de son goût. Et dans un autre ordre de faits, peut-on, quand on est propriétaire d'une usine, devenir membre d'un syndicat, ? Non, car le gouvernement cette fois veille aux intérêts des consommateurs. Peut-on encore, quand on est ouvrier, entrer en grève ? Non, car c'est un cas prévu par le Code pénal.

Je m'arrête, en laissant au lecteur le soin de tirer la conclusion qui se dégage de l'enquête à laquelle j'ai soumis l'ensemble de notre vie économique. Je suis porté à croire qu'elle ne consistera pas à dire, ainsi que l'a fait l'année dernière l'auteur de « la Russie économique et sociale. », que mes coréligionnaires politiques ne réclament que des « libertés inutiles » et dont ils ne sauraient que faire.

APPENDICE

APPENDICE

ÉTUDES SUR LE DROIT COUTUMIER RUSSE (1)

PREMIÈRE PARTIE

GÉNÉRALITÉS. — LA FAMILLE

§ 1.

Qu'est-ce que le droit coutumier russe ? Telle est la première question que le lecteur est porté à se poser. C'est, répondrons-nous, la chose la plus informe qui se puisse concevoir, c'est la réalisation de cette idée si ténébreuse de Puchta, d'un droit coutumier implanté dans la conscience populaire, n'ayant point d'organes propres, se réflétant tantôt dans un dicton, tantôt dans un symbole, tantôt dans une décision judiciaire prise par des arbitres, tantôt dans un arrêté de l'assemblée communale ou dans une sentence du tribunal de village. Nulle analogie d'ailleurs ni avec le « common law » anglais, ni avec le « droit coutumier » de l'ancienne France.

L'un et l'autre ont des sources certaines. En Angleterre, ce sont les jugements portés par les cours de Westminster, jugements qui doivent servir de précédents aux tribunaux modernes ; dans l'ancienne France, c'étaient les recueils des coutumes provinciales et locales (les coutumiers). Or, ce dont un jurisconsulte russe, dési-

(1) Ces études ont paru pour la première fois dans la *Nouvelle Revue Historique du Droit*, en 1890 et en 1891.

reux d'étudier les dispositions de la coutume, se gardera
d'une façon certaine, c'est de recourir aux arrêts des
cours impériales, comme à une source d'information ;
ces arrêts ayant été dictés aux juges par la loi et les règlements administratifs, qui, la plupart du temps, sont
en contradition complète avec la coutume. Il n'ira pas non
plus puiser ses renseignements dans des recueils semblables aux coutumiers de Normandie, de Bourgogne ou de
Bretagne, et pour cause : c'est que des recueils pareils,
il n'en existe guère. Ce qu'il devra faire, c'est d'entreprendre à ses risques et périls une vraie enquête : il se
rendra sur les lieux, recherchera la connaissance des
vieillards experts dans la coutume ou des ethnographes qui l'ont étudiée. Il parcourra aussi des procès-
verbaux des tribunaux de village, afin de retrouver dans
le dédale de sentences contradictoires quelque chose qui
se rapproche d'une règle stricte, d'un principe solide-
ment établi et constamment mis en pratique. Il n'est
pas certain que ses efforts aboutissent chaque fois à la
fin qu'il se sera proposée ; car l'arbitraire le plus absolu
règne à l'heure qu'il est au sein de nos tribunaux de
campagne, et les jugements qui en émanent sont le plus
souvent dictés par des intérêts qui n'ont rien de commun
avec la justice, l'équité ou l'observation stricte de la
coutume. Assisté de paysans illettrés, forcément in-
fluencé par le tout puissant « stanovoy » (chef de la police locale), séduit par la perspective d'une riche offrande
de la part du gagnant, le secrétaire du tribunal (volost-
noy pisar) qui, le plus souvent, a reçu son éducation dans
une ville voisine et n'a aucune connaissance de la coutume locale, griffonne son jugement entre deux verres
de vin, que les parties en litige s'empressent de lui offrir.
Il faut vraiment beaucoup d'optimisme pour voir dans
ces conditions le reflet « de la conscience juridique du
peuple », pour les citer comme des précédents et as-

scoir sur eux tout le système du droit coutumier russe.
C'est là pourtant ce que font nos légistes les plus mar-
quants, le professeur Pachman entre autres, auteur d'un
ouvrage très connu, « Le Droit civil coutumier en Russie ». C'est sur des jugements d'une date relativement
récente et qui ne remontent guère au delà de 1861,
année de l'émancipation des serfs, que M. Pachman a
échafaudé tout son édifice d'un « droit coutumier russe »,
n'ayant presque rien de commun avec le Code civil de
l'empire. Le seul service que M. Pachman a rendu par
son ouvrage, très sujet à la critique, c'est celui d'avoir
établi d'une façon définitive l'existence, dans la Russie
actuelle, de deux « pays légaux » et d'une « personali-
tas legum », à laquelle les Barbares du moyen âge n'auraient rien à redire. Car, il faut le reconnaître, et cela à
notre grand regret, la Russie moderne ignore complètement le principe de l'égalité devant la loi et la justice.
Pour peu qu'on soit né dans une famille de paysans et
qu'on ait pour adversaire une personne tenant au même
ordre, on est soustrait, au moins quant aux causes civiles, à la juridiction des tribunaux réguliers. C'est devant une juridiction élective, devant des juges choisis
dans leur propre milieu, que les paysans doivent com-
paraître toutes les fois qu'il s'agit d'un litige occasionné
par l'inexécution d'un contrat, la méconnaissance du
droit de propriété et de possession ou le partage d'un
héritage. Les juges électifs ont pour mission d'asseoir
leurs décisions, non sur les dispositions de la loi, « qu'ils
sont censés ignorer », mais sur « la coutume et les
usages ».

Le gouvernement russe est très favorable au maintien
de ce dualisme juridique, de cette contradiction systématique entre le droit commun qui est celui des classes
urbaines, de la noblesse et du clergé, et le droit rural,
auquel les paysans seuls sont soumis. Le Code de procé-

dure civile, publié en 1874, accorde aux juges de paix
(art. 130) le droit d'asseoir leurs jugements sur la coutume locale, toutes les fois qu'une des parties en litige
l'invoquera ; et la Cour de cassation, dans un arrêt rendu en 1875, a reconnu aux tribunaux réguliers et aux
juges de paix le devoir strict de s'en tenir à la coutume
chaque fois qu'ils auront à régler la façon dont un bien,
d'origine roturière, devra être partagé entre les cohé-
ritiers. Le ministère actuel pousse son respect pour la
coutume à un tel point, qu'il se croit obligé de l'imposer à ceux même qui ne demanderaient pas mieux que
d'en être affranchis. Ne l'a-t-on pas vu, en 1886, prendre des mesures très efficaces afin de maintenir le
régime de l'indivision entre les membres adultes des
communautés familiales (1) et cela nonobstant le désir
formel des paysans de rompre à tout jamais avec le
système, désir que **2.200.000** partages effectués depuis 1861 démontrent d'une façon on ne peut plus catégorique ? Il est difficile de prédire quelle attitude le
nouveau Code civil, en voie de préparation, prendra
vis-à-vis de la coutume, mais à en juger d'après les publications récentes faites par les membres de la commission chargée d'en élaborer le projet, il est à présumer
que le dualisme de notre droit civil sera maintenu et que
nos paysans seront soumis tout comme aujourd'hui, et
peut-être même plus rigoureusement encore, au régime
exclusif de la coutume (2). N'est-il pas question déjà d'é-

(1) « Les partages ne pourront plus avoir lieu que du consentement
des chefs de ces communautés », c'est-à-dire des personnes qui sont
le plus intéressées à maintenir l'indivision.

(2) C'est dans ce sens qu'est écrit l'ouvrage récent de M. Mouchin
sur « l'Ordre de succession entre paysans », tel qu'il est réglé par la
coutume. Cet ouvrage, très instructif à plus d'un égard, a été publié
sur l'Ordre exprès de la commission chargée d'élaborer le projet du
nouveau Code civil (Pétersbourg, 1888). Il ne s'agit point, selon l'auteur, d'incorporer certaines règles de la coutume dans la législation
commune du pays, mais d'élargir la sphère d'application du droit cou-

largir les attributions des cours villageoises au détriment des juges de paix, et cet élargissement ne corres-
pond-il point au désir d'étendre la sphère d'action du
droit coutumier, le seul dont ces juges soient appelés à
faire l'application ?

Les tendances réactionnaires de nos classes dirigeantes, leur désir plus ou moins avéré de maintenir intactes
les assises sociales d'un régime politique quasi-patriar-
cal, se rencontrent cette fois avec le vœu de nos radi-
caux qui, dans l'indivision et la possession en commun
particulières à la commune agricole et à la communauté
familiale de nos paysans, croient voir les germes d'un
ordre de choses en tout contraire au régime bourgeois
« de l'Europe occidentale ». Il est par conséquent fort
probable que le droit coutumier sera appelé prochainement à occuper dans notre système juridique une place
bien plus importante que celle qu'il occupe aujourd'hui.
Mais, si tel est le cas, il est vraiment temps de sortir du
vague qui plane encore sur tout ce qui a rapport à la
« conscience juridique » de notre peuple. Il est bon de
se rendre un compte exact des « principes qu'elle tient
enfermés dans son sein ».

C'est là ce qui nous force d'entreprendre la série des
études qui vont suivre. Nous chercherons dans les données tant juridiques qu'ethnographiques, des indica-
tions précises quant aux règles juridiques appliquées
par les cours villageoises. Au lieu de nous limiter à la
lecture des décisions judiciaires rendues dans ces dernières années par nos tribunaux de campagnes, nous
ferons un ample usage des anciens actes de donation, de

tumier en augmentant les fonctions de nos tribunaux de village, sauf
à les soumettre à la surveillance d'employés nommés par le gouvernement — idéal à moitié réalisé par la création de nouveaux chefs de
district, « ouchastkovii nachalniki », sortes de pachas au petit pied,
ayant le droit d'invalider les jugements rendus par les cours villageoises.

vente et de partage, que des ethnographes et des historiens de la valeur de M. et Mme Effimenko ou du professeur Loutchizky ont recueillis dans le but d'éclairer le
régime intérieur de la famille et de la propriété du peuple de nos campagnes. Au lieu d'ignorer, comme le font
sous différents prétextes M. Pachman et consorts, les
ouvrages d'ethnographie, dont la littérature russe est
fort riche, et dont plus d'un remonte au siècle passé, ou
pour le moins à la première moitié de notre siècle, nous
y recourrons constamment. Nous confronterons les faits
qui s'en détachent avec les conclusions qu'on retire de
l'étude des jugements émanés de nos tribunaux de campagnes. Il nous arrivera quelquefois de relever des mé-
prises dans les récits des voyageurs, mais bien plus souvent nous aurons l'occasion de faire voir à quel point la
juridiction actuelle des cours villageoises s'éloigne des
vrais principes du droit coutumier appliqués par nos
ancêtres.

Un autre changement que nous trouvons nécessaire
d'introduire dans l'exposé du droit coutumier russe,
consiste à ne plus le traiter comme un seul tout, mais
à l'étudier par régions ou plutôt par nationalités. Nous
renoncerons donc à l'idée d'asseoir nos conclusions sur
des données fournies par l'étude des tribus finnoises et
mongoles, telles, que les Mordva ou les Tatars du gouvernement de Kasan. Car, il faut le reconnaître, malgré
la similitude de leur condition économique avec celle
de nos paysans, ces peuplades ont eu un passé historique qui n'a rien de commun avec celui que la Pravda
du prince Jaroslav (loi barbare des russes) et le statut
de Lithuanie constituent pour les pays de la Grande Russie et les cosaques de la Petite.

Les différences de détail que présente l'étude des coutumes rurales de la Russie actuelle ne s'arrêtent point à
la limite ethnographique et philologique de la nationa-

lité slave. Au sein même de cette nationalité il faut encore établir des différences, et ces différences dans les coutumes se rattachent à celles de l'idiome et du passé historique, que présentent les deux branches principales de la nationalité russe : celles des Grands et des Petits Russiens.

Tout en faisant ressortir plus d'une fois la grande affinité qui existe entre leurs coutumes, nous nous attacherons à faire ressortir aussi les différences et nous tâcherons d'en trouver l'explication dans les antécédents législatifs de ces deux peuples, si longtemps séparés par l'histoire.

§ II.

La première question que nous nous proposons de traiter est celle de l'organisation intérieure de la famille villageoise, parmi les paysans de la Grande et de la Petite Russie.

Si nous consultons les chartes du xviie et du xviiie siècle, soigneusement recueillies dans le nord de la Russie par M. et Mme Effimenko, et dans les provinces petites-russiennes par le professeur Loutchizky, nous arrivons à constater l'existence dans nos campagnes d'une organisation familiale se rapprochant beaucoup plus des « *consanguinitates hominum qui una coierunt* » que César a eu l'occasion d'observer parmi les Germains, que de la famille telle qu'elle est définie par les Codes modernes. Loin d'être limitée à un seul couple, la famille villageoise, tant dans la Grande que dans la Petite Russie, se compose à cette époque d'un plus ou moins grand nombre de couples, tous apparentés entre eux, vivant sous le même toit, ou du moins, dans une même enceinte, au même pot et feu, et jouissant de leurs biens en commun. Un tel régime n'est d'ailleurs nullement particulier aux Slaves de la Russie. Nous le retrouvons encore

de nos jours parmi les Serbes, les Croates, les Monténé-
grins, le plus souvent sous le nom de zadruga, nom
rendu populaire par les études magistrales de M. Bo-
gisic. En remontant le cours des siècles, nous nous trouvons en présence du même communisme familial en
Dalmatie, où, à en juger d'après le statut de Polizza
(remontant au xvıᵉ siècle), la famille-groupe était connue sous le nom de « verv », le même que celui employé
en Russie par le rédacteur de la *Pravda* de Jaroslav
(xıᵉ siècle de notre ère). Cette même famille-groupe, nous
la retrouvons aussi dans les documents latins, qui nous
révèlent l'état juridique des Polonais au xıııᵒ et xıvᵉ
siècle. La « *communio in qua fratres vivunt* » et que ces
documents déclarent être « la mère de tous les litiges »
(mater omnium dissentiarum), n'est-ce pas encore la
« zadruga » ou communauté de parents vivant au même
pot et feu ?

Quoique fort répandue parmi les Slaves, la communauté familiale n'est pas pour cela une institution particulière à cette race. Les Celtes et les nationalités germaniques ne l'ont point ignorée. Le « trev » du pays de
Galles et la « fine » irlandaise, contenant dans leur sein
des parents de degrés fort éloignés, n'était autre chose
qu'une communauté de ce genre. Les « *genealogiæ* »
dont parle la loi des Alamans comme les « *consorteriæ* »,
si communes aux chartes de la Toscane, prouvent l'existence de la « zadruga » germanique, tant en Allemagne
qu'en Italie. La France elle-même ne fait point exception à la règle, qui veut que le régime de l'individualité
et les partages entre parents aient été précédés d'un état
d'indivision et de communisme familial. Quiconque a
consulté les commentaires de Guy Coquille sur la coutume du Nivernais sera porté à croire avec M. Dupin
que les « *parsonneries* » retrouvées dans cette partie de
la France ne sont que les restes de ces communautés

basées sur le sang, que César décrivait en parlant des
« *cognationes hominum qui una coierunt.* ».

La communauté familiale porte dans le nord de la
Russie le nom de « ognische » qui correspond fort bien
à celui de « feu ». fort en usage dans les règlements fi-
nanciers de l'ancienne France. Dans le centre de la
Russie ce mot est souvent remplacé par son synonyme
« pechische » (poële).

En Lithuanie, ainsi que dans la Petite Russie, les membres qui composent la communauté de parents. vivant
au même pot et feu, sont régulièrement désignés par le
nom de sèbres, « *siabri* », qui veut dire partenaires, personnes ayant des parts au même bien.

Les actes d'achat et de vente que le professeur Loutchizky a recueillis dans les gouvernements de Tchernigov et de Poltava et dont quelques-uns remontent au
xve siècle, tandis que d'autres ne sont que du siècle passé,
nous mettent en présence de ménages composés souvent
de six à sept couples. Ces ménages font table commune,
possèdent des biens en commun et n'en font l'aliénation
que d'un commun accord.

Ce que je viens de dire des sèbres, on a le droit de le
redire en parlant des membres d'un même feu, de ce
« pechische » ou « ognische », dont l'existence est signa-
lée par les chartes d'Archangel. — On se demande, si
cette communauté familiale, si fréquente jadis chez les
deux nationalités dominantes de l'Empire, les Grands et
les Petits Russes, s'est complètement éteinte de nos
jours ?

Tel n'est point le cas de la Grande Russie où des associations de parents vivant au même pot et feu sont fort
nombreuses, tant dans les gouvernements du nord, que
dans ceux du centre ou de l'est. Il n'en est pas de même
dans la Petite Russie où l'indivision se maintient rarement entre les frères, et où la mort du père est réguliè-

rement suivie d'un partage. C'est là une différence essentielle et dont l'influence se fera sentir plus d'une fois au
cours de nos études. La position juridique de la femme,
en particulier, son droit à la succession dans la fortune du
père et du mari, dépendent directement du fait de l'existence ou de la non existence du régime de l'indivision.
Là où, comme dans la Grande Russie, ce régime est encore
en pleine vigueur, la femme est nécessairement sacrifiée
à l'intérêt de la communauté. Obligée lors du mariage
de quitter le « feu » de ses parents pour entrer dans
celui de son mari, elle ne ferait qu'amoindrir le bien-
fonds de la famille, si la coutume ne l'excluait formellement du nombre des héritiers. De là cette règle de la
coutume grande-russienne qui veut que le mâle soit le
seul à succéder, tant en ligne directe, qu'en ligne colla-
térale. Il n'en est pas de même dans les trois gouvernements (Tchernigov, Kiev et Poltava) qui constituent la
Petite Russie. Ici les filles sont appelées à avoir une part
distincte dans la fortune du père, qui, pourtant, ne doit
pas dépasser en bloc le quart de l'héritage, les trois autres quarts revenant de droit aux fils, quel qu'en soit le
nombre. Même différence dans la situation juridique de
la veuve, et encore pour la même raison. Dans la Petite
Russie le ménage, étant limité à un seul couple, finirait
par disparaître si la mère n'occupait à la mort du
mari la place de chef de la communauté. Aussi la voyons-
nous exerçant les droits de tutelle et gérant la fortune
des mineurs, ni plus ni moins que l'aurait fait leur père.
Il n'en est plus de même dans la Grande Russie, où la
mort d'un des fils majeurs n'entraîne aucun changement
dans la gestion du ménage, cette gestion étant entièrement entre les mains du plus âgé de la famille. Aussi,
est-ce sur lui et non sur la mère que retombe le soin de
pourvoir aux besoins de l'orphelin. La veuve n'a qu'un
droit, c'est celui d'être tolérée au sein de la famille, dont

son mari avait fait partie. Elle a droit aux frais de subsistance et encore n'est-ce qu'à condition de vivre à côté de son enfant.

Nous n'irons pas plus loin dans l'énoncé des suites qu'amène après elle cette différence essentielle dans la constitution de la famille grande et petite russienne, sauf à y revenir plus tard dans notre étude de l'ordre de succession suivi par les habitants de nos campagnes.

Ce qu'il s'agit d'étudier pour le moment, c'est l'organisation intérieure de la famille-groupe. Nous nous demanderons par conséquent à qui revient, de par la coutume, le droit de régir la famille, et quels sont les pouvoirs respectifs du chef et des autres membres de la même communauté.

Règle générale — c'est le doyen d'âge qui gère la fortune commune, qui distribue les travaux entre les membres adultes, perçoit les revenus, signe les contrats, représente la famille devant les cours de justice et les autorités administratives. Ce n'est qu'en cas d'incapacité reconnue, occasionnée par la maladie ou le grand âge, ou encore par une vie de licence et de débauche, que le « vieux » est remplacé, parfois même de son propre consentement, par un plus jeune membre de la famille-groupe. Le plus souvent c'est le frère ou le fils aîné du « vieux » qui est appelé à prendre sa place. En ce cas, l'autorité familiale ne passe pas pleine et entière aux mains du nouveau chef ; en perdant la gérance de la fortune commune, le « vieux » garde néanmoins les droits naturels du père et, parmi tant d'autres, le pouvoir de châtier le fils rebelle. Loin d'avoir l'omnipotence du chef de la famille romaine, le « vieux », qu'on appelle fort souvent aussi du terme de « bolschak » (le plus grand) n'est que le *primus inter pares*. Comme tel, il est privé du droit d'aliéner une parcelle quelconque des immeubles appartenant à la famille sans le consentement de tous les membres adultes de la communauté qu'il dirige. Cet aquiescement n'a de valeur qu'à la condition d'être unanime. La coutume, d'accord en cela avec l'ancien droit russe, n'attribue point à la majorité des voix, l'importance que lui reconnaissent les lois politiques modernes. L'assemblée du peuple, « le vêché » du xiiie et xive siècle, statuait à l'unanimité et c'est encore à l'unanimité que devait se faire le partage périodique de la terre possédée par la commune agricole, « le mir ».

Mais si le chef de la communauté n'a pas le droit de disposer à son gré de la fortune familiale, dont il n'est que le gardien, personne non plus de ceux qui sont en son pouvoir ne peut réclamer la propriété pleine et entière de la part du bien commun qui lui reviendrait en cas de partage. Du vivant du chef, le partage, quoique réclamé par la majorité des membres adultes, ne peut avoir lieu que de son propre consentement. C'est à lui de décider si tel ou tel de ses fils, à l'occasion du mariage qu'il contracte, aura sa part du fonds familial, ou sera forcé de vivre comme par le passé dans l'indivision avec les autres membres de la même communauté. C'est à lui aussi de savoir si telle ou telle de ses filles et nièces aura ou n'aura point de dot. Il est d'usage d'en priver celles qui ont contracté leur union sans l'acquiescement de la famille. Mais cet usage ne prive point le chef du droit de faire grâce, de pardonner la faute que sa fille ou sa nièce ont commise en se mariant contre son gré, et de leur accorder une part des meubles appartenant à la communauté. Quant aux immeubles, ils ne doivent guère sortir des mains de la famille qui en est propriétaire et, pour cette raison, ne figurent presque jamais au nombre des biens dont se compose la dot.

Le chef de la communauté ne dispose pas seulement de la fortune commune, en en vendant les produits ou en se procurant par l'échange et l'achat tout ce dont la communauté pourrait avoir besoin ; il a aussi le droit de disposer du travail des membres tant adultes que mineurs que la famille contient dans son sein. C'est à lui de décider lequel de ses fils ou de ses neveux restera au domicile, prêtera aide et secours dans le travail des champs, et lequel ira chercher du travail en ville ou encore dans ces régions si fertiles et relativement peu peuplées que présentent les provinces méridionales de l'Empire (la Russie nouvelle et le Caucase). C'est encore lui qui se préoccupe de placer en apprentissage les mineurs, de faire choisir tel ou tel métier à ceux des membres de la famille dont l'entretien deviendrait une charge pour la communauté. — Aussi longtemps que dure l'indivision, tout membre de la famille-groupe est censé contribuer aux dépenses communes ; aussi le gain fait en dehors par un de ces petits marchands ambulants si connus dans nos provinces sous les noms d' « öffeni », de « chodebschiki », de « corobochniki » et de « prasoli », ne leur revient pas en entier. Dans le cas où leur petit commerce se ferait à l'aide de capitaux provenant de la famille, cette dernière a le droit de réclamer une partie des bénéfices. La coutume russe est identique en ce point à la coutume indoue. Au dire d'une personne fort compétente, M. Mayne, juge à la haute cour de Madras, les tribunaux indous reconnaissent généralement à la famille-groupe, à la « house-community » ou « joint-family », le droit de participer aux bénéfices qu'apporte même le métier de bayadère, dans le cas où l'éducation de celle-ci se serait faite aux frais de la communauté.

Le régime d'indivision qui caractérise la communauté familiale n'empêche point l'éclosion, dans son milieu, des germes de la propriété privée. Cette propriété peut avoir deux origines distinctes : le travail individuel secondé non par le capital de la famille, mais par un capital venant du dehors, et les donations faites en particulier à tel ou tel membre de la communauté. Prenons par exemple le cas où le petit commerçant ambulant se serait procuré l'argent nécessaire à son commerce par un emprunt fait à un étranger. Ce cas, certes, n'est guère fréquent, le crédit n'étant que fort peu répandu au sein de nos campagnes. Il est plus que probable que la famille n'aurait qu'une part minime aux produits d'un tel commerce, et encore ne serait-ce qu'à condition d'entretenir la femme et les enfants du commerçant ambulant et de payer sa quote-part d'impôt (1). De même la communauté et son chef n'ont aucune prise sur la dot apportée par la mariée, dot qui, dans le cas où la femme mourrait sans laisser d'enfant, revient en tout ou en partie à la famille dont elle était sortie. Dans quelques provinces, parmi les cosaques du Don notamment, on reconnaît aux jeunes filles le droit de se constituer une fortune indépendante en mettant de côté le produit de leur travail manuel. Il est vrai que les jeunes filles n'ont guère le droit de consacrer à ce travail que les heures de loisir. Les soins apportés à la cuisine, à la couture et au blanchissage diminuent considérablement leurs loisirs, et ce n'est que pendant les longues veillées d'une soirée d'hiver qu'elles trouvent le temps nécessaire pour s'adonner à ces travaux supplémentaires dont elles recueillent le produit.

Une autre source dont jaillit la propriété individuelle pour quelques-uns des membres indivis de la famille-groupe est la fortune laissée par la mère. Cette fortune dont la dot forme la base est, comme nous le verrons dans la suite, partagée également tantôt entre tous les enfants sans distinction de sexe, tantôt entre les filles, à l'exclusion des garçons. Dans les deux cas, elle échappe à la gérance du chef de la communauté, car elle a pour

____

(1) Le butin fait à la guerre est exactement dans le même cas. L'armement et les munitions étant fournis par l'État et non par la famille, cette dernière n'a rien à voir dans les bénéfices accidentels du soldat.

origine, non les capitaux engagés de la famille, mais un don provenant du dehors.

Les faits que je viens d'énumérer présentent plus d'une analogie avec les antiquités juridiques de l'Inde brahmanique et de l'Allemagne du moyen âge, ou encore avec celles de Rome à l'époque où commença à se constituer ce que l'on appela plus tard le *peculium castrense* et *quasi castrense*. Les historiens du droit auront raison de s'arrêter sur ces analogies, car c'est là le vrai chemin pour découvrir la formule générale du développement de la propriété individuelle au sein même de la communauté archaïque. Ne pouvant entrer ici dans le détail, je signalerai en passant la grande lumière qu'on retire de la comparaison des coutumes qui régissent la propriété privée des femmes vivant au sein des communautés familiales de la Grande Russie et des dispositions que contiennent sur cette propriété les anciens Codes de l'Inde, l'Apastamba, le Code de Manou, le Yajnavalkia et les Institutes de Nârada. Les éléments constitutifs de la « Stridhana » ou propriété privée de la femme indoue, sont exactement les mêmes que ceux que nous rencontrons dans les villages de la Grande Russie : c'est d'une part le produit de son travail manuel, et de l'autre les biens provenant de donations faites à l'occasion du mariage et les biens recueillis dans la succession de la mère.

Les biens-fonds de la famille n'appartenant point en propriété à celui qui n'en est que le gérant passager, le chef de la communauté ne peut en disposer par testament ; autrement dit, il n'a pas le droit de léguer sa fortune à un individu qui ne serait pas membre de la communauté. Cette défense, portée par la coutume, nous fait concevoir la raison pour laquelle, au dire de Tacite, il n'y avait point de testament parmi les anciens Germains (*nullum testamentum*), ces derniers étant organisés en communautés familiales (les *consanguinitates hominum qui una coierunt* de César et les *universæ domus* de Tacite). L'usage établi reconnaît, il est vrai, au chef mourant le droit de consigner, par écrit ou devant témoins, quelles sont ses dernières volontés quant au partage du bien commun. Mais ces volontés ne sont prises en considération que dans le cas où elles ne seraient point contraires à la coutume. Ce que le testateur a généralement en vue, c'est de faciliter le partage du bien-fonds entre les ayants droit, en leur traçant le chemin qu'ils devront suivre pour ne point enfreindre les prescriptions de la coutume. Il ne pourra pas par conséquent déshériter son fils ou accorder à sa fille une part égale à celle qui doit revenir au fils, car ces dispositions ne s'accordent point, comme nous le verrons dans la suite, avec l'ordre de succession établi par la coutume. Il ne pourra pas non plus instituer un légataire universel, ni appeler à la succession quiconque n'appartient point par la naissance à la famille dont il s'agit de partager les biens. Ceci nous amène à dire que, dans certaines parties de l'Empire, l'adoption n'est point permise à ceux qui ont une famille. Ceux même qui n'en ont pas sont censés adopter ceux de leurs collatéraux, qui, même en dehors de toute adoption, seraient leurs héritiers naturels. Les chefs de famille qui ont émancipé leurs fils en accordant à chacun la part qui lui est due sont assimilés par la coutume aux pères n'ayant point de descendance directe. L'adoption est souvent permise aussi à ceux qui n'ont pour descendants directs que des mineurs. Forcé de se faire seconder dans les travaux agricoles, le chef de la communauté fait souvent appel à l'adoption et signe avec son fils adoptif un contrat réglant le montant de la rémunération qui l'attend au moment de la mort de l'adoptant. Fort souvent le contrat est remplacé par un testament accordant au fils adoptif la moitié de la part qui devrait revenir au fils né du sang. Si la coopération de l'adopté a duré un certain nombre d'années (cinq, dix ans, selon les lieux) les héritiers se croient obligés de respecter la volonté du testateur

A la place du fils adoptif nous tro   ouvent aussi le gendre. Dans le cas où un père n'au   autre postérité directe que des filles, la coutume lu   corde le droit de reconnaître au gendre les droits d'un fils. Le gendre vient alors habiter la maison de son beau-père, partage ses travaux et, à sa mort, a la même part à la succession que celle qui devrait revenir au fils. Ceci, d'ailleurs, n'a régulièrement lieu que dans le cas d'un contrat préalable signé par les deux parties. Ce contrat est souvent remplacé par un testament précisant les droits de succession reconnus au gendre.

L'indivision qui constitue le trait le plus saillant de la communauté familiale ne disparaît point avec la mort du père. L'aîné de ses fils, quelquefois son frère, vient occuper la place de chef et de gérant et on continue à vivre en commun, exactement comme du vivant du père. Cette vie au même pot et feu se transmet souvent de génération en génération, sans être entamée par les partages, et c'est ainsi que la famille arrive à contenir dans son sein des trentaines et des cinquantaines d'indivitus — cas rares d'ailleurs à l'heure actuelle, quoique relevés plus d'une fois par des explorateurs dignes de confiance, tels que les ethnographes Jakuschkin et Matféev ou le professeur Samokvasov.

Le servage et la responsabilité collective en matière d'impôts, qui en est le vestige vivant, ont contribué et contribuent encore de nos jours à maintenir ce régime d'indivision, le seigneur et les autorités communales, qui ont pris sa place, trouvant un intérêt égal à conserver à chaque « feu » imposable le plus grand nombre possible de travailleurs adultes. La loi de 1861, qui abolit le servage de la glèbe, ayant reconnu au paysan la liberté des partages, la communauté familiale a disparu d'une façon très rapide dans bien des régions de la Grande Russie. Il est probable qu'avec l'abolition de la responsabilité collective, les partages, déjà nombreux, atteindraient rapidement un développement tel qu'au siècle prochain la famille-groupe ne serait déjà plus qu'un souvenir.

La politique du gouvernement actuel, guidé soit disant par le désir de conserver la terre au paysan, a enrayé cette évolution toute naturelle.

§ III.

Face à face avec la famille-groupe, dont nous venons d'esquisser le caractère à grands traits, il existe en Russie un autre mode d'organisation familiale, analogue à celui dont il est question dans les Codes modernes de l'Europe.

J'entends par là la famille individuelle, constituée comme elle l'est, par le mari, la femme et les enfants qui sont le produit de leur union. C'est dans les provinces petites-russiennes que cette famille forme la règle. Provenant, exactement comme en Europe, de partages consécutifs, la famille individuelle a été précédée, ici comme partout, de la famille-groupe. Au moyen-âge, les communautés de « sèbres » ou co-propriétaires d'un même bien familial étaient encore fort nombreuses, tant en Lithuanie que dans les provinces qui forment à l'heure actuelle ce qu'on appelle la Petite Russie, et qui ne sont autres que Kiev, Tchernigov et Poltava.

L'introduction tardive du servage et de la responsabilité collective en matière d'impôts, nous explique en partie la raison pour laquelle les partages entre familles se sont effectués sur une plus grande échelle dans les pays habités par les cosaques libres que parmi les serfs de la Moscovie. L'Ukraine (le gouvernement de Kharkov) et la Nouvelle Russie, dont les antécédents historiques se rapprochent en ce point de ceux de la Petite Russie, nous présentent le même développement de la famille individuelle au détriment de sa devancière — la communauté familiale ou la famille-groupe. Même à l'époque où le servage de la glèbe fut établi, la richesse naturelle du sol, le peu de soins qu'en demandait la culture, ont permis aux seigneurs de ne point voir d'un mauvais œil les partages qui se produisaient, car l'émiettement progressif de la propriété n'était pas suivi, ici comme dans le nord, de l'insolvabilité du contribuable. L'esprit d'indépendance qu'on s'accorde à reconnaître aux héritiers des anciens cosaques et qui, certes, n'a d'autre origine que la liberté dont ils jouissaient avant leur annexion, s'accorde d'ailleurs fort peu avec cet assujettissement volontaire à un patriarche, que réclame le régime de la communauté familiale. Questionnés plus d'une fois sur la raison qui les poussait aux partages, les paysans de la Petite Russie ont donné pour toute réponse que l'indivision fomentait parmi eux des disputes continuelles, et que leurs femmes en particulier ne pouvaient se résoudre à vivre sous le régime qui les privait du plaisir d'être chacune dans son ménage.

C'est le désir du chez soi. c'est la tendance à l'individualisme, qu'on doit par conséquent rendre responsable de tous ces partages, dont les provinces méridionales de l'Empire nous présentent le spectacle constant. Le même esprit a commencé à se produire dans les gouvernements limitrophes de la Grande Russie, et pendant les trente dernières années il a sapé en partie les assises profondes de la communauté archaïque. Il les a sapées même au point d'inquiéter le gouvernement et de lui suggérer l'idée malheureuse de ces édits qui ne sauraient que retarder l'évolution naturelle de la société russe.

Partout où la famille individuelle est arrivée à s'établir, son chef naturel, le mari, n'est pas seulement le défenseur et le gérant du bien-fonds familial ; il en est le vrai propriétaire. Il en fait l'usage qu'il veut et n'est nullement forcé de se faire autoriser par les personnes en son pouvoir. Tel est, sauf quelques réserves, le cas de la Petite Russie. La famille cosaque a gardé encore de nos jours un vestige de l'état antérieur d'indivision dans ce fait que le père ne peut disposer librement que de ses propres acquêts, la « terre des aïeux » (*didisna*) ne pouvant être aliénée qu'en cas de nécessité urgente (1). C'est là un état analogue à celui que nous dépeignent les lois barbares des anciens Germains quand elles nous mettent en présence de deux ordres différents de propriété, l'alleu (*alodis parentum, terra aviatica*) et l'acquêt (*conquisitum* ou *adquisitum*) et défendent l'aliénation de l'un, tout en autorisant celle de l'autre.

Cette distinction entre les alleux et les acquêts paraît remonter en Petite Russie à une époque antérieure à l'annexion, car nous la retrouvons dans le « Recueil de lois applicables dans les cours petites-russiennes », qui fut dressé par l'ordre du gouvernement dans la première moitié du XVIIIᵉ siècle, et qui n'est qu'un ramassis d'articles empruntés au statut de Lithuanie et aux lois municipales de Magdebourg et de Chelmin. Une note qui se trouve au bas du paragraphe traitant de l'aliénation des « alleux » ou biens reçus en succession, cite comme première source de ses dispositions le droit municipal de Magdebourg et de Chelmin quant à la vente des immeubles, lequel en ce point ne diffère en rien du « Miroir de Saxe » (2). Or, ce que tous ces monuments législatifs sont unanimes à reconnaître, c'est le retrait lignager (le

____

(1) La coutume ne défend point de la mettre en gage.

(2) Consultez le Recueil intitulé : *Prava po kotorim souditsia malorossisky narod,* publié par Kistiakovsky, p. 379.

retractus gentilicius ou *consanguinitatis*), autrement dit la faculté qu'a tout parent du vendeur de racheter un bien héréditaire. C'est à cela que se limite aussi la différence que fait entre les acquêts et les alleux le code de la Petite Russie. La coutume est allée plus loin : elle a purement et simplement défendu l'aliénation de tout bien qui ne serait pas, par son origine, un acquêt. Elle a été conséquente avec elle-même en défendant de disposer de ces mêmes biens par la voie du testament. Les legs ne sont reconnus valables qu'à condition d'avoir pour objet des acquêts (1). Elle ne reproduit en cela que l'ancien code de la Petite Russie, qui, en suivant toujours les dispositions de la loi municipale de Magdebourg, n'accordait au testateur que le droit de disposer des biens acquis par lui-même, et non de ceux qui provenaient de l'héritage d'un père ou d'une mère (*in samim nagitia, ne otchesqui i ne maternia*) (2).

Sauf ces exceptions, les droits du père et du mari sur la fortune paraissent illimités. C'est à lui de décider, s'il en cédera une partie, de son vivant, à un fils ayant atteint sa majorité légale, s'il dotera sa fille, s'il ne privera point de la part héréditaire qui lui est due le fils insoumis ou la fille qui a contracté mariage sans autorisation préalable (3). Il faut reconnaître que sur tous ces points la coutume moderne n'est que la reproduction pleine et entière de l'ancienne loi, laquelle autorisait le père à priver de tout bien le fils qui voudrait lui soustraire une part de sa fortune (ch. XIII, art. 15), et la fille qui contracterait mariage malgré sa défense (ch. X, art. 14).

(1) Consultez le *Recueil* des coutumes suivies par les paysans du gouvernement de Poltava, inséré dans le quatrième volume des travaux de la commission chargée de préparer le projet de loi sur la réforme des tribunaux de campagne, p. 659.

(2) Consultez le *Recueil* déjà cité, ch. XII, art. 3, p. 327.

(3) *Recueil des coutumes en usage parmi les paysans du gouvernement de Poltava*, p. 654.

Nous ne parlerons point en détail des droits que le mari et le père possèdent sur la personne de la femme et des enfants, car ces droits (comprenant entre autres celui de correction corporelle) sont les mêmes sur toute l'étendue de l'Empire et ne diffèrent point sensiblement de ceux que les législations germaniques du moyen âge reconnaissaient à celui qui était dépositaire du « *mund* », c'est-à-dire de l'autorité familiale. Nous nous contenterons de dire qu'en les reconnaissant au père et au mari, la coutume petite-russienne ne fait que maintenir les dispositions de l'ancienne législation, dont les sources remontent, comme nous avons eu occasion de le noter, au célèbre statut de Lithuanie. La coutume, il est vrai, a fait un pas prodigieux en reconnaissant aux enfants le droit d'accuser leurs parents de cruauté et d'oppression, comme en autorisant les tribunaux de campagne à statuer sur ces réclamations et à punir les coupables d'amende et de réclusion. L'ancienne législation petite-russienne était tout à fait hostile à ces sortes de recours, l'article 7 du chapitre XII du code petit-russien défendant expressément aux enfants de porter plainte contre la façon dont les parents les traitaient. Le progrès que nous venons de signaler, dû au changement de mœurs, s'est produit également dans la Grande Russie, où les tribunaux villageois sont intervenus déjà plus d'une fois dans les rapports personnels de la femme et du mari, des parents et des enfants.

<h2 style="text-align:center">§ IV.</h2>

Avant de terminer cette étude rapide de l'organisation intérieure de la famille individuelle, je trouve nécessaire d'arrêter encore l'attention du lecteur sur un point très controversé et qui n'est autre que celui des rapports de fortune entre mari et femme, tels qu'ils sont réglés par la coutume petite-russienne.

Dans les communautés familiales de la Grande Russie, où la femme n'a d'autre part à la fortune que la dot qui lui est concédée et le lot qui lui revient dans la succession laissée par la mère, cette question est loin d'avoir la même importance. Les biens de la famille formant un seul tout inaliénable, et la dot de la mère revenant tantôt aux filles à l'exclusion des garçons, tantôt en parts égales à tous les héritiers directs, tantôt enfin, dans le cas où ces derniers manqueraient, à la famille de la défunte, le régime de la séparation complète des fortunes entre conjoints paraît s'imposer de soi. Mais là où, comme dans les provinces petites-russiennes, la fille a une part distincte dans la fortune du père, et hérite presque exclusivement de celle de la mère, où la dot apportée par l'épouse, quoique en gérance du mari, est garantie dans son intégrité par une partie de la fortune de l'époux, et sujette à un ordre de succession qui n'a rien de commun avec celui auquel est soumise la fortune du mari, cette question se pose tout autrement.

Et d'abord insistons sur ce fait qu'en recevant dans sa gérance la fortune de la mariée, l'époux, au dire des anciennes lois du pays, est forcé de donner à sa femme, en garantie, le tiers de sa propre fortune, tiers qu'il ne peut aliéner et que la femme ou ses héritiers ont droit de lui réclamer en cas de dissipation de la dot (ch. X, art. 5 du code petit-russien).

Cette règle n'est que la reproduction pleine et entière des règlements que contient sur cette matière le statut de Lithuanie. Ce monument juridique, suivant la rédaction qui lui fut donnée dans la première moitié du XVIe siècle, impose au mari le devoir de dresser un inventaire complet des biens constituant la dot. Cet inventaire est connu sous le nom de « veno ». L'argent et les pierres précieuses qui faisaient partie de la dot devaient être estimés au double, le reste à sa valeur réelle. Puis le mari garantissait l'intégrité du tout par le tiers de sa fortune. Signé en présence de témoins par les deux parties contractantes, l'acte du « veno » était présenté à la cour de district pour être couché dans ses procès-verbaux. Le mari acquérait par là la liberté de régir comme bon lui semblait la fortune de sa femme, et la femme le droit d'hypothèque sur le tiers de la fortune du mari. En cas de divorce ou de mort de l'un des conjoints, la dot restée jusque-là dans la gérance du mari revenait à la femme ou à ses héritiers. Si elle était dissipée, le mari en répondait sur le tiers de sa fortune, tiers resté jusque-là hypothéqué à la femme (1).

Un mot maintenant sur le sort qui était fait à la fortune de la femme pendant la gérance du mari. Le droit petit-russien reconnaît au mari la « tutelle et la possession » de la fortune de sa femme. Contrairement aux devoirs des autres tuteurs, le mari tuteur n'est point astreint à rendre compte de sa gestion, car « la femme est en pouvoir de l'époux » (ch. X, art. 3). Ce n'est qu'à la mort de l'un des deux conjoints qu'apparaît au grand jour le principe de la communauté des acquêts. Dans le cas où la femme avait fait l'apport d'une dot, cette communauté restait encore plus ou moins masquée, car à la mort du mari, la femme ne recevait que sa dot. Mais n'oublions pas que cette dernière, en tant qu'elle est composée de capitaux, avait été évaluée dans l'acte du « veno » à sa double valeur, et que, par conséquent, ce qui revient à la veuve n'est pas le numéraire seul qu'elle a versé, mais aussi les revenus qu'il a produits durant les années de mariage, revenus que la loi apprécie en bloc et qui à ses yeux ne dépassent pas le montant de l'apport. Le code petit-russien prévoit aussi un autre cas,

(1) Consulter sur ce sujet l'ouvrage du professeur Spasovich : *Les rapports de fortune entre conjoints suivant l'ancien droit polonais*, 1857, p. 70 et suiv.

qui, certes, n'est pas moins fréquent : celui où lors du mariage les deux conjoints manquent également de fortune, et arrivent à s'en constituer une dans la suite par un travail commun. Qu'adviendra-t-il de cette fortune à la mort du mari, et sa veuve sera-t-elle autorisée à en recevoir une partie ? La loi répond d'une façon affirmative. La veuve aura le tiers des acquêts, les deux autres tiers revenant aux descendants directs du mari. Mais un autre cas se présente, celui où les deux conjoints meurent sans laisser de progéniture. La loi enjoint alors de partager en deux parts égales la fortune qu'ils s'étaient faite, et d'en remettre une moitié aux parents de la femme et l'autre aux parents du mari (ch. X, art. 35).

La recherche des origines du système que nous venons d'exposer pourrait nous entraîner trop loin, car il s'agirait de remonter non seulement au statut de Lithuanie, mais encore aux lois municipales de Magdebourg et de Chelmin et à leur prototype : le Miroir de Saxe. Or ce qui nous importe le plus pour le moment, ce n'est pas de rechercher la source dont il est sorti, mais de nous rendre un compte exact de sa vitalité actuelle.

Les principes, qui dans le code petit-russien règlent les rapports de fortune entre conjoints, sont-ils maintenus par la coutume ? La plupart de nos légistes le nient d'une façon formelle. M. Pachman, de même que M. Mouchin, les seuls qui aient approfondi quelque peu cette question, ont l'air de croire que dans les provinces petites-russiennes il n'existe plus trace de la communauté d'acquêts entre époux. Et pourtant les droit de succession de la femme dans la fortune du mari se règlent encore à l'heure qu'il est, dans les gouvernements de Kiev, de Poltava et de Tchernigov, de la façon dont ils étaient réglés à l'époque où cette communauté était reconnue, c'est-à-dire que la femme a droit au tiers de la fortune du mari. Ce dernier est encore obligé de reconnaître par devant témoins le montant de la dot, et de la restituer à sa femme en cas de séparation voulue par lui.

Que toute communauté d'acquêts entre conjoints soit loin d'être éteinte au sein de nos campagnes petites-russiennes, c'est ce dont je trouve la confirmation dans quelques faits recueillis par les commissaires du gouvernement dans le district de Kobeliaki (gouvernement de Poltava). Les paysans ont attesté le fait que voici. La femme n'avait point apporté de dot ; le mari venait de succéder à son père et se trouvait en possession de 20 dessiatines (mesure de superficie équivalant à 16.800 pieds carrés). Pendant le temps que dura le mariage les deux conjoints accumulèrent ensemble un capital qui leur permit de faire l'acquisition de 50 autres dessiatines. Le mari mourut sans laisser d'enfants. Les 20 dessiatines d'alleux (*disdina*) passèrent à ses frères ; les 50 autres dessiatines d'acquêts furent laissées entre les mains de la veuve (1).

Il faut reconnaître qu'un tel procédé ne s'accorde guère avec ce régime de séparation absolue des fortunes entre conjoints, que les explorateurs du droit coutumier croient pouvoir constater également dans la Grande et dans la Petite Russie. Un fait dans le genre de celui que nous venons de rapporter n'aurait pu se produire ni chez les paysans de Toula, ni chez ceux de Moscou ou de Vladimir, car dans la Russie moscovite, il n'y a jamais eu trace de communauté entre conjoints. Il est tout naturel, au contraire, dans une province régie jadis par le statut de Lithuanie et les lois municipales allemandes, influencées à leur tour par le Miroir de Saxe.

(1) *Travaux de la commission nommée pour la réforme des tribunaux villageois*, t. IV, p. 324.

ÉTUDES SUR LE DROIT COUTUMIER RUSSE

DEUXIÈME PARTIE

DE L'APPROPRIATION DU SOL PAR LE TRAVAIL

EN PETITE-RUSSIE ET EN UKRAINE

Il n'est certes pas de coutume plus répandue dans le monde que celle qui consiste à reconnaître au premier colon d'une terre, jusque-là restée en friche, un droit de jouissance exclusive. Je ne dis pas un droit de propriété, car, ainsi qu'on le verra dans la suite, les législations tant antiques que modernes varient beaucoup sur ce point : les unes n'accordent que la faculté de mettre à profit la terre nouvellement cultivée pendant un nombre déterminé d'années, trois ou cinq ans, par exemple ; d'autres admettent une possession à vie, un grand nombre enfin poussent leur condescendance jusqu'à établir, au profit du premier colon, un vrai droit de propriété, admettant la possibilité de vente et de succession. Veut-on une confirmation de ce que j'avance, on la trouvera dans les codes brahmaniques, dans les traités de droit musulman, dans les Institutes de Gaius et de Justinien, dans le Code Théodosien ainsi que dans les diverses lois latino-barbares dont il a été la source, dans les recueils de droit byzantin, tels que le Prochiron, par exemple, et les adaptations nombreuses qui en ont été faites dans les pays slaves et particulièrement en Russie, adaptations qui, sans avoir force de loi, ont néanmoins servi de manuels aux personnes ecclésiastiques dans leurs litiges entre elles et avec les laïques, enfin dans les diverses lois barbares, tant d'origine germaine que scandinave, et plus particulièrement dans les lois des Burgondes et des Alamans, des Suédois et des Norvégiens.

Pour ne citer que quelques exemples, nous nous contenterons de reproduire les dispositions typiques des codes indous, des législations musulmanes et des lois barbares. Manou, la Yadjnavalkia et les Institutes de Narada, codes séparés l'un de l'autre par la distance de plusieurs siècles, abordent également la question de savoir quels sont les droits du premier occupant sur la terre jusque-là restée en friche. Ils ont tous les trois cela de commun qu'ils demandent au colon non seulement l'occupation, mais encore la mise en culture du terrain qu'il tient à s'approprier. L'occupation seule, même pendant trois générations successives, ne suffit pas à établir un droit de propriété, lisons-nous dans la Yadjnavalkia (livre II, ch. XXVII). Celui qui par pauvreté est incapable de cultiver le terrain qu'il occupe, écrit à son tour le compilateur des Institutes de Narada, est obligé de renoncer aux profits qui peuvent en être tirés, et ces profits reviennent en entier à celui qui saura faire fructifier la terre par son travail (ch. IV, art. 18, 19 et 20). Une terre restée en friche pendant cinq années consécutives est réputée être une terre herme (ch. XIII, art. 48), et comme telle peut être appropriée par tout nouveau colon qui voudra la mettre en culture. Loin d'être une chose du passé, l'appropriation de la terre par le travail est encore de nos jours dans l'Inde une coutume vivante. Nous la retrouvons parmi les populations aryennes du Punjab chez qui, à en juger d'après un rapport officiel paru en 1851, le fait de débarrasser le terrain des broussailles qui le couvrent (the clearing of the land from jungle) est constamment cité comme un titre valide et indubitable pour établir le droit de propriété (1).

Les dispositions que je viens de rapporter me parais. sent suffisamment établir les deux propositions suivantes.

En premier lieu, l'appropriation individuelle n'a pu avoir lieu dans l'Inde que sur les terres qui n'avaient point de propriétaire. Or tel ne pouvait être généralement le cas des terrains aptes à la culture, la majeure partie de ces derniers ayant appartenu, de tout temps, aux communautés familiales et aux villages qui en sont sortis. Autre conclusion qui me parait ressortir de l'étude des codes indous, c'est que pour avoir l'usufruit exclusif d'une terre jusque-là restée en friche, il fallait y entre· tenir la culture d'une façon constante. L'omission de ce devoir avait pour conséquence la perte du droit d'u- sage. Il suit de là que ce qu'un colon acquérait par son travail n'était pas un droit de propriété, mais plutôt un droit de jouissance ininterrompue, et pouvant par consé- quent prendre le caractère d'une jouissance à vie.

La mise en culture était dans l'Inde, non seulement un mode originaire d'appropriation, mais aussi un mode dérivé.

La terre occupée par telle ou telle famille, tel ou tel village, pouvait être cédée à un nouveau colon par les ayants droit et cela à condition que celui qui en serait investi la ferait fructifier par son travail. Dans ce cas, le titre de propriété ne provient plus du fait seul de la mise en culture, mais de la cession faite au profit du nouveau possesseur par ceux qui avaient détenu la terre avant lui. Et, en effet, toutes les fois qu'il s'agit d'approprier à tel ou tel individu venu du dehors une terre quoique herme, mais située dans les confins de tel ou tel village, de telle

(1) The clearing of the land from jungle is often quoted as the valid and undeniable proof of proprietorship (Report of the Punjab, 1849-51).

ou telle communauté, c'est à elle qu'il faut s'adresser
pour avoir l'autorisation nécessaire. En veut-on un exemple, on le trouvera dans une vieille légende relatant la
façon dont fut fondé le village de Mourouda dans le
Cancan méridional. Cette légende dont l'existence nous
est révélée par un texte sanscrit du xiv° ou xv° siècle,
parle de colons venus du nord sous la conduite d'un
brahmane Gangadara Rata. Les colons prennent pied
dans une forêt, appartenant à la commune Azonda, se
font donner par les villageois le droit de la défricher,
et en deviennent de cette façon les propriétaires (1).
Puis, manquant de pâturages, ils requièrent l'intervention du « radja » ou prince de la localité, et grâce à lui,
sont dotés de la quantité de terrain qu'il leur faut par
quatre communes du voisinage.

La mise en culture d'une terre herme ne se trouve
point au nombre des modes originaires d'acquérir la propriété dans les pays musulmans, et cela pour la raison
que ces pays n'admettent point l'existence de ce que les
Romains appelaient « terra nullius. » La terre de conquête,
c'est-à-dire tout le terrain arraché aux infidèles par le
glaive, depuis le temps de Mahomet, a toujours été considéré par les mahométans comme appartenant de droit,
à défaut d'autres propriétaires, au chef des croyants,
à l'imam. Cette fiction n'a pas empêché le maintien
de cette ancienne coutume arabe qui voulait que le premier colon d'une terre herme en devînt l'usufruitier (2).
Elle n'a prévenu que la possibilité d'une évolution ultérieure de ce droit, lequel resta à jamais un droit d'usage
et non de propriété. La plupart des légistes musulmans

(1) *Journal of the Bombay branch of the Asiatic society.* La légende
est rapportée tout au long dans mon livre russe sur l'histoire du communisme agraire, Moscou, 1879, p. 101.

(2) Sur le caractère antique de cette coutume, consulter Goldžiher,
*Muhamedanisches Recht in Theorie und Wirklichkeit, Zeitschrift
für vergleichende Rechtwissenschaft.* 8. Band, III. Heft, 1889,
p. 412.

sont de cet avis. Le droit de propriété ne peut être établi au profit du premier cultivateur que dans le cas d'une autorisation expresse de la part de l'Imam, lisons-nous dans la Hédaya, ce Code de droit Hanéfite, longtemps en usage dans l'Inde. Le droit malékite partage la même façon de voir. La prise de possession de la terre non occupée ne peut être faite que du consentement de l'Imam, écrit Sidi Krelil (1), et c'est aussi là l'opinion de son commentateur Abd el Backl. Il n'y a guère que le droit des musulmans schyites pour reconnaître que : « Quiconque en l'absence de l'Imam défriche une des terres vacantes en acquiert la propriété quoique forcément il n'en ait point reçu l'autorisation (2). » Ainsi tout en étant unanimes à reconnaître au premier colon l'usufruit de la terre qu'il a mise en culture, les législations musulmanes sont loin d'admettre également que l'occupation seule est un titre suffisant pour établir la propriété. La plupart exigent encore le consentement de l'Imam : « car la terre qui n'est à personne, prétend le Hedaya, devient par droit de conquête le bien commun de la totalité des fidèles ; son appropriation individuelle, ainsi que celle de tout autre butin de guerre, ne peut s'effectuer par conséquent que si elle est autorisée par l'imam (3). » Un autre Code Hanéfite, le Moultekka, très répandu en Turquie, n'est pas moins explicite à ce sujet : « l'Imam a le droit, dit-il, de disposer des terres incultes de l'État. Tout homme, musulman ou infidèle, qui met ainsi en culture une terre herme, en acquiert la propriété (4). »

Si le consentement de l'Imam est une condition nécessaire pour que la terre devienne propriété privée par voie d'occupation, une autre condition non moins impor-

<hr>

(1) Worms, *Journal asiatique*, octobre 1842, p. 307.
(2) Query, *Recueil des lois concernant les musulmans schyites*, v. II, p. 237-239.
(3) *Le Hedaya*, traduction anglaise de Hamilton, p. 129.
(4) D'Ohsson, t. VI, p. 122.

tante est que la terre ainsi occupée soit une terre herme.
« L'imam, lisons-nous dans un Code malékite, le Sidi
Krelil, ne peut en aucune façon conférer le droit de propriété sur un terrain déjà mis en culture (1). » Ceci ne
serait faisable que dans un cas, si la terre avait été
abandonnée par son premier colon et fût redevenue ce
qu'elle était jadis — herme et vague. Aussi, voyons-nous
un légiste musulman, Abd el Backi, déclarer formellement que l'imam a parfaitement le droit d'autoriser l'occupation d'une terre dont la culture a été négligée par
son propriétaire (2). Dans tout l'Orient musulman et tout
particulièrement parmi les populations mahométanes du
Caucase, que j'ai visitées plus d'une fois, il n'est question que de propriété acquise par le fait de redonner la
vie à une terre longtemps laissée sans culture. Dans les
provinces géorgiennes, dont le droit coutumier s'est ressenti sur plus d'un point de la dépendance politique dans
laquelle le peuple de ces contrées avait vécu vis-à-vis de
la Perse, l'acquisition de la propriété par le fait de la
mise en culture d'un terrain herme ou devenu tel par
l'abandon de son ancien propriétaire est un fait si commun, que le terme employé pour désigner une pareille
prise de possession — « Acho » — est en même temps
celui par lequel on désigne la propriété.

Ainsi, dans l'Orient, l'occupation effectuée, non par le
glaive, mais par la charrue, est considérée comme un
mode usuel d'établir un droit réel sur la terre, ce droit
prenant tantôt la forme d'un droit d'usage, tantôt celui
de la propriété. Il n'en a guère été autrement dans
l'Occident latin et germanique, durant tout le moyen âge
et, pour nous en convaincre, nous n'avons qu'à consulter
les lois barbares, les formules et les actes judiciaires dans
lesquels il n'est question que d'*exartum* ou de *novale*,

(1) Worms, *Journal asiatique*, 1812, p. 317.
(2) *Ibid.*

d'*apprisio* ou de *bifang*, de *captura* ou d'*adtractum*, ou encore de terres dont la possession a été acquise *sudore et labore*, c'est-à-dire par le travail à la sueur du front (1). Le droit d'acquérir la propriété d'une terre herme par le fait de sa mise en culture est directement reconnu, tant par les lois barbares réglant les rapports juridiques des peuplades germaniques que par celles composées à l'usage de la population romaine. Pour s'en convaincre, on n'aura qu'à confronter le titre XIII de la loi Gombette avec le § 23 du livre second de la *Lex romana Curiensis* : « Quicunque miles in terram dominicalem aedificium fecerit, id est, si ipsa terra alter homo antea propressa non habuit, postea ipsum aedificium nullus homo ei tollere potest. Similiter et de agro ubicumque laborare potuerit si ipsum agrum antea alter non habuit, nullus ei tollere potest (2) ». J'ai tenu plus particulièrement à reproduire ce texte, car loin d'être, comme on l'a prétendu à tort, une coutume germanique, le droit d'acquérir la propriété par la mise en culture était admis également par des codes juridiques d'origine latine. La *Lex romana Curiensis* est dans ce cas, et le fait qu'elle fait précéder la disposition que je viens de rapporter d'un renvoi aux dispositions de l'empereur Honorius, ne fait que mieux ressortir le caractère éminemment romain de l'*exartum* en usage parmi la population helvéto-romaine des Alpes Rhétiques. Cherche-t-on, d'autre part, une preuve que l'appropriation du sol par le travail n'est pas entrée dans les coutumes germaniques sous l'influence exclusive du droit romain, on la trouvera dans le

____

(1) Voy. entre tant d'autres recueils de chartes, celui que M. Wartmann fit pour le monastère de Saint-Gall (*Urkundenbuch der Abtei Sanct-Gallen*), ainsi que les n⁰ˢ 202, 274, 334, etc. *du Recueil des chartes du Bas-Rhin*, édité par Lacomblet (*Urkundenbuch für die Geschichte des Niederrheins* vol. I, p. 12 et 29). Consultez aussi Dronke, *Codex diplomaticus Fuldensis*, 133, charte n⁰ 261.

(2) Planta, *Das Alte Rhätien*, p. 460.

fait qu'elle est on ne peut mieux reconnue par les législations scandinaves qui n'ont point été soumises, comme
on sait, aux même influences latines que les lois barbares du continent. L'*ornum* de l'ancien droit danois n'est
pas, en effet, autre chose que le *bifang* ou l'*exartum* germanique, et les conditions dans lesquelles il peut se produire sont identiquement les mêmes. Il fallait, dit Amira,
non seulement procéder à l'occupation d'un terrain herme
(*landam* ou *nema land*, d'après l'expression en usage dans
les anciennes lois norvégiennes) il fallait encore, en établissant ses limites, exécuter un acte symbolique, consis-
tant dans le fait d'allumer le feu sur la terre qu'on voulait s'approprier. L'origine de cette coutume est facile à
deviner. La culture ne commençait-elle pas régulièrement
par l'incendie de la forêt ?

Autre point à noter. Pour que la terre, une fois occupée,
restât la propriété de son premier colon, le droit scandinave exigeait qu'elle fût cultivée d'une façon ininterrompue. L'abandon du terrain par l'occupant le faisait rentrer au nombre des terres vagues pouvant par là même
devenir l'objet d'une nouvelle prise de possession.

Les destinées du *bifang* allemand (1) et de l'*ornum*
scandinave furent identiquement les mêmes. Aussitôt que
le sol fut devenu la propriété des communes rurales, libres et féodales, et que les terres non occupées furent
reconnues appartenir à l'Etat et à son chef politique, le roi
ou le prince, l'occupation individuelle fut assujettie à la
condition d'une autorisation préalable de tous les ayants
droit, tantôt de la communauté des habitants d'un district,
centena, *hunderd*, ou d'un village, *villata*, *tun*, etc., tantôt du seigneur féodal, tantôt du prince ou du roi. Amira, Inama-Sternegg et Heussler sont unanimes à le reconnaître. La terre du peuple, l'*allmenningr*, passant en

(1) Elles sont retracées par M. Beseler dans son *Etude sur le Neu-
bruch* (*Symbolæ Bethmano-Holwegio oblatæ*).

Norwège aux mains du roi, devenant *konungs allmenningr*, dit le premier, c'est à lui que tout nouveau colon devait demander l'autorisation d'occuper un terrain jusque-là resté sans culture. Dans le cas où la terre herme avait été englobée dans les limites d'une commune, c'était à la communauté de ses habitants de donner le consentement au colon qui venait se fixer sur son sol et le faire fructifier par son travail. Toute prise de possession non conforme à la condition susdite, privait le premier occupant du droit de devenir propriétaire (1).

En Allemagne, dit à son tour Heussler, tout terrain non occupé devient avec le temps terre du roi. Aussi les empereurs prirent-ils l'habitude d'en parler en ces termes : « Silva invia et inculta, et ob hoc nostre proprietati deputata (2). » Pour s'approprier un pareil sol, même par le travail, il fallait être muni d'une autorisation spéciale de la part du monarque. Quand l'unité de l'empire fit place à une multiplicité de fiefs plus ou moins indépendants, le Landesherr remplaça l'empereur-roi, et c'est à lui qu'il fallut avoir recours pour l'autorisation. Quant aux terres occupées par les communes et soumises à l'usage commun des familles qui les composent, leur mise en culture par tout nouveau colon ne pouvait avoir lieu que du consentement de tous les ayants droit (3). Les *bifange* ne purent, par conséquent, se faire sur les terres de l'allmend qu'en cas d'autorisation directe des *Genossen*, coutume encore suivie dans ceux des cantons de la Suisse qui admettent l'établissement de ce qu'on appelle *garten* dans les forêts et les terrains vagues appartenant par indivis aux habitants d'une même commune. Cette prise de possession de l'allmend, toujours du

(1) Voyez *Grundriss der germanischen Philologie* herausgegeben von Hermann Paul, II Band, 2ᵉ. Abtheilung, p. 151.

(2) Böhmer, *Acta imp.* I, n. 41 (a. 1018).

(3) Heussler, *Institutionen des deutschen Privatrechts*, 2 Band, p. 65.

consentement des ayants droit, pouvait se faire tant par
des colons isolés que par des sociétés de colons .Dans ce
cas, nous dit M. Inama-Sternegg (1), des communautés
d'exploitation (*Betriebsgemeinschaften*) arrivaient à s'é-
tablir sur les terres de l'allmend, semblables à ces *Hau-
bergsgenossenschaften* qu'on retrouve encore de nos jours
dans le Siegerland (2).

Le défrichement, fait du consentement de la commune, n'avait pas toujours pour suite l'établissement du
droit de propriété. Souvent, le nouveau colon n'en acquérait que l'usage, lequel se prolongeait indéfiniment,
à la condition que la terre restât en culture. C'est ainsi
qu'en Catalogne et dans l'Aragon, on rencontre des coutumes qui veulent que quiconque n'a pas cultivé la terre
pendant trois ans en perde par là même l'usage. Cette
règle est encore maintenue de nos jours dans les communes rurales situées au centre des Pyrénées, comme l'a
si bien fait voir le professeur Loutchizky dans l'étude
intéressante et très nourrie de documents inédits qu'il
a bien voulu me dédier (3).

En Suède, à en juger d'après les lois de Westrogothie
et de l'Upland, le défrichement n'établissait d'autre droit
que celui d'usage dont la durée était tantôt de trois, tantôt
de six et même de douze ans. C'est encore le droit d'u-
sage, limité à un couple d'années, souvent à 3, 4 et 5 ans
qu'accordent aux défricheurs de l'*allmend* les communes
de Glaris et de l'Unterwalden. Les *garten* ou terrains
potagers, occupés dans les confins de l'allmend, ne restent dans les mains de leurs détenteurs qu'un nombre
d'années établi par la coutume.

(1) Inama-Sternegg, article intitulé *Wirthschaft,* dans le *Grundriss der germ. Philologie.* II Band, 1 Abth., p. 11.
(2) Voyez *Achenbach, Die Zaubergsgenossenschaften des Sieger-
landes,* Bonn, 1863.
(3) *Annales de la Patrie* (Revue mensuelle supprimée il y a peu
d'années par le Ministre comte Tolstoï). Voyez l'année 1880-81.

Nous n'en dirons pas davantage sur le rôle si curieux qu'a joué l'appropriation de la terre par le travail, tant en Orient qu'en Occident. Car la nature juridique de l'*apprisio* ou *exartum* et les causes diverses qui l'empêchèrent de devenir la forme générale de la propriété, me paraissent suffisamment élucidées après ce que je viens de dire plus haut. Le lecteur sera forcé de reconnaître que l'occupation seule ne suffisait pas pour établir un droit réel sur la terre, même herme ; que cette occupation devait encore être suivie d'une culture ininterrompue, que le droit de propriété n'était pas toujours le résultat d'une pareille prise de possession, et que bien des fois il n'en ressortait qu'un droit d'usage plus ou moins long. Le lecteur voudra bien noter aussi que l'occupation effectuée par la mise en culture pouvait être faite, non seulement par des ménages isolés, mais par des communautés de ménages, lesquels n'étaient point empêchés, dans ce cas, de laisser dans l'indivision le tout ou une partie des terres qu'ils s'étaient appropriées.

Si l'apprision, *bifang* ou *exartum,* n'est pas devenue le mode le plus commun de constituer la propriété, la cause en doit être cherchée dans le fait que la terre *vaine et vague* (la *terra nullius, das herrenlose Land*) fut reconnue avec le temps la propriété de l'État et des communes. C'est, par conséquent, aux représentants de l'État, quel qu'en fût le nom, aux Radjas, aux Imans, aux Konungs et aux Landesherren qu'il fallut recourir toutes les fois qu'il s'agissait de mettre en culture des terrains jusque-là restés vierges. Ce n'est que parce que ces personnes voulaient bien autoriser une pareille occupation que la terre devenait la propriété du colon ou des colons qui l'avaient mise en culture. Quant aux terres vaines et vagues qui avait été partagées entre les communes, elles n'étaient assujetties à l'appropriation, tant individuelle que collective, que du consentement de

tous ceux qui avaient droit à la jouissance, autrement
dit de tous les communiers, que ces derniers fissent partie d'une seule commune ou d'un nombre plus ou moins
restreint de communes exerçant des droits d'usage dans
la même forêt ou dans les mêmes pâturages.

Ce qui précède suffit pour faire comprendre l'origine
historique et le vrai caractère juridique de ce mode
particulier de propriété, fort répandu, encore de nos
jours, dans la Petite-Russie et dans l'Ukraine, qu'on
nomme la *zaimka* ou terre d'apprision.

Que ce mode d'arriver à la jouissance temporaire,
sinon à la propriété héréditaire de la terre, ait été connu
déjà à l'époque où Kiev, devenu de nos jours le centre
de la Petite-Russie, se trouvait à la tête des principautés
occupés par la descendance de Rurik, nous en trouvons
un témoignage indubitable dans la mention qu'en fait
une compilation juridique russe remontant au XIV⁰ siècle. J'entends par là le recueil de lois byzantines, la plupart tirées du Prochiron et adaptées aux conditions
d'existence du peuple des campagnes russes, qu'un
manuscrit de la bibliothèque synodale de Moscou nous
a conservé sous le titre de *Livres de lois*.

Le dernier, qui se soit occupé de l'édition et du com-
mentaire de ce recueil on ne peut plus précieux, a été
M. Pavlov, professeur de droit canonique à l'Université
de Moscou. « Sans avoir force de loi, nous dit ce savant
émérite, les *Livres de lois* avaient été probablement
consultés plus d'une fois par les personnes d'Église et
les tribunaux ecclésiastiques. »

Un fait qui paraît donner raison à cette hypothèse, et
qui en lui-même est fort important pour fixer la nature
juridique de l'apprision ou *zaimka*, à cette époque recu-
lée de l'histoire russe, est que des droits réels, conformes
dans leurs moindres détails à ceux mentionnés par le
code à moitié byzantin dont il vient d'être question, se

retrouvaient encore au siècle passé chez les paysans de la Petite-Russie.

En effet, voici la disposition contenue dans les *Livres de lois*, sur la façon d'acquérir le droit d'usage, par le fait seul d'avoir mis en culture un terrain vierge, et voici d'autre part, ce que prescrivait encore naguère la coutume locale d'un village du gouvernement de Poltava, nommé Goltva.

Les Livres de Lois : — « Un agriculteur, qui mettra en culture une terre couverte de broussailles (*nechistouiu zemliu* — littéralement *une terre qui n'est pas propre*), a droit d'en tirer profit pendant trois années consécutives, puis il l'abandonne à celui qui a des droits sur elle (1). »

La coutume locale de Goltva, telle que la décrit un acte officiel daté de l'année 1767 : — « Celui qui a soulevé avec sa charrue une terre vierge, n'en acquiert point par là la propriété. Après en avoir usé trois ans durant, alors que la terre redeviendra herme, comme elle l'avait été avant sa mise en culture, tout homme nouvellement survenu aura le droit de la mettre en labour (2). »

La similitude de ces deux règles, dont l'une provient d'un code remontant au xɪvᵉ siècle, et l'autre n'est que l'expression d'une coutume récemment en vigueur, nous permet d'établir non seulement le fait jusqu'ici douteux de l'application que les *Livres de lois* avaient eue dans les provinces petites-russiennes ; elle nous fait encore connaître que l'occupation du sol par le colon n'avait jadis dans ces contrées d'autre suite que l'établissement

____

(1) Pavlov, *Knigui Zakonnia*, Pétersbourg, 1885, p. 46.

(2) *Onago polia ne doljen svoiti vovse*, — ne doit pas s'approprier ce terrain, ni établir sur lui une propriété pleine et entière (Loutchizky, *Recueil des matériaux pour servir à l'histoire des communes rurales de la Petite-Russie, et particulièrement du gouvernement de Poltava*. Kiev, 1884, p. 169).

au profit de l'occupant d'un droit d'usage, limité au nombre d'années exigé par l'assolement triennal.

Si on se demande la cause pour laquelle en Russie l'occupation d'un sol, même vierge, n'entraînait pas nécessairement après elle l'établissement de la propriété, on sera amené à émettre cette hypothèse que l'appropriation du sol par les communes rurales y était un empêchement. Une fois que les terres vaines et vagues sont divisées entre les communes, elles cessent par là même d'être *terræ nullius*. Celui qui les met en culture ne se trouve pas par conséquent vis-à-vis d'elles dans la position du premier occupant. C'est un simple usufruitier dont le droit réel est nécessairement réglé par la coutume, et qui ne peut en être affranchi que du commun accord de tous ceux qui participent aux biens de la commune. Ce qui nous confirme dans cette vue, ce sont les faits analogues que présente l'état social des peuples scandinaves, et plus particulièrement des Suédois, fondé qu'il était sur le principe de la possession indivise du sol par les communes. La Westgötalag et l'Uplandlag sont en effet unanimes à limiter à quelques années seulement l'exercice de l'usufruit qu'elles accordent au premier colon d'une terre vierge toutes les fois que cette terre fait partie de *l'allmanig,* autrement dit des *communaux* (1).

Si le fait de la jouissance du sol en indivis par les ménages, constituant une ou plusieurs communes, a empêché l'établissement en Russie, à l'époque des apanages c'est-à-dire antérieurement au xvᵉ siècle, de cette propriété privée que donne au colon l'apprision et le défrichement du sol, l'épanouissement de la puissance tzarienne aux xvᵉ et xv1ᵉ siècles nous donne la raison pour laquelle

---

(1) Contrairement à la loi de Westrogothie, la loi d'Upland admet encore le terme de deux et trois fois trois ans, c'est-à-dire la rotation triennale exercée à deux ou trois reprises par le colon, qui a fait le défrichement.

« l'apprision » est restée inconnue au droit tant écrit que
coutumier de la Moscovie. En effet, à en croire le jésuite
Antoine Possevin, qui fut envoyé au grand duc Basilius
par la cour de Rome à la fin du XVI° siècle, toute la terre
en Moscovie était censée appartenir au tzar, personne
n'en pouvant disposer même en faveur des proches que
de son consentement (1). On a d'autant plus lieu d'attacher une réelle importance à ce témoignage, que le pouvoir arbitraire du tzar s'étant constitué, ainsi que l'a
démontré l'éminent historien Kostomarov, sous l'influence
directe de l'exemple offert par les Khans de la Grande
Tartarie (*Bolchaia orda*), la théorie musulmane qui
voulait que toute la terre fût considérée comme la propriété ou le « *dominium eminens* » du chef de l'État
(l'Imam), a pu aisément être appliquée aux princes régnants
de la Moscovie.

Il est étonnant que les jurisconsultes russes n'aient pas
étudié jusqu'ici avec plus de soin le régime des terres,
tel qu'il se présente dans les traités de jurisprudence
musulmane. Ils auraient certainement pu y trouver l'explication de plus d'un point obscur que présente encore
l'histoire de la propriété foncière de l'empire. Ils seraient
arrivés à concevoir comment la théorie juridique qui veut
que le prince soit le seul propriétaire de la terre, n'a pas
empêché la prise de possession, tant individuelle que
collective, du sol de la Moscovie par les familles et les
communes, ni plus ni moins qu'elle ne l'a fait dans la
Grande Tartarie et les divers États régis par la jurisprudence musulmane (2). D'autre part, ils auraient pu

(1) Voici le texte même de ce passage si souvent commenté de la
Moscovia, tel qu'il est rédigé dans la traduction italienne qui en fut
faite à Ferrare en 1592 : « Il mero imperio resta quasi al Mosco (le tzar)...
Se ad alcuno consegna ville e campi quelli non passano ai posteri se
non ne hanno la confermatione del Principe... Di quà aviene che nis
suno veramente puo dire d'haver cosa alcuna propria... (p. 32). »

(2) Voyez ce que Worms, Bélin et Kremer disent quant à la possession du sol dans les pays musulmans.

constater la grande analogie qui existe entre les terres de
« service » ou « iktaa » du monde musulman, terres dont
la possession était attachée à la charge et finissait avec
elle, et ces « pomestia » ou terres cédées en usufruit et
non transmissibles aux héritiers, dont les tzars de la
Moscovie, ces successeurs des Khans tatars, rémunéraient
les services. que les « hommes d'épée » et les « hommes
de conseil » leur rendaient tant dans les rangs de l'armée
qu'à la tête des provinces et des divers bureaux ou « pri-
kasi » partageant entre eux les soins de la haute administration. Le fait seul que le « pomestic » était resté inconnu à l'époque antérieure aux invasions tatares (1),
de sorte que l'ancien droit russe n'en fait aucune mention, nous porte à croire que son développement a dû
s'effectuer sous des influences étrangères; or, parmi ces
influences, il n'en a pas été de plus voisine et de plus dé-
cisive que celle de la puissance tatare.

A côté des *terres de service* ou *pomestia*, le droit civil
de la Moscovie connaissait encore un autre genre de propriété : l'*alleu (votchina)* dans le sens de *terra parentum*
ou bien héréditaire (2). Les deux genres de propriété, le
bénéfice et l'alleu, pour parler la langue des feudistes,
restèrent longtemps en Russie. Ce n'est guère que depuis
que la noblesse a été libérée par Catherine II de l'obligation du service militaire, que le *pomestic* ou le bénéfice
est venu se confondre avec la *votchina* ou terre héréditaire. A eux deux ils constituèrent la propriété pleine et
entière telle qu'elle est reconnue par le droit moderne de

___

(1) Consultez là dessus le livre de M. Zagoskin, *Histoire des hommes de service* ou « *ministeriales* » (Kazan) et l'ouvrage du professeur
Gradovsky, *Histoire de l'administration locale en Moscovie* (Pétersbourg).

(2) La propriété héréditaire n'était pas inconnue non plus à la jurisprudence musulmane, le mulk ou melk n'étant pas autre chose que
l'alleu. Voyez encore sur cette question l'article si intéressant de Worms
dans le *Journal asiatique*.

l'Empire. En dehors de ces deux formes de propriété, je veux dire de la *votchina* et du *pomestie*, du bénéfice et de l'alleu, la Russie moscovite n'a connu que la propriété indivise, ou plutôt l'usufruit héréditaire indivis exercé par les communes rurales, *ces centaines noires* entre lesquelles était partagée la majorité du peuple des campagnes, celle notamment qui relevait directement de la couronne. Entre la propriété communiste des villageois, l'alleu et le bénéfice possédés par l'homme de service et le *dominium eminens* exercé par le tzar sur les terres hermes, il n'y avait plus de place pour la libre occupation du sol, autrement dit pour la *zaimka*. Aussi, n'y a-t-il guère lieu de s'étonner que la mise en culture des terrains vierges ne figure point en Moscovie au nombre des titres constitutifs de la propriété. Ceci ne veut pas dire que le premier colon d'une terre jusque-là restée en friche ne pouvait arriver à se créer un certain droit sur le sol *vivifié par son travail*. Mais pour que ce droit devînt une propriété, il fallait, selon les circonstances, tantôt la ratification formelle de la part du tzar, tantôt l'acquiescement du propriétaire foncier ou de la commune rurale. La plupart du temps, le nouveau colon n'arrivait à établir à son profit qu'une sorte de bail héréditaire. C'est là le cas de ces nombreux *serebrenniki* ou hommes libres établis sur le sol d'autrui, dont les redevances se réduisaient au paiement d'une certaine rente connue sous le nom de *serebro*, ce qui, littéralement, veut dire argent. Ils paraissent avoir été fort nombreux durant tout le xve et xvie siècles, et avoir occupé tant les terres libres dépendant de la couronne, que celles des monastères et des seigneurs séculiers.

Quant aux terres indivises dans la possession des communes, elles pouvaient aussi devenir l'objet d'une apprision, mais, dans ce cas, l'acquiescement préalable des propriétaires communistes était de rigueur. « Tous les paysans de la *volost* (espèce de commune répondant par son étendue à l'idée de *Mark*) ont permis à telle ou telle personne (suit le nom) d'occuper tel terrain devenu vacant par le fait du départ de telle ou telle personne, ou encore *tout le mir a consenti qu'un tel occupe le terrain que voici* (1) », telle est la formule employée par les chartes moscovites toutes les fois qu'il s'agit de reconnaître les droits du premier occupant sur le sol défriché par ses soins.

Tout autres furent les conditions dans lesquelles s'effectua l'évolution de la propriété foncière en Petite-Russie et dans l'Ukraine.

Les principautés de Kiev et de Tchernigov, qui avaient formé le berceau de la civilisation russe, passèrent de bonne heure sous la dépendance des princes de la Lithuanie; ceux-ci ayant uni leurs États à la Pologne, ces principautés devinrent polonaises. Ce fait eut pour conséquence que le développement juridique de la population éminemment russe qui les occupait, s'effectua sous l'influence de codes lithuaniens, en partie aussi sous celle du droit allemand, les coutumes de Magdebourg et de Chemnitz, toutes deux empruntées au Miroir de Saxe, qui sont devenues en Pologne le droit particulier des villes.

Une autre circonstance d'ordre purement historique contribua puissamment à créer pour la propriété foncière de la Petite-Russie des conditions d'existence et de développement tout à fait différentes de celles de la Moscovie. Le sud-ouest de la Russie avait été dévasté pendant des siècles par les incursions périodiques des Tatars; sa population était devenue fort mince. Pour défendre la frontière des attaques ininterrompues des nomades qui l'avoisinaient, la Pologne avait trouvé nécessaire d'établir des sortes de colonies militaires, connues sous le nom de régiments de cosaques. Les régiments furent dotés

______

(1) Voyez mon livre intitulé: *Modern Customs and ancient Laws of Russia*, p. 88 (London, David Nutt, 1891).

d'institutions autonomes et de vastes terrains qu'ils laissèrent, la plupart du temps, en indivis.

Le nord de la Petite-Russie, moins exposé aux incursions des Tatars, reçut à plusieurs reprises de nouveaux colons dans la personne des petits nobles ou *schliachtich*. Ces aristocrates, d'origine polonaise, étaient dotés par la couronne de nombreux manoirs qu'ils peuplèrent tant de serfs que d'hommes libres, qui consentaient à devenir leurs tenanciers héréditaires ou *chinscheviki* (du mot *chinsch* qui veut dire cens). Il n'en était guère ainsi dans les steppes qui forment la partie méridionale du gouvernement actuel de Tchernigov, ainsi que tout le gouvernement de Poltava. Ces terres, exposées qu'elles étaient aux incursions tatares, restaient presque désertes, et cela jusqu'au xvie siècle. Aussi est-ce dans ces parages que l'occupation libre du sol encore vierge ou redevenu tel par l'abandon de ses anciens cultivateurs, restait encore possible (1). Le statut de Lithuanie qui avait cours dans ces contrées encourageait l'établissement de nouveaux colons en leur promettant la libre possession du sol *vivifié* par leur travail. Voici, en effet, ce que contient à ce sujet le titre III, articles 2 et 43 de ce statut : « Celui qui se serait acquis par son travail (*najil*) un sol qui n'aurait appartenu jusque-là à personne et qu'il aurait mis en labour ou débarrassé de bois et de broussailles... en devient de droit le propriétaire (1). » C'est dans cette dispo-

(1) Si la partie septentrionale de la Petite-Russie, écrit un historien moderne, M. Bagalei, était peu peuplée, celle du midi n'était qu'une steppe sauvage (*dikaia step*). En effet, c'est là qu'étaient situés ces champs dits *ialovii* ou vides d'habitants, dont il est question dans les plaintes adressées par les marchands, turcs et tatars contre les cosaques. Les bords de la Vorsela et du Chorol, du Souia, du Bel et de l'Oudai, rivières qui tracent leurs cours à travers les gouvernements de Poltava et de Kharkov, étaient couverts de forêts dans lesquelles chassaient librement les cosaques de Kiev et de Cherkassi, les bourgeois de Konev et de Tchernigov.

(1) Voyez Kievskaia Starina, *Journal historique*, publié par une société d'érudits à Kiev, année 1883, p. 861.

sition du statut de Lithuanie, adoptée par ce recueil de coutumes petites-russiennes, que l'inpératrice Élisabeth fit dresser en 1743, qu'il faut voir la source juridique de l'apprision ou de la *zaimka*.

Les rois de Pologne maintinrent religieusement dans leur politique agraire cette prescription, à moitié coutumière, à moitié légale, qui voulait que *l'apprision* fût un titre de propriété. Nous en avons la confirmation formelle dans le privilège suivant accordé aux cosaques par la cour de Varsovie, le 22 juillet 1646 : il est permis aux cosaques faisant le service militaire (*sloujilim kasakam*) d'occuper des terres et de construire des habitations là où l'occasion se présentera, pourvu que ce soit dans les lieux jusqu'ici privés d'habitants (terrains vides, *poustiamesta*), lisons-nous dans le texte (1).

Le changement de régime, le passage de la Petite-Russie de la sujétion polonaise à la sujétion moscovite, n'amoindrit en aucune façon les droits des premiers occupants. Les hetmans et les tzars ne demandaient pas mieux que d'encourager la colonisation et quel moyen pouvait l'assurer mieux que le privilège accordé aux défricheurs ? Aussi voyons-nous les steppes et les forêts envahies comme par le passé d'émigrés polonais et russes qui, profitant des avantages que la coutume leur accordait, s'appropriaient le sol en le fructifiant par leur travail. Ceci est plus d'une fois relevé par les chartes des xvie et xviie siècles. Dans l'une d'elles qui est datée de l'année 1738 et con-

---

(1) Voyez la compilation juridique intitulée : *Prava po kotorim souditsia malorossiiski narod.* Ce recueil, composé en majeure partie d'emprunts faits au statut de Lithuanie et au Miroir de Saxe, a été compilé sous le règne de l'impératrice Elisabeth, à l'usage des habitants de la Petite-Russie, dont il est censé contenir la coutume écrite. C'est à M. Kistiakovsky, professeur de droit criminel à l'Université de Kiev, que revient l'honneur de l'avoir mis au jour. Les dispositions que je viens de citer sont reproduites dans le chapitre IV, art. 3, § 3 de ce recueil (p. 48).

tient le témoignage des habitants du district de Glouchov (gouvernement de Tchernigov) quant aux origines de leurs droits de propriété, nous trouvons le passage curieux que voici :

« Il y a cinquante ans, disent les paysans (cela nous ramène donc à 1688, c'est-à-dire à une époque qui n'est éloignée de l'annexion de la Petite-Russie à la Grande que par une vingtaine d'années), tout le pays, à commencer au village de Tchartorcika jusqu'à celui de Voroneg (ne pas confondre avec la ville du même nom), était couvert d'arbres et de broussailles ; d'habitants on n'en trouvait guère (*pouscha volna*). Aussi est-ce au milieu de la forêt que s'établirent les premiers villages, tels que Tchartoriga, Doubovich et autres, car il était permis à tout le monde d'y entrer et d'y couper le bois nécessaire à la construction des chaumières. »

« Quand la population s'accrut et qu'une bonne partie de la forêt fut abattue, les habitants les plus anciens et les plus importants (*starcischii i snatneischii*) de Voroneg et autres villages voisins, procédèrent à l'occupation du sol et entourèrent de fossés leurs « zaimi » ou « apprision, » chacun se réservant plus ou moins de terrain, selon ses facultés, ainsi que cela leur était licite de faire (1). »

On croirait, en parcourant ces lignes, lire la description succincte, et tant de fois faussement interprétée, que Tacite donne du mode de procéder en usage chez les colons de la Germanie : « agri pro numero cultorum ab universis in vices occupantur quos, mox inter se secundum dignationem partiuntur (2). »

<hr>

(1) Voyez Karpov, *Les commencements du rôle historique de Bogdan Chmelnitzki* (le libérateur de la Petite-Russie du joug de la Pologne), Moscou, 1870.

(2) Znatneischii i starcischii obivateli nachali zanimat i occopovat zaimi, vsiak po vosmognosti svoci, tchto i ne vosbranno im bilo (arch.

Cette façon de procéder lors de l'occupation d'une
terre vierge n'était pas particulière aux habitants du district de Glouchov. Sur des centaines et des milliers de
lieues, occupées par des forêts vierges ou des steppes,
que nulle charrue n'avait encore soulevées, on voyait
des transfuges de la Pologne, des pauvres paysans d'origine ruthène se dérobant au joug du servage ou au fa-
natisme prosélytique des prêtres et des moines, s'abattre
par centaines et par milliers sur un sol encore vierge,
défricher la forêt, labourer la terre, et établir des bornes à leur apprision ou *exarta*. Le souvenir de ces faits
était encore très vivant en l'année 1773, alors que les
cosaques du village de Pakoschich eurent à soutenir un
litige avec le monastère de Jésus-Christ, établi à Novgo-
rod-Seversk. Appelés à défendre leur droit de posséder
librement le sol qu'ils occupaient, les paysans rappelè-
rent aux juges la façon dont s'était effectuée la colonisation du pays, depuis son annexion à la Russie.

« Quand l'hetmann Bogdan Chmelnitzki, dirent-ils,
détacha la Petite-Russie de la Pologne et l'assujettit au
tzar Alexis Michaïlovitch, les terres situées sur les deux
rives du Dnieper apartenaient par indivis à tous les
petits-russiens réunis (Zemlia bila malorossian spolnaia
i obschaia). Puis, on la partagea entre les régiments, et
au sein de chaque régiment on la répartit entre les centaines, plus tard encore chaque centaine les assigna aux
bourgs, villages et hameaux qui la composaient et dans
chaque bourg, village ou hameau, les diverses familles
occupèrent des parcelles du sol pour établir leurs habitations et leur fermes (*foutori*). C'est ainsi que tous les biens
(immobiliers) furent soumis au pouvoir des Petits-Rus-

du bureau administratif (Kollegia) de la Petite-Russie, n° 9155 : document reprodruit par M. Lazarevsky dans son étude historique sur
les paysans de la Petite-Russie (*Zapiski Tchernigovskago gou-
bernskago statischeskago komiteta,* 1 v. Tchernigov, 1866, p. 25).

siens par la voie de l'apprision (*cherez zaïmi*). Les propriétaires désignaient les limites de leurs apprisions (*zaïmi*) de façons diverses ; les uns indiquaient les bornes par le sillon de la charrue, d'autres creusaient à l'entour des fossés, quelques-uns se contentaient de faire avec la hache des incisions aux arbres situés aux confins de leurs apprisions. Dans les limites de ces dernières, les Petits-Russiens faisaient tout ce qu'ils voulaient, ils bâtissaient des maisons et des villages entiers, les occupant par des colons qu'il avaient fait venir du dehors et qu'ils inscrivaient comme étant leurs sujets (cela afin de leur faire payer des rentes et des cens) ; ils plantaient des jardins, établissaient des écluses, construisaient des moulins, etc. » (1). Le fait seul d'avoir défriché le terrain, d'y avoir abattu et déraciné des arbres, comme cela est encore la règle des provinces septentrionales de l'Empire, ou d'avoir dévasté la forêt en y attisant le feu, suffisait pour faire du colon le propriétaire de son apprision ou de sa *zaimka*.

« Dans la Petite-Russie, lisons-nous dans le rapport d'un témoin, rapport fait en 1737, les actes détaillant les limites des propriétés et l'origine de ces dernières étaient inconnus. » A peine voyons-nous, de temps à autre, quelques colons isolés demander aux autorités de vouloir bien leur assurer pour l'avenir la possession paisible du sol défriché, et d'établir des peines pécuniaires contre tous ceux qui s'y opposeraient (2).

La pratique la plus ordinaire consistait à demander aux chefs des régiments cosaques, aux seigneurs colo-

____

(1) Le document que nous venons de rapporter est déposé aux archives de la chambre des domaines à Tchernigov. M. Lazarevsky a été le premier à le publier (*Ibid.*, p. 26).

(2) Un fait de ce genre s'est produit notamment en l'année 1676, à Batourin. C'est le centenier de cette localité qui a été prié de constater par écrit la défense de toute nouvelle apprision sur le sol défriché par un certain Parckom Parek (*Ibid.*, p. 25).

nels *(pani polkovniki)* comme on les appelait, des constatations écrites affirmant que tel ou tel morceau de terrain situé dans les limites des possessions dévolues à leur régiment avait été occupé par telle ou telle personne avant toute autre, et devait par conséquent lui servir dorénavant de propriété. On appelait les documents de ce genre *posvolitelnia pisma* (lettres permissives, c'est-à-dire autorisant l'acte de l'apprision ou de la *zaimka*) (1). Mais tout cela n'était qu'une exception. La plupart du temps, on se contentait d'établir devant les juges par le témoignage des voisins le seul fait de l'occupation d'un terrain vierge et de sa mise en culture par le premier colon. Aussi voyons-nous les cours judiciaires de la Petite-Russie n'interroger, en cas de litiges entre individus ou communes prétendant au même terrain, que la coutume, et les parties établir leur droit de propriété par le seul fait que la terre avait été occupée par leurs aïeux avant toute autre personne.

Le flot qui portait les populations asservies de la Pologne à se transporter en masse dans les forêts vierges et les steppes libres, qui s'étendaient sur la rive gauche du Dnieper, ne s'arrêta guère aux confins de la Petite-Russie.

Au delà des gouvernements de Tchernigov et de Poltava, tant au nord qu'à l'est, un pays non moins fertile et tout aussi vierge appelait de nombreux colons. Ces colons lui arrivaient tant de la Grande que de la Petite-Russie, encouragés qu'ils étaient par les privilèges multiples, exemptions d'impôts et autonomie administrative, que les tzars accordaient volontiers à tous ceux qui se chargeaient de défendre la frontière méridionale de l'Empire, et qui, à cette fin, consentaient à entrer dans les rangs de cette milice de volontaires, n'ayant pour toute paie que les revenus de la terre qui leur était allouée,

____

(1) Bagaley, article déjà cité sur l'apprision petite-russienne, p. 589. Les exemples cités par M. Bagaley se rapportent aux années 1676 et 1731.

qu'on appelait les régiments cosaques. Les localités, qui
devinrent, de la sorte, des colonies mixtes du peuple de
la Grande et de la Petite-Russie, occupaient toute la surface du gouvernement de Kharkov, ainsi que les parties
méridionales de celui de Koursk et de Voroneg. On dési-
gnait leur ensemble aux XVIIe et XVIIIe siècles par le nom
d'Ukraine.

Les chartes multiples concédées par les tzars aux premiers colons, et que conservent encore de nos jours les
archives du ministère de la justice, à Moscou, ceux de
l'état-major russe à Pétersbourg et de sa section à Kharkov, constatent d'une façon catégorique que le seul titre
des cosaques de l'Ukraine à la possession du sol était
l'apprision (la zaimka).

Le premier en date parmi les documents qui peuvent
être cités à l'appui de cette thèse est l'acte même, par
lequel le tzar Alexis annexa la Petite-Russie et l'Ukraine
à son empire. Cet acte, daté du 22 octobre 1665, déclare
confirmer aux cosaques les *apprisions* qu'ils avaient faites (*zaimischa*). Dans un diplôme du 4 novembre 1686,
adressé cette fois directement aux colonels du régiment
de Kharkov, Grégoire et Constantin Donetz, les tzars Jean
et Pierre, tous deux fils d'Alexis, reconnaissent aux cosaques qui le composent, le droit de posséder dorénavant, ainsi qu'ils l'avaient fait dans le passé *conformément à leurs coutumes cosaques*, tant dans les bourgs
que dans les campagnes, et généralement dans tous les
lieux de leur résidence, les terres, les prés et les droits
d'usage (*ougodia*), qu'ils se sont réservés par l'apprision
(*po zaimkam*) (1). Un autre document du même genre,
daté de l'année 1705, déclare que les cosaques du régiment de Soumi ont le droit d'occuper des terres vierges

____

(1) Voyez *Recueil de documents pour servir à l'histoire des terres dites* Starozaimochnii, fait par M. Gourov, Kharkov, 1884, p. 48.

par la voie de l'apprision *(Zaimki zainimat)*, en confor-
mité avec les anciennes coutumes cosaques *(protiv staro-
cherkaskoi obiknosti)*. Des diplômes analogues à ceux
dont nous venons de donner des extraits furent octroyés
par les empereurs jusqu'en l'année 1743, au profit de
tel ou tel régiment. Ils cessent à commencer de cette
année, non parce que le gouvernement russe avait trouvé bon de discontinuer ses largesses ou de renier les
droits qu'il avait accordés, mais parce qu'en cette année fut ordonnée la rédaction du *Coutumier petit-russien*, coutumier qui devait réunir en un seul tous les usages anciens et les privilèges modernes dont jouissaient
les cosaques, tant en Petite-Russie qu'en Ukraine. Ce
code, comme nous l'avons fait voir plus haut, reconnaît
effectivement le droit d'approprier la terre vierge, par
le fait de l'occupation suivie de la part du colon d'une
mise en culture effective et ininterrompue.

Dans le chapitre XIV, article 1, l'apprision est déclarée appartenir au nombre des modes légaux de constituer
la propriété immobilière, cette dernière présentant deux
types distincts : celui des biens héréditaires et celui des
biens acquis par le fait de la prise de possession d'une
terre qui jusque-là n'était à personne.

Il est probable que le *Coutumier petit-russien*, sans
rester lettre morte, n'a pourtant jamais reçu de la part
du gouvernement une confirmation officielle. Aussi il
serait important d'établir que ses dispositions, quant aux
privilèges de l'apprision, ont été sanctionnées par les
oukases impériaux d'une époque postérieure. Or, tel est
effectivement le cas, car, en l'année 1769, préoccupé à
juste titre des difficultés nombreuses que faisait surgir
pour l'établissement de nouveaux colons le fait que les
possessions de la plupart des familles cosaques n'avaient
pas de bornes strictement définies, le gouvernement russe
autorisa les autorités locales à faire signer aux posses-

seurs de *zaimka* des *ententes mutuelles* (*polioubovnii ras-vodi*), par lesquelles ils consentiraient à établir entre eux des limites fixes et stables. Dans le cas où ces ententes ne pourraient se réaliser, il fut permis d'assigner à chaque famille de colons une certaine quantité de terrain, en comptant 15 dessiatines par homme mûr. En même temps le gouvernement faisait la déclaration que voici : « en Ukraine (*v Slobodskoi goubernii*) le caractère de la possession des terres n'est pas conforme à celui de la Russie ; car la plupart des propriétaires les détiennent, non en raison d'actes écrits (*zakonnia kreposti*) ayant force légale, mais en raison de l'apprision ou *zaimka* qu'ils en ont faite se conformant en cela à une vieille coutume. » Il serait difficile de reconnaître d'une façon plus catégorique qu'en Ukraine l'apprision est un vrai titre de propriété (1).

L'année même de l'apparition de cet oukase, une mesure d'une grande portée pour les destinées de la Russie méridionale fut prise par le gouvernement de Pétersbourg. Le tout-puissant Roumiantzev, administrateur en chef de la Petite-Russie, après un voyage dans ces provinces, trouva nécessaire de procéder à une description détaillée de ses habitants avec indication de leur état social ainsi que de leur situation pécuniaire. Cette espèce de cadastre fut continué peu d'années après dans les provinces dont l'ensemble est désigné sous le nom d'Ukraine. Les instructions données aux commissaires chargés de faire ce travail témoignent, une fois de plus, du désir qu'avait le gouvernement de laisser entre les mains de leurs détenteurs actuels les terres jadis occupées par leurs aïeux.

____

(1) Un oukase analogue confirmant le droit des cosaques d'Isium à la possession éternelle du sol des *zaimki* faits par leurs ancêtres, fut publié en l'année 1754 (18 mars). Cet oukase est adressé au comte Soltikov, chef de la *Voiennia Kollegia* ou bureau centralisant entre ses mains la haute administration de l'armée (Voyez Gourov, p. 609).

« Les terres d'apprision appartenant à des particuliers
(*zaimochnia ossobennia zemli*), lisons-nous dans ce document, doivent être enregistrées comme étant la propriété des familles qui les ont détenues d'ancienneté (1). »
Conformément à ces prescriptions, les commissaires arpenteurs dressèrent des *aveux* constatant le fait de
l'appartenance de tel ou tel terrain à telle ou telle famille
ou à tel ou tel village (2), en vertu d'une ancienne apprision.

Ainsi à la fin du XVIIIe siècle, le gouvernement russe a
constamment reconnu le caractère particulier que la
propriété foncière portait, tant en Petite-Russie qu'en
Ukraine, et qui avait pour origine l'occupation des
terres vierges par des colons cultivateurs, autrement dit
l'apprision ou la *zaimka*. De leur côté, les possesseurs
de ces « terres d'apprision » profitaient du caractère
de propriétaires qui leur était reconnu par le gouvernement pour procéder à des actes fréquents d'achat et de
vente, dont l'objet n'était autre que les terres susdites
(les *zaimka*.) Des actes de ce genre, datant des années
1755 et 1758, nous ont été conservés en grand nombre
dans quelques villages et bourgs ukraniens, et plus particulièrement dans celui de Lebedine (3).

Le caractère particulier de la propriété petite-russienne une fois reconnu, il ne nous reste plus qu'à envisager la question de savoir au profit de qui se faisait
l'apprision du sol vierge. Était-ce à celui de familles isolées ou de compagnies de colons, formant entre eux
une sorte de société ?

(1) *Ibid.*, p. 635.
(2) M. Gourov, le compilateur du *Recueil de documents pour ser-
vir à l'histoire des terres d'apprision dans le gouvernement de
Kharkov*, publie entre autres pièces inédites le cadastre du village de
Chouckra, fait par les commissaires du gouvernement le 30 juin 1783.
C'est de cette pièce que nous avons extrait le texte qu'on vient de lire
(Voyez p. 649 et suivantes).
(3) Gourov, p. 290.

Les deux modes d'appropriation étaient également connus et avaient lieu simultanément. En veut-on une preuve, on n'a qu'à consulter les actes publiés par le professeur Loutchizky, et provenant de diverses localités du gouvernement de Poltava, en partie aussi ceux, moins nombreux, que MM. Bagaley et Gourov ont recueillis dans les provinces de Tchernigov et de Kharkov. Nous nous contenterons de reproduire ici les plus importants, laissant à ceux des légistes qui sont en possession de la langue russe et du dialecte petit-russien la tâche, d'ailleurs facile, de multiplier les exemples par l'étude du cadastre, dressé en 1769, par l'ordre du prince Roumiantzev et des pièces nombreuses qui y sont annexées (1).

Pour établir le fait que l'appropriation du sol petit-russien se faisait non seulement par des familles isolées, mais aussi par des « compagnies » de colons (*tovaristvo* est le terme consacré par les chartes) (2), nous rappellerons le témoignage déjà cité des cosaques du village de Pakoschitz.

Dans un document daté de l'année 1773, ils font revivre le temps où à la suite de la séparation de la Petite-Russie de la Pologne, séparation qui rompait toute communication entre cette région et les grands propriétaires polonais, la « terre était restée la propriété commune et entière des Petits-Russiens. » Passant à la façon dont le

______

(1) Mon but n'étant point ici de faire l'histoire de la propriété communale de la Petite-Russie, mais d'en dévoiler les origines, je renvoie le lecteur soucieux d'approfondir ce sujet à un article que j'ai publié dans le journal juridique de Moscou, en l'année 1885, et qui a été reproduit depuis dans ses grandes lignes par M. Keuszler dans le dernier fascicule de son ouvrage si intéressant sur la communauté agraire russe (Keuszler, *Zur Geschichte und Kritik des bauerlichen Gemeindebesitzes in Russland*, 1887).

(2) Un autre terme pour ces sortes de compagnies est *skladchina*, du verbe *skladivat*, joindre.

sol fut approprié par les colons, les cosaques susdits parlent de son occupation par des corps entiers de gens
aptes au service militaire, par des « régiments » et « des
centaines » dont ces régiments étaient composés (1).

Ce témoignage curieux est plutôt une généralisation
des divers procédés par lesquels s'est faite la colonisation de la Russie méridionale que la reproduction exacte
des faits isolés qui y ont conduit. Certes, les *compagnies*
de colons occupant le sol de la Petite-Russie et de
l'Ukraine finissaient par former des centaines et des régiments cosaques, mais ce ne sont pas ces centaines ni
ces régiments qui furent les premiers à choisir une demeure fixe sur le sol. La colonisation se faisait par familles et par sociétés, ces dernières étant connues déjà à
l'époque polonaise sous le nom de *spulki* ou *spolkie*,
c'est-à-dire, compagnies s'appropriant la terre par indivis. La différence qui existe entre ces deux types de colonies ne dépend pas tant du nombre des gens qui les
composent que du caractère des liens qui unissent leurs
membres.

Les familles cosaques procédant à l'occupation du sol
libre des provinces petites-russiennes n'étaient point des
couples isolés, mais des communautés familiales, semblables en cela aux *zadrougas* serbes et aux *grandes
familles* de la Russie moscovite. Les membres de ces
communautés sont connus dans les documents de l'époque
sous le nom de *siabri* (2). Ces *siabri* nous sont représentés
comme des personnes ayant chacune sa part dans un
bien possédé en commun; ils sont liés entre eux par
une commune origine, par la parenté. Ce dernier fait est
d'ailleurs le seul qui les distingue des personnes qui
composent les *spulki* ou compagnies de copropriétaires,

(1) Lazarevsky, *Histoire des paysans petits-russiens*, p. 26.
(2) Le statut de Lithuanie dans la rédaction qu'il reçut en 1529 est
le premier à nous en parler.

autre genre de colons, procédant au défrichement du sol. Si l'unité de sang formait le lien qui rattachait entre eux les *siabri*, l'unité d'intérêt était seule à servir de ciment aux membres d'une même *spulka*.

Au XVIIe siècle, lorsque la Petite-Russie passa aux mains des tzars, les *spulki* échangèrent leur nom polonais contre le nom russe de *tovaristva*, ce qui veut dire: compagnonnages. La prise de possession du sol encore vierge ou délaissé par ses anciens propriétaires (les seigneurs polonais abandonnant leurs domaines pour rentrer dans leur pays) continua à se faire au XVII° siècle dans les mêmes conditions qu'à l'époque polonaise. Les communautés familiales et les compagnonnages de colons non apparentés partagèrent le sol entre eux et devinrent chacune à leur tour l'origine tantôt d'un hameau isolé, tantôt d'un village de plus ou moins grande étendue. La nécessité où les nouveaux colons se trouvaient de se prêter une assistance mutuelle en cas d'invasion toujours probable de la part d'ennemis à moitié pacifiés, tels que les Tatars Nogais et les Tatars de la Crimée, força les nouveaux venus à préférer aux fermes isolées le système de grands villages composés d'*izba* alignées sur une certaine étendue. Le voyageur qui parcourt encore de nos jours les campagnes de la Petite-Russie ou de l'Ukraine est frappé de ce fait que les paysans y vivent en grandes agglomérations villageoises contenant des milliers d'individus. Ce sont là les *slobodi*. Toutes n'ont pas la même provenance. Si la majeure partie a été fondée par des colons libres, soulevant par leur charrue le sol vierge, il en est qui ont eu pour créateurs des propriétaires fonciers jouissant du privilège d'attirer sur leurs terres par la remise des impôts tous ceux qui voulaient venir les habiter à titre de tenanciers héréditaires. Mais ne nous arrêtons point à ces détails, quelque curieux qu'ils soient, et demandons-nous immédiatement quel fut le mode de tenure établi tant par les communautés familiales arrivant, par suite des partages, à occuper des hameaux entiers, que par les compagnonnages de colons maintenant chacun dans sa sphère le principe de la possession indivise du sol.

La réponse n'est pas difficile, car des actes nombreux remontant aux xvie, xviie et xviiie siècles ont pris le soin de nous renseigner sur les particularités les plus minimes de ce mode de tenure, mode qui d'ailleurs n'a point encore complètement disparu de nos jours dans les vastes régions occupées par les cosaques du Don, du Terek, ou de la Mer Noire.

En effet, voici les renseignements que nous recueillons dans le statut de Lithuanie sur les droits respectifs des membres d'une même communauté familiale ou d'un même compagnonnage occupant par indivis une forêt jusque-là restée vierge. Tout membre de la communauté a droit de défricher la quantité de sol qu'il voudra, aussi longtemps que sa hache ne rencontre pas la hache de son confrère. Le lieu où les deux haches arrivent à se croiser doit servir désormais de limite aux deux confrères (1). Le Coutumier petit-russien, qui reproduit à ce sujet les dispositions du statut de Lithuanie, ajoute que la part de chacun des membres d'une même communauté de *siabri* doit être, dans le cas où elle ne serait pas égale à celle de tout autre membre, au moins conforme aux besoins de celui qui en jouit (2).

Cela veut dire que l'essentiel n'était pas l'égalité des lots mais le fait de leur correspondance avec les besoins des ménages établis dans la commune, que cette commune fût formée exclusivement de parents ou de simples compagnons unis entre eux par les liens du voisinage. Appliquez le même principe aux champs et aux prés, et vous

____

(1) Titre VIII, art. 11 du statut de Lithuanie.
(2) Chap. XVII, art. 15, § 2.

aurez le droit de chacun des membres de la commune de soulever annuellement avec sa charrue l'étendue de terrain dont il peut avoir besoin, et de s'approprier la quantité de foin que sa faux aura abattue (*couda
kossa chodila*, d'après l'expression employée par un dicton populaire). Tout cela d'ailleurs sous la condition
expresse, formulée par le statut de Lithuanie, « qu'après
que son apprision sera faite, il reste aux autres *siabri* ou
compagnons assez de forêt et de steppe pour faire des
apprisions analogues (1). »

Veut-on étudier ce système tel qu'on le pratique encore de nos jours, on fera bien de jeter un regard sur le
régime agraire en usage parmi les cosaques du Don.
Dans les limites de la *stanitza*, tel est le terme consacré
pour désigner le village cosaque, chacun a droit de soulever avec sa charrue la quantité de terre dont il aura
besoin. La terre, cultivée d'année en année, reste la possession exclusive de celui qui l'a défrichée. Une fois
abandonnée par le premier colon, elle passe selon la
coutume du lieu, tantôt au bout d'un an, tantôt au bout
de deux, trois, ou quatre ans, au nombre des terres
vagues. Comme telle, elle devient sujette à une nouvelle apprision.

Quant à l'usage des prés, à l'entrée de la saison du
fauchage, les habitants de la stanitza sont invités à se
rendre à un jour fixé d'avance sur le champ couvert
d'herbe. Du matin au soir tout cosaque est autorisé à tra-
cer de sa faux les limites du pré qu'il destine à son usage
exclusif l'année durant. Ce que chaque communiste se
sera approprié de la sorte est censé être son lot. Tout ce
qu'il retirera d'herbe dans les limites de ce lot, lui revient de droit et nul n'est autorisé à lui en demander sa
part (2).

(1) Titre IX, art. 19.
(2) J'emprunte ces détails à une thèse de licence écrite par un de

Ce mode de procéder est si populaire et il était encore il y a peu de temps si répandu dans tout le midi de
la Russie, que la fantaisie populaire l'avait depuis longtemps choisi pour point de départ d'un conte très émou-
vant, où elle retraçait la destinée tragique d'un cosaque
avare et accapareur, qui avait couru toute la journée à
toutes jambes afin de dessiner avec sa faux le plus grand
cercle possible, cercle qui devait servir de borne à son
pré. Après avoir couru plus de quinze heures de suite,
le cosaque arrive tout essoufflé au point d'où il était
parti le matin et cela juste au moment où le soleil va se
coucher. A peine a-t-il le temps de crier, en indiquant
de la main le pré qu'il s'était approprié : « Tout cela
est à moi, » qu'il s'affaisse et meurt. Notre grand romancier, le comte Léon Tolstoï, a trouvé dans cette légende
le thème d'un de ses récits populaires les plus connus,
qui est destiné à prouver l'inanité des efforts de l'homme
pour s'approprier des biens au delà de ses besoins.
Quel que soit l'enseignement que les paysans russes reti-
rèrent de ce conte, il est sans contredit fort précieux
dans ce sens qu'il décrit sous une forme on ne peut plus
littéraire une des coutumes les plus répandues parmi
les habitants de nos campagnes à la fin du siècle passé.
En effet, parmi les nombreux documents recueillis par
M. Loutchizky, il y en a qui mettent hors de doute que
dans plus d'un village du district de Zolotonoscha (gouvernement de Poltava), « la terre était occupée en commun sans allottissement périodique ; chaque agriculteur
occupant la quantité de sol qui lui était nécessaire pour
son labour. On avait l'habitude, au bout d'un certain
nombre d'années, de transporter les cultures d'un champ
sur un autre, sans sortir pour cela des limites du terri-

mes anciens élèves à l'Université de Moscou, M. Trofimov, en l'année
1877. M. Trofimov est originaire du Don.

toire approprié par la commune (1). » En lisant ce document, on croit comprendre ce que Tacite veut dire en disant des ancien colons germains, qui s'étaient partagé le sol jusque-là resté en friche, « *arva per annos mutant,* » ils changent à la distance de quelques années leurs champs de culture, « *et superest ager,* » et il y a tant de terrain apte à être cultivé qu'il en reste toujours assez. C'était là justement le cas de nos campagnes petites-russiennes et cela grâce à la liberté que le gouvernement accordait aux colons d'occuper la quantité voulue du sol.

Plus tard, les autorités eurent plus d'une fois l'occasion de se plaindre de l'usage que les colons avaient fait de cette liberté. C'est ainsi que dans l'instruction donnée à la fin du siècle dernier aux commissaires chargés de dresser le cadastre des propriétés, situées dans l'Ukraine, elles leur font entendre que dans les terres possédées en commun (*obschestvenno*) les colons, après avoir abattu une partie du bois afin de rendre possible le labourage de la terre, passent avec leurs charrues dans un autre endroit de la même forêt et puis encore dans un troisième ; cela fait, ils considèrent comme étant leur propriété tant les premières apprisions, que toutes celles qui leur ont fait suite. Toutes également sont pour le colon cosaque des *zaimka*. De cette façon, ajoutent-elles, les cosaques empêchent les gens du dehors de venir s'établir sur ces terrains (2). Dans ces conditions, on n'a point lieu de s'étonner, si depuis 1762, on ne trouvait plus dans le voisinage de Kharkov, de terrains libres, aptes à deve-

---

(1) Voyez l'article de M. Loutchizky dans le *Journal juridique de Moscou,* mars 1890, article intitulé : *Des formes diverses de la* « *zaimka* » *petite-russienne* (p. 403-404). Le document qu'il cite dit textuellement : la terre est occupée « *obschestvenno bez pedelov, na obschestvennich pereménnich mestach* ».

(2) Gourov, p. 635.

nir l'objet d'une *zaimka* **(1)** ou *apprision*, et si pour préve-
venir l'accaparement ultérieur de la terre par les cosaques, le gouvernement trouva bon de prescrire en 1769
que dans l'Ukraine, après que les bornes des *zaimka* seraient établies dans telle ou telle localité, et que les gens
incapables de reconnaître les limites de leurs possessions
auraient reçu un allottissement de 15 *dessiatines* par tête,
tout le reste du terrain serait déclaré bien d'Etat, et ca-
pable par conséquent de servir de fonds de réserve pour
de nouvelles *zaimka* ou apprisions **(2)**.

Tout ce qui n'était pas pré ou terre de labour, les colons l'appelaient du nom d'*ougodie*. Ce nom correspond
on ne peut mieux à ce que les chartes latines des xie et
xiie siècles désignaient en parlant de *aquis, aquarum de-
cursibus, silvis, boscis, usagiis et appendiciis* : c'était
« l'allmend, » les *communaux* où chacun pouvait faire
paître ses bestiaux, ses bœufs, ses vaches, ses brebis,
c'était la forêt commune procurant la glandée des porcs,
le bois de chauffage et de construction et ces menus revenus que produit la récolte des pommes et des poires
sauvages, ainsi que des noisettes et des cèpes, récolte fort
productive encore à cette heure, rapportant des centaines et des milliers de roubles aux villageois communistes. Exactement comme de nos jours en Suisse et dans
tout le nord de l'Allemagne, l'allmend ou le commun petit-russien pouvait aussi servir de fonds de réserve pour
les cas futurs d'apprision ou de *zaimka*. Il pouvait être
cédé par parcelles à de nouveaux colons. Les membres
indigents de la commune étaient souvent autorisés à en
défricher certains morceaux. Ces dispositions d'ailleurs
n'étaient légales qu'à condition d'être faites de l'aveu *una-*

----

(1) Ordre donné par la chancellerie du régiment de Kharkov, le 17
février 1762 (Gourov, p. 632).

(2) Oukaze du Sénat ordonnant la création d'un comptoir de mesu-
rage de la terre.

nime de tous les membres du *tovarestvo*, autrement dit de tous les paysans communistes. On trouvera la preuve de ce que j'avance dans les témoignages judiciaires recueillis au siècle passé par les cours de justice et constatant les coutumes et usages des diverses localités cosaques.

Pour en citer un entre mille, nous dirons qu'à Tchertorig, village du district de Glouchov (gouvernement de Tchernigov), sur une étendue de dix verstes, des allotissements de bois avaient été faits au profit des pauvres de la commune et cela *du consentement de tous les paysans* (*po obschemou vsech selian soglassiu*). Dans les parties encloses, appelées *chagarniki* et appartenant aux pauvres de la commune, nulle apprision ou *zaimka* ne pouvait être faite.

Le document dont je tire ces informations est daté de l'année 1738, et les faits qui y sont relatés remontent à la fin du xviiᵉ siècle.

Voici, d'autre part, des actes qui établissent on ne peut mieux que dans les limites des communaux, ou, pour employer le terme en usage chez les Petits-Russiens, dans les limites de *la steppe appartenant à la commune* (*obschinaia steppe*) l'apprision du sol ne pouvait être faite que du consentement commun de tous les paysans communistes. Dans une localité du gouvernement de Poltava appelée Iagotin, un individu qu'on nommait Dolgi demanda à établir un hameau au milieu même de la steppe communale. Cette demande, faite dans les premières années du xviiiᵉ siècle, fut débattue dans l'assemblée du peuple (la *Gromada*) laquelle, à l'unanimité (*Z paradi obschei*) lui accorda la faculté demandée. Le droit de faire une nouvelle apprision dans le *commun* n'avait pas toujours pour suite l'établissement au profit du colon d'un droit de propriété sur le sol. Aussi, voyons-nous les communes libres défendre à tout nouveau colon qui viendrait s'établir dans les limites de *leur steppe*, d'aliéner le terrain par lui défriché.

S'il n'y avait pas consentement unanime de la communauté, *l'apprision* était considérée comme illégale, et celui qui s'était permis de la faire, courait le risque de perdre tout le produit de son travail. Nous en avons un exemple dans la même commune. En 1732, un individu s'était permis de bâtir une maison et de défricher un champ sur les terres faisant partie du commun et cela sans y avoir été autorisé par la décision unanime des habitants. Quelle attitude la commune prend-elle, en présence de ce fait ? Un document fort curieux nous le fait connaître en nous racontant que le chef local des cosaques *(l'Ataman)*, nommé Nechiporenko, s'étant entendu avec les *compagnons (tovaristvo)*, tomba sur le colon réfractaire, abattit sa maison à coups de hache, détruisit toute son installation, et, une fois cité devant la justice, se disculpa en déclarant que le terrain où la *zaimka* frauduleuse avait eu lieu était le *commun* (le champ du *mir*, *mirskoi pletz i pole*) (1).

Le caractère communiste que les cosaques donnaient à leurs apprisions, ne fut pas maintenu à tout jamais. Dans plus d'un endroit de la Petite-Russie, et tout particulièrement dans l'Ukraine, nous voyons les cosaques procéder dans la suite à un partage du sol entre tous les ayants droit. On a agi dans ce cas exactement de la façon dont se fit récemment le partage du territoire appartenant aux cosaques du Don, à toute l'armée cosaque, selon l'expression des diplômes impériaux. On partagea d'abord le sol entre les régiments, puis entre les centaines, plus tard entre les diverses localités d'une même

____

(1) Loutchizky, *Recueil de documents pour servir à l'histoire des biens communaux dans le gouvernement de Poltava*, nᵒˢ 13 et 39 en Ukraine (*Slobodskaia Megevaia Kanzeliaria*) du 7 mai 1769 (Gourov, p. 635 et suivantes).

centaine, et enfin entre les ménages établis dans les limites d'une même commune (1). Cet ordre est directement indiqué dans l'exposé que les cosaques de Clouchov donnent de l'histoire de la propriété foncière dans la Petite-Russie (2).

Lorsqu'arriva le tour des différentes localités composant une même « *sotnia* » ou « centaine, » elles se contentèrent la plupart du temps de diviser leurs prés et leurs champs et laissèrent indivises la forêt et la steppe. Aussi, trouvons-nous mentionné bien des fois dans le cadastre de 1769 le fait de plusieurs villages possédant en commun des pâturages et de vastes espaces couverts d'arbres et de broussailles. On se croirait en présence de ces « mark » germaniques ou de ces « volost » de l'ancien droit russe, dont l'existence a été niée, à tort selon nous, par quelques historiens récents.

Quand vint le tour des communes, ces dernières se contentèrent de soumettre au partage la terre de labour et les prés ; la forêt et les pâturages formèrent le « commun ». Il en fut là exactement comme dans la France ou l'Allemagne du moyen âge, où les « communia » et les « appendicia » continuèrent à être biens indivis des ménages établis dans la même localité. Le cadastre fait en 1769, dans les provinces de Kiev, Tchernigov et Poltava, ainsi que les rapports des commissaires arpenteurs auxquels fut confié le soin de faire le recensement des colons établis en Ukraine, signalent à chaque pas ce fait, que, tandis que les *zaimka* deviennent propriétés privées, et passent même par voie de vente à de nouveaux propriétaires, la forêt continue à être exploitée en commun ; chaque ménage en tire le bois de chauffage et de construction, y fait paître ses bestiaux, y récolte les noisettes, les poires

(1) Voyez ce que j'en dis dans mon livre *Modern Customs and ancient laws in Russia*, p. 80.

(2) Lazarevsky, p. 25.

sauvages et les cèpes. Quelquefois pourtant une partie de la forêt, celle-là même où les premières « apprisions » avaient été faites, devient propriété privée, l'autre restant le « commun » de tous les villageois (1). On voit encore de nos jours dans les villages avoisinant la ville de Kharkov tels que Peresechnoïe ou Lioubotin, la forêt commune parsemée d'enclos, au sein desquels s'élèvent les izbas et les magasins à blé de ceux qui en sont les propriétaires. Plusieurs de ces enclos sont fort anciens et proviennent des *zaimka* faites par les premiers colons. Les ventes et les échanges les ont souvent transférées dans d'autres mains que celles de la famille de leur premier détenteur ; d'*exarta* qu'ils étaient, ils sont devenus des acquêts ; d'autres sont restés aux héritiers directs de ceux-là mêmes qui les ont défrichées ; leur nature juridique est restée la même ; aucun acte écrit n'atteste qu'elles appartiennent à telle ou telle famille, et les droits de leurs détenteurs n'ont d'autre base que le privilège accordé au premier occupant.

Nous croyons avoir amplement démontré les trois thèses que voici :

D'abord, que, contrairement à ce qui avait lieu dans les confins de la Moscovie, l'apprision a été, en Petite-Russie et en Ukaine, un des modes les plus fréquents d'établir la propriété immobilière.

Secondement, que l'apprision avait été faite dans ces contrées, tantôt par des communautés de famille (*siabri*), tantôt par des compagnies de colons (*tovaristva*), lesquels, loin de partager le sol entre eux, le gardèrent indivis.

Troisièmement, que le communisme agraire, tel que le pratiquaient les cosaques de la Petite-Russie et de

(1) Voyez Gourov, *Rapport des commissaires sur la condition des personnes et des terres à Chouchra*, a. 1783 (Gourov, p 650). Voyez aussi mon '*Étude sur les communaux de la Petite-Russie* dans le *Journal juridique de Moscou* (1885-86).

l'Ukraine, ignorait le partage périodique du sol et l'égalité des lots, chacun s'appropriant la quantité de terrain dont il avait besoin, non à titre définitif, mais jusqu'au moment où le sol serait exténué par un labour constant. Alors on transportait l'exploitation agricole dans un autre endroit, en restant toujours dans les limites de la commune.

On conçoit aisément la différence qui existe entre un tel genre de tenure et celui que représente le système du « mir », encore en usage dans la plupart des provinces de la Grande Russie. Aussi, n'y a-t-il pas lieu de s'étonner que les administrateurs des provinces petites-russiennes, dont le choix appartenait au gouvernement et qui, la plupart du temps, étaient étrangers au pays qu'ils avaient mission de gouverner, ne virent souvent que des « abus » là où, en réalité, il s'agissait d'une coutume religieusement observée pendant des siècles. Ce fut là justement le cas de ce vice-gouverneur de Kharkov, qui, en 1814, trouvant que les paysans de la province ne jouissaient point de l'égalité des lots, que les uns avaient plus de terrain qu'il ne leur en fallait, et les autres moins, et que le recouvrement des impôts avait à en souffrir, ordonna que, dorénavant, chaque ménage fût investi d'un plus ou moins grand nombre de dessiatines, selon le nombre « d'âmes » ou de personnes payant l'impôt direct qu'il contenait (1). C'est ainsi que fut opérée une vraie révolution dans le régime des terres et cela par l'ordre d'un officier subalterne, ignorant les coutumes du pays qu'il était appelé à administrer. D'ailleurs la mesure dont je viens de parler ne fut qu'un commencement. Elle ne fut appliquée qu'aux villages situés dans le voisinage du chef-lieu. D'autres la suivirent de près. En 1829-30, le sénateur Gorgoli, feisant l'inspection du département de

(1) Voyez l'étude fort curieuse que M. Schimanov a publiée dans la *Kievskaia Starina* (a. 1882 et 1883), sur l'histoire de la propriété foncière dans le gouvernement de Kharkov (janvier 1883, p. 80).

Kharkov, fut également frappé du fait de l'inégalité des
droits que les paysans avaient sur le sol. Naturellement
il n'y vit que le résultat d'un abus criant. Aussi l'ordre
fut donné à la chambre des domaines (*kazennaia palata*)
de Karkov de veiller à ce que dorénavant une parfaite
égalité fût maintenue par les supérieurs des villages dans
les allotissements qu'ils feraient, le sol devant être réparti
entre les ménages au prorata du nombre de personnes
payant l'impôt direct (*podouschni nalog*) (1).

C'est sous l'influence de mesures semblables à celles
que je viens de faire connaître que se fit l'introduction
dans les villages petits-russiens des partages périodiques
et de l'égalité des lots qui caractérisent le système du *mir*
et qui, comme nous l'avons vu plus haut, étaient complètement inconnus au droit coutumier cosaque. Selon
les témoignages recueillis de nos jours parmi les paysans
de l'Ukraine, les ménages pauvres, qui n'avaient qu'à
gagner à ce changement de tenure, accordèrent volontiers
leur appui au gouvernement. Disposant de la majorité
des votes dans les assemblées de la commune, ils secon-
dèrent de toutes leurs forces tous les projets de nouvelle
répartition du sol. En définitive, les droits des premiers
colons furent partout sacrifiés, les terres occupées par leurs
héritiers soumises au partage, ni plus ni moins que celles
des paysans de la couronne, et l'état personnel de leurs
détenteurs réduit à celui de simples tenanciers héréditaires d'une terre qui ne fut plus considérée que comme
propriété de l'Etat (2).

Les récriminations, on ne peut plus justes, que soule-
vait un pareil mode de procéder, ne se firent entendre
que tout récemment. Ce ne fut qu'en 1859 et 1865 que
le Conseil d'Etat émit un avis, contenant la reconnaissance
formelle du droit de propriété aux héritiers des premiers

(1) *Ibid.*, 83.
(2) *Ibid.*, p. 87.

colons. Cet avis avait été suggéré au Conseil par les plaintes que quelques paysans des gouvernements de Kharkov et de Voroneg avaient élevées contre l'administration des domaines, l'accusant d'avoir englobé leurs anciennes *apprisions* dans le nombre des terres appartenant aux paysans de la couronne et sujettes comme telles à des répartitions périodiques.

Le Conseil d'État reconnut, le 21 février 1865, aux possesseurs des *zaimki* le droit de propriété pleine et entière, et la faculté d'aliéner leurs biens, à condition pourtant que ces derniers ne fussent point du nombre des terrains que la couronne avait jadis l'habitude de concéder en *usage*. Cette disposition du Conseil remettait aux parties le soin d'établir chaque fois, à l'aide de documents, le caractère juridique de la propriété réclamée.

Il faut rendre cette justice au barreau de nos provinces méridionales qu'il sut accomplir avec honneur la lourde tâche qui lui était imposée. Des jurisconsultes éminents, tels que MM. Schimanov et Gourov, entreprirent des recherches de longue haleine, dans les archives de l'État, et publièrent, comme pièces à l'appui de leurs plaidoyers, des recueils entiers de documents, qui certes n'ont pas moins profité à la science historique qu'aux intérêts de leurs clients. On pourra juger de l'extension que les requêtes des *starozaimotchnii vladeltzi* ou détenteurs d'apprisions ont prise dans ces derniers temps par le fait que dans le seul gouvernement de Kharkov (1) on a intenté à la couronne, pendant deux années seulement (1881-1882), 123 procès. La quantité de terrain réclamé s'élevait à 822.665 dessiatines ; 161.000 dessiatines furent adjugées sur-le-champ aux plaideurs par la cour d'Isium et 57.000 par celle de Soumi. Effrayé par les

(1) Des procès analogues ont surgi en même temps dans les cours de Koursk et de Voroneg.

dimensions que prenaient ces réclamations, le gouvernement chercha un faux-fuyant, et finit par déclarer que la
nature juridique des *zaimki* n'était pas suffisamment
éclaircie ; par conséquent, l'ordre fut donné de surseoir
au jugement des requêtes présentées par les détenteurs
des terres d'apprision jusqu'au temps où le ministère
de la justice aurait approfondi la question des origines
historiques de cette sorte de biens (Décision prise par le
Conseil des ministres dans la séance du 25 septembre 1883).

Je n'ai pas besoin de dire que le Ministre ne se presse
pas et que les requêtes présentées par des milliers de
paysans qui, à juste titre, se croient lésés dans leur droit
de propriété, restent ensevelies dans les archives de nos
cours judiciaires.

TABLE DES MATIÈRES

Laval. — Imp. L. BARNÉOUD et Cie, 8, rue Ricordaine.

9 782013 587563